國民革命北伐抗戰回憶錄

五車書室見聞

帥學富——原著　蔡登山——主編

帥學富（一九〇一～一九八二）先生小傳

帥學富，原名鏞，譜名學富，又名「覺悟」。民前十年三月初六月生。（光緒廿六年，歲次庚子）。祖籍江西奉新店上村，後移民鉛山石塘鎮。父宋康公業商，母祝氏，兄妹四人，先生行三，長兄學謙，次兄學經，七歲從舅祖父祝星恆讀私塾，星恆乃清末秀才，十一歲讀完四書五經，再插班進入石塘鎮縉紳胡仕松創辦的私立小學，十四歲畢業考入上饒信江中學。十八歲時赴滬讀書時，結識同鄉何無文（江西都陽人），承其介紹往上海環龍路四十四號，中華革命黨祕密機關所在地，填表宣誓入黨。時在（民國九年），先生恨軍閥禍國，矢志投筆從戎，歷盡顛沛於民國十一年到達廣東，由何無文推薦擔任大元帥府警衛營司書，後調任東路討賊軍第四旅第七團二營仍任司書，（按：東路討賊軍總司令是許崇智，旅長龔豪伯，團長張定璠，營長陳與吾，副營長黃在璣。）不久升任排長，（連長莊孟雄），與旅部任司書的桂永清（率真）相交莫逆，民十三年升任營部中尉副官，由朱培德（軍長）保送入滇軍幹部學校受訓，受知於黨代表廖仲愷夫婦。同年夏，黃埔軍校成立，先生與桂永清相約應考，惟因滇軍幹部學校不准假，無法應考黃埔一期，只得於次年再入黃埔軍校幹部訓練班（後改敘為二期）。

畢業後，奉派為國民革命軍第一軍第三師第八團六連中尉排長，（按：軍長蔣中正兼，師長譚曙卿，團長陸瑞榮，副團長徐庭瑤。）二次東征惠州之役，先生任攻城敢死隊隊長，帶頭攀竹梯拋擲手榴彈斃敵無數，攻克惠州，嗣以軍功擢升連長，華陽之役，又以寡敵眾，迭建奇功。民國十五年七月九日北伐軍興，先生奉派任總司令部參謀處上尉參謀，追隨總司令蔣公督戰汀泗橋，等攻武昌時，先生建議將煤車改裝成鐵甲車，作攻城掩護，蒙總司令採納，一舉攻佔武昌城，厥功至偉。

先生於民國十五年十一月晉任少校，任北伐軍前敵指揮部聯絡參謀，後又兼任總司令部，俘虜管理處訓育股少校股長（處長楊虎），負責北洋軍貳萬餘俘虜的管理訓練，先生不辭辛勞啟導國家民族思想，散布革命意識，宣揚三民主義，所俘官兵大受影響，變革命的阻力為助力，實功不可沒。

攻佔南昌之後，先生將查封江西縣財政廳印公報的印刷機器，報請總司令批准辦理《江西日報》，從事三民主義的宣導工作。此時宋康公由鉛山趕來會晤，對先生的成就至為欣喜，惟希能做一任縣長，光耀門第。先生順從老父訓示，乃面稟北伐軍總司令參謀處長張定璠先生，承其函薦江西政委會主席陳公博，發表為樂安縣縣長，並兼任贛東黨務特派員，此時先生雖年僅廿五歲。但對縣政事務諸如處理訴訟、督催錢糧、巡緝盜賊、維持治安……都能得心應手、應付自如。九個月的縣長於十六年八月交卸。

民國十七年正月，先生去南京應考陸軍大學，雖被錄取，惟因應考者皆為黃埔一期至五期的同學，外文程度不夠，仍改為陸軍軍官學校附設軍官團，蔣中正兼團長，副團長黃慕松，團附馮軼斐，營長周址，教官有黃國書、程天放、端木愷等先生。

民國十八年初，軍官團訓練期滿，先生奉派到蕪湖陸軍十一師六十二團任連長，（師長曹萬順，副師長陳誠，旅長李默庵，團長關麟徵，營長鍾寶善。）後調任五十六師三三四團團附（師長劉和鼎）。

民國十九年四月十八日，在上海法租界大馬路都益處川菜廳，與浙江嘉善籍的翁夢蘭小姐完婚，翁小姐幼隨父母客居上海，就學南洋女中，婚後操持家務，接待親友，出入應對，莫不井井有條，甚為識者稱羨讚佩。

廿三年又奉調贛東擔任樂平縣長，專司剿匪軍事，先生勵精圖治，建碉築路，武裝保甲，興學除弊，協調軍民，故能名遠播。廿四年五月間，有一我空軍雙座訓練機迫降樂平河邊，駕駛員羅中揚（來台後曾任空軍警衛旅少將旅長。）請求支援，此時樂平隣縣德興竄來共匪一股約二百之家，在縣界山谷集結，先生商得羅中揚同意，帶了迫擊砲彈兩枚，乘飛機前往搜尋，果見匪眾在樹下休息，乃將砲彈擲下，只見匪眾亂竄，將原圖犯境之災禍弭於先期。

民國廿五年春，湖北省主席楊永泰（暢卿）指名借調先生，赴鄂擔任匪禍猖獗羅田縣縣長，協助國軍戡剿股匪高廷俊，及到任所，發現鄂東駐軍卅二師梁冠英部內鬨甚烈，已頻分裂瓦解之危境，先生驚悉隱情，急赴漢口趕往南京晉謁楊永泰懇請趁此建議委員長，調梁冠英任軍事委員會參議，師長委該部旅長王修身升任，惟恐有變中央再密令衛立煌在豫、鄂、皖邊境布下重兵，暗中監視，始發布命令，終因防微杜漸，消弭一場變亂於無形，同時由於先生帷幄運籌，制敵先機，軍政配合得宜，終將匪部高廷俊部擊潰，先生忠勇機智，誠非常人所可企及也！

民國廿六年十二月十三日南京撤守，戰局日危，先生自忖身為軍人，應効命疆場，乃辭卸羅田縣長由葉啟賢繼之，被長沙警備司令丁炳權將軍堅邀為副官處長，副官處下有警備、偵防、總務、交際等科，轄有憲兵一營，步兵一營，以及特務大隊直接負責長沙城內外警戒及巡查，省會治安任務。就職未幾，就將久為頭痛的傷兵擾亂治安的問題妥善處理，使軍民和諧，不再齟齬生事。

一日，日機空襲長沙，警報尚未解除，偵防單位收得無線電報發射，經測試由長沙對河水陸州高級住宅區發出，先生全家此時亦住在水陸洲唐生智別墅中，乃派工作同志攜帶報務偵測器，就近偵測，測得電波由德國顏料商人韓德森家中發出。先生判斷德日已結同盟，日人藉德商關係蒐集情報亦有可能，且韓德森家中常有舞會，乃透過長沙顏料商人鄧若霖之仲介，與韓接近，俟韓女彌月晚宴舞會時，密派工作人員混進偵察，在韓臥室搜得發報機及密碼，一舉破壞國際間諜在湖南的總機關。先生因功於民國廿七年升任長沙警備司令部少將參謀長。任內又偵查出潛伏在長沙第九第七傷兵醫院內的漢奸十二人繩之以法。當時二千餘傷兵受鼓惑劫得步槍數百支，與警備部隊對陣槍擊，情況至為危殆，先生不畏艱險，在眾目睽睽下諄諄告誡，終於化暴戾為祥和，消除了一場災禍。然後暗中偵察，將真正滋事的漢奸揪出來。

民國廿七年十月，兼任長沙警備司令國軍一九七師師長丁炳權奉命率部開往湘、贛、鄂邊境的九宮山駐防，於是長沙警備司令由黃埔一期的酆悌接任。先生亦辭參謀長職務，暫任一九七師通訊處主任，旋被軍政部常務次長張定璠先生推薦，任軍政部騾馬採購組少將主任。

民國廿八年二月，先生抵達重慶，在江北西路口川鹽銀行倉庫樓上，成立軍政部騾馬採購組組部，布置就緒後即派人分赴各省設立分組採購騾馬，以供軍事需要之用。蓋此時川、康、黔、貴第地遍布民間道義社團，先生師事故國大代表張樹聲（竣潔）先生，深得「瓶鼎壺鑪」之奧旨遺訓，與承緒「無限皈依」之真傳，故工作推行至為順利。俟張竣老（樹聲）首倡忠義獻機運動時，先生不遺餘力的宣導捐募，個人經手捐獻了廿架之多，以報效師門，貢獻於國家。

民國廿九年，為日機轟炸仍遷騾馬採購組於萬縣瓦廠路，此時先生兼任三民主義青年團萬縣分團書記，又集資創辦《川東日報》，成立「青年團平劇服務社」與「青春話劇服務社」，凡萬縣公益及救濟事業需要籌款，都由二社公演義演，又創辦了一所職業學校，收容失業青年給予就業訓練，還在萬縣楊家街開了一座規模龐大的青年食堂，兼營旅館，對青年學生提供食宿的服務，生意非常興隆，但並不賺錢，因價美物廉，完全是服務性質。此外，更集合萬縣廿一個中學的體育老師，成立體育會，經常辦理各種體育比賽，先生這種熱忱服務的精神，對抗戰民心士氣有很大的鼓舞，對啟迪民智打開社會風氣更是功效卓著。

民國卅年，先生又奉兼萬縣警備副司令，凡到川東之黨政軍及各界人士，莫不以與先生結識為幸為榮。其中尤以湖海俠林仁人義士，更是口碑載道讚譽有加。先生忠肝義膽，豪邁灑脫，英勇絕倫，頗為時人欽佩景仰。

抗戰勝利，驛馬採購組奉軍政部命令撤銷，先生奉調軍政部糧秣司少將專員，兼軍糧稽核委員。不久隨軍政部還都南京，搭民生公司之民權輪順長江東下，途經雲陽，在右岸張飛廟外石崖上，刻有先生親書「義氣千秋」四個大字，顯明清晰，至為壯觀。

民國卅五年初，先生在上海兼任軍糧督察組主任，督促上海港口司令部對北平與瀋陽兩個補給區司令部的軍糧供需作業，並負責密查軍糧有無尅扣舞弊情形。

民國卅七年冬，先生奉調第十補給區副司令（司令黃壯懷），負責管轄上海、江蘇、江西、杭州、福建等地的軍需供應，此時中共已全面叛亂，總統府命湯恩伯為京滬杭警備總司令，陳大慶為副總司令，積極布署抗拒匪軍，先生更是殫精智慮、全力支應、惜徐蚌失利、兵敗山倒，大勢一發不可收拾，不得已轉進來台，先生任第六補給區副司令；仍積極支應舟山，大陳國軍的防衛作戰及轉進作業，後調國防部少將高參。

民國四十八年，限齡退役。次年奉王師凱令，參加台北市議員選舉，當選之後，急人之難，恤民之艱，重憲直言，協和府會，建言良多。

先生文筆犀利流暢，曾著有《清洪述源》（商務印書館出版），及《五車書室見聞錄》（益世書局出版）二書。《清洪述源》在香港曾被盜印易名為《中國幫會史》廣為發行。

先生晚年尤喜高爾夫球，數得長春組冠軍。

民國七十年，先生八十大壽，門生弟子親朋故舊集會慶祝，海內外及朝野人士踴躍前來祝賀，盛況空前。

越年四月，先生偶攖感冒併發宿疾，急診無效，延至五月十日夜九時四十分逝世。享壽八十有二。獨子化民，畢業陸軍官校卅六期，適任旅長駐守金門，將門虎子，克紹其後，女安娜、麗娜、海娜、慧娜各有所歸，一門賢孝，奕葉昌繁。同月卅一日，先生葬於台北新店安坑二城山。

綜觀先生一世，忠憤耿耿，義勇絕倫，妙運機權，不畏彊禦。誠匡時之猛將，不世的奇才，惜嚴訓改弦中途從政，未克晉寄專閫，盡展韜略，屏垣上國，痛剪奸讎，傾忱報國之志。然持讀完先生《清洪述源》及《五車書室見聞錄》警世之偉作，尤見先生畢生忠肝義膽，豪爽仁俠之風範。

先生早歲師事河北滄縣故國大代表張樹聲先生，深諳「瓶鼎壺鑪」之奧旨遺訓，得承「無限皈依」之真傳衣缽，普門遞嬗，善緣廣結，生徒遍布海內外及社會各階層，其中尤多奇才異能之士，知名者有張葆正、李棠華、黃伯然、武志義、胡耀坤、趙玉崗、王仲三、崔星平、倪敏然、余天、田平春、傅世驊、周世棠、范繼德、伏萍、鄒心宇、許雪朋、何宇澄、張振源、王志強、鄧獻鯨、單亨周、熊國清、唐興程……等人。

無限欽仰憶吾師

帥學富

回憶抗戰初期，我由湖南長沙警備司令部參謀長，經老長官張定璠先生（軍政部次長）保薦調派入川，擔任軍政部採購騾馬組少將主任。未到職前，老友康兆民（澤）將軍設宴為我接風。康問我此來有何任務？我說：奉委採購馬騾。康說：山地作戰，需要馬騾，現在西北淪陷，沒有馬群可買，四川雖有馬騾，都是大戶人家維養代步、採購任務確是艱苦，你必須多派人應帶現款，下鄉採購。但是，難免沒有風險。你要入境問俗，我們四川有一句俗話：「言語拿順了，到處可走，且有幫助。如果言語拿不順，寸步難移。弄不好還會被人謀財害命。」當時聽了真有些不寒而慄。我說：土匪為何如此猖狂？康說：不是土匪。我們四川遍地都有袍哥，他們很講仁義，如果你能答對他們的祕語，就是言語拿順了，不但可走，且有幫助。如果你們不懂袍哥祕語，就寸步難移了。我問：要怎麼辦？康說：你可利用呀！我說：要如何利用？康又說：你們可參加他們並學習他們祕語。我問康：參加否？康不答：將頭搖了一下，表示未參加，我說：你沒參加；要我參加？康說：你的工作需要嘛！我想如果不參加，採購任務難於達成，影響抗戰，我做了失敗的罪人，如何對得起國家民族？回到寓所一夜不能安眠。

次日走訪重慶憲兵司令部祝同學，我便將康之對話與祝商量。祝兄於是引我去見張老先生。從此我與張樹聲老先生結下了不解之緣。而後，我奉命兼四川萬梁警備司令，馬驟組亦遷萬縣。我每到重慶公洽，總要去天津館，或魁顧飯店。老先生在「座無虛席」的室內，總是替門人寫介紹信，忙不開身，沒有機會談話，無法討「慈悲」。每次悵悵回去，後來我又先寫帖邀老先生在五芳齋吃飯，不料老先生走在途中，遇著門人就說：「帥某請我吃飯，你們同去吧！」他老人家每次到餐館，後面總是跟著十餘人，因之臨時增加一席，人多鬧酒，仍是無法討慈悲。聞說老先生喜歡洗澡，從此我就找大旅館開房間，請老先生洗澡。他肚子餓了，吃碗麵條，也不為忤。從此談話機會多了，得益不少。他老人家不但慈悲家禮儀注，還有清洪門的掌故、關於儀注，保密不敢披露，對清洪門掌故，寫幾則以享讀者：

掌故（一）

峻老說：「自滿清侵入中原，縱使軍隊肆意屠殺，演成揚州十日、嘉定三屠，慘無人道之悲劇。當時先賢如史可法、顧亭林、黃梨洲、王船山、傅青主，暨民族英雄鄭成功等，目睹國破家亡之慘痛、義憤填膺，收集流亡志士從事反清復明工作。屢舉義師、力圖恢復，並深入民間，祕密組織清洪道義團體，反抗虜廷。前仆後繼，百折不撓，其團結之力量、已遍於黃河、長江、珠江各流域、並已流入於海外。此一民族運動，在當時，雖未能恢復明社，然與滿清明爭暗鬥，歷時有二百餘年之久，其民族精神之表現，已奠定我中華民族不拔之基，以開日後民族主義之先河。

掌故（二）

延平郡王鄭成功，深慮部曲之忘宗國也，自倡天地會而為之首。其宗旨：反清復明，光復大陸山河。在台慘澹經營，以圖進取。延平既歿，會章猶存，遍及南北，且橫渡大陸。今之閩粵天地會，尤為盛行。

掌故（三）

康熙末年，臺灣有朱一貴之役；乾隆末葉，林爽文舉義之役；同治初年、戴潮春舉義之役；無一不是洪門天地會做主力，以無數鮮血，寫成反清復明紀錄，使清廷惶懼，疲於奔命。惜當時民兵均非素練、與滿清激戰、不能支持長久、可為浩嘆！

掌故（四）

清末民初，光緒二十五年長江各省，及兩廣、福建洪門會合併參加興中會，共襄革命大業。辛亥革命，黃花岡之役，爭先犧牲者，洪門人士最多。

當時加拿大（洪門致公堂、與同盟會聯合設立籌餉局，使辛亥革命得以迅速成功、在中華革命史上、永久不可磨滅。海外洪門，雖寄居四方，但一片忠心義氣、為國事出力出錢、永不後人，熱情可敬可佩！

今日恭逢張老先生百年冥誕，對老先生平生行誼、寫幾則記事來作追念。

老先生掌故（一）

我主持的馬騾組部，有一位文書，他有六個孩子，逃難來川，經人介紹在我組部工作。因薪資微薄，難養八口之家，廿九年年關，我送他五百元過年費用，他說：我有錢過年，昨日張老師寄來五百元。我問：你的好心老師是那一位？他說：張老前人。我這才知他也是親同參師門兄弟，問他何時何地進家？他說：我在湖北省政府任收發時，在漢口進家。我又問，是你寫信求老師借錢嗎？他說：沒有，是老師自動寄來的，我來此工作之初，曾寫信報告他，並未求助。

我暗忖先生平素，取之於有、用之於無，這種俠行，令人敬佩！傳聞老先生在雲、貴、川三省，就有門人五十餘萬，所收押帖禮，及上錢糧，估計數百萬元、為數可觀。可是，老先生自奉節儉，三餐吃的麵條和饅頭，平生沒有穿過毛料衣服。著的粗布短服，與工人無異。死後身無分文。我才知他老人家一生利人濟物，不求人知，這種表行，超乎常人，誠非時下一般人所可比擬。

老先生掌故（二）

有一次，我對老先生說：你整天替門人寫介紹函，與人排難解紛，又無休息時間，吃不好、睡不好，會影響健康。我有一個構想，今年你老壽誕，由我發起，每人最少送禮五元，五十萬人，可收貳佰伍十萬，以十萬元買洋房一幢，餘款存入銀行生息養家，僱用祕書二人，替你寫信，傳道、接待，再僱廚子一名，轎班四人，每月支薪、都由息金開支，這樣，以免勞累，你可安享餘年。

想不到老先生立時面帶怒容的說；我收學生、為的抗戰救國、不是為自己享受。又說；我安親幫、是俠義道，首講仁義，要濟困扶危，惜老憐貧，廣積功德。見人有三災八難，必須竭力相助。通漕有詞曰：「三祖傳留安親道，時行方便為緊要、義氣千秋傳萬古，吃虧忍讓無窮妙。」你還記得嗎？

峻老所講清洪門掌故很多，我未能一一追記。老先生的美德、值得懷念的往事，日子再久，永遠也無法抹去我們對先生的追憶。但由上述幾則掌故看來，可知清幫與洪門組織之產生，根源於民族思想、而其奉行的基本信念，則是為國盡忠，於人行義。故在歷次革命建國抗戰過程中、清洪組織，均能負起贊助革命的莊嚴任務。綜論張老前人的畢生行誼、其出發點乃是一個愛心。他愛國家；愛領袖；愛門人；可以說無往而不發揮其愛心。但他對人處事，主張情理法兼顧、故能恩威並施、寬嚴兩濟，而門人對他老人家也更敬愛有加。

卅八年，自徐蚌會戰後，局勢益形動盪，至十一月間、接到重慶來信，始知先生為國憂傷，沉哀蝕骨、終竟不起。海內外悲先生之逝，唁書紛至。重慶市長楊森先生，以地方長官親為主持後事。舉殯之日、執紼者自上清寺、以及墓地，行列綿延十餘里，素車白馬，送殯者達十萬人、途為之塞，可謂，重慶近百年所僅有的榮哀場面。

我接此信，不勝悲痛、所恨相隔萬里，無法一瞻遺容、親臨執紼。當日與各同門登報，召邀來台同門開會，假極樂殯儀館，舉行追弔，到者約千餘人。彼此見面掩泣，都是淚水沾襟，如喪考妣，卻都說：老先生畢生行俠仗義，其優良愛國風範，將長遠烙印在每個同門的腦海，活在我們大家的心裡，決不會隨著他老逝去而消失。仍將如一支火炬、永遠照耀著同人邁向愛國的前程。

今天，我們在此舉行老先生百齡冥誕紀念，我把他老人家愛國家，愛領袖，愛同門昆仲一段往事簡單寫出來，不僅藉此表達老先生的衷心敬佩；而且還希望每一位同門，本著老先生臨終留言：「望諸君各本所學，擁護政府，努力奮鬥，消除共匪，旋乾轉坤」的遺言，永遠刻記在我們後死者的心中，都能以行動對國家民族、提供我們更大的貢獻！惟有如此，才是我們悼念先生真正的意義，也唯有如此，才足以告慰先生在天之靈！

（轉載民國六十四年四月十四日張故國大代表樹聲先生百齡冥誕紀念專輯）

自序

當民國肇造之始，國內則軍閥肆虐，共黨倡亂，國外則有強鄰環伺，輒思瓜分，而日本軍閥更復恣其兇焰，時相困擾，自民國二十年「九一八」事變，乃至二十一年「一二八」事變，全國民眾深深烙印在心頭的慘痛，在蔣總統英明領導下，全國民眾充滿了愛國心，銳意埋頭苦幹、奮發圖強，想使我們國家，成為世界上最強的國家。

民國二十六年「七七」事變發生，是日本軍閥、有懼我們民族復興，國家富強，已逐漸走向成功之路，乃不惜在蘆溝橋點燃侵略之狼煙，而我厚蓄數年的精神力量，亦終於奠定了長期抗戰的國策，我最高統帥蔣委員長的英明決定，先以孤軍奮鬥，遏阻敵軍於山澤湖沼地帶，繼又與同盟國合作懲敵，終經八年的苦戰，始迫使日本無條件投降。

共黨利用我們對日抗戰的機會，與敵勾結，訂立祕約，採取所謂「平行運動」夾擊國軍，擴充實力，日本投降後，更劫收東北，製造叛亂，終於趁我失地新復，民困待蘇之時，勾結俄帝，竊據整個大陸。

我政府自民國三十八年，播遷來台，為著雪恥復國，不敢一息稍懈的目標，就是想救出大陸七億同胞於水火之中，整軍經武，雖有突飛猛進事實，因要保密關係，不便在此暴露，而勵精圖治，則將臺灣寶島，建設為三民主義的模範省，耕者有其田，住者有其屋，院子前後栽花木，都市樓高十餘層，長途柏油快速路，家家有電視，人人車代步，九年義務教育，國民均可就讀，工業發展，人人就業，臺灣的人民，生活不但安定，幾乎偏於安逸享樂，而無復國懷鄉之念，遂使敵情觀念消失，戰爭的警覺鬆弛，如是一但臨戰，必當倉皇失措，恐怕招來無可抗拒的慘禍。總統蔣公昭示我們：「國民生活與戰鬥生活一致者強，相離者弱，相去者亡。」我們懍於大敵當前，雪恥復國之痛，自不敢忘，我們必須及時喚起國人同仇敵愾之心。我深夜常思，我們八年抗戰過程中，全國軍民無不拋頭顱、灑熱血，為神聖抗戰而奮鬥，但中共則包藏禍心，假借抗日為名，乘機坐大，到處襲擊國軍，破壞抗戰，使國軍前後應敵，備歷艱辛，始克有此勝利成果，又被共黨陰謀劫奪，假如不能反攻大陸，消滅共黨，那麼國民革命的成就，推翻滿清，建立民國，打倒軍閥，擊敗日本，只不過替朱毛共匪的叛國舖路而已，那我門無數的先烈是決不瞑目的。這種深仇大恨，國人身歷其事者，自當瞭如指掌。惟在大陸淪胥，政府遷台之後出生青年，尚不能盡知其究竟，而各級學校近代史之課程，復因時間關係，講授時亦不能窮其原委，我才決心寫了這本見聞錄，其中所述，都是東征、北伐、剿匪、抗戰的真實故事，根據我聞、我見，絕不憑空虛構，以偽作真，為了確切求真，不得不引出許多與故事相關的人物，這是迫不得已之事。這本見聞錄的故事，作為中華民國現代青年的警惕與參考。使其有所警覺，發揮雪恥復國的精神，造成文化復興再創造，政治革新再擴大，軍事建設再進步，討毛反共行動再開展，達成我們國力雄厚的實力，才是戰勝共匪，重振國祚的有力憑藉，來完成我們旋乾轉坤，復國建國的神聖使命。

中華民國六十年四月一日

帥學富　序於台北

目次

一、初遊南昌滕王閣

余先祖本居江西奉新縣店上村，與清末復辟之張勳赤田村毗鄰。先父宋康公在童年時，即與張勳是牧牛朋友，不料後來張勳做到兩江巡閱使，世人稱他為張大帥。先父受其影響，乃棄農經商，足跡遍遊大江南北，至贛東鉛山縣石塘鎮，該地山明水秀，竹山頗多，利用竹絲為原料，大量出產毛邊紙，為該地經濟最大之收入，市面繁榮，人稱之為小杭州，先父乃定居此地，經營商業，待人謙恭有禮，敬老恤貧，為鄉里所稱道，得當地望族祝姓女為室，生我兄妹四人，長兄學謙，習紙業；仲兄學經，幼從鵝湖山上和尚學拳技，後亦經營木材；我行三，取名帥鏞，譜名學富，為母所鍾愛，時與二哥習拳技，余七歲從舅祖父祝星恆讀私塾，舅祖是清末秀才，十一歲讀完四書五經，後因西洋文化漸進，石塘鎮晉紳胡仕松先生創辦私立兩等小學，我亦轉讀該校為插班生，十四歲考入上饒信江舊制中學，校址在上饒縣城河對岸，課堂宿舍均繞山建築，一面靠山，一面臨河，真是山明水秀，風景優美。

民國八年，余赴滬就讀，道經河口乘民船（即快船）經貴溪、弋陽、鄱陽湖而抵南昌。船靠章江門外，當時船老闆，向乘客討賞錢打牙祭，我賞他十枚銅幣，值銅錢百文，不料船老闆，將百文錢竟買來猪內五臟，心肝肺及肚腸全部。余不勝驚訝，我問他，為何有這等便宜？他說：「南昌人不吃猪肚內五臟心肝肺，因此便宜。是日晚餐豐盛，船老闆備有水酒，我亦吃得有點醉意，不及上岸找尋旅館，仍在船上住宿。因我年幼，初出遠門，想念父母夜不能寐，順著月色上岸遊玩。章江岸上，北蘭寺前，忽見河邊「滕王閣」上，仍有數人在此舉杯對酌，余亦登閣一遊，及見滕王閣序，聯想到唐時才氣縱橫的王勃，字子安，是大詩人王績的侄子，他六歲便能詩文，構思無滯，詞意英邁，乃天才兒童，關於王勃之〈滕王閣序〉有這麼一段說法。

「滕王閣」實造於唐之顯慶四年，樓極高壯，有江西第一樓之譽。唐書，勃本傳云：「九月九日，都督閻伯嶼大宴『滕王閣』，宿命其壻作序以誇客，因出紙筆偏請來賓、客莫敢當。至勃不辭，都督怒，起更衣，遣吏俟其文輒報，再報語益奇乃矍然曰：『天才也！』請遂成文，狂歡罷。」王勃狂傲，可也碰上了一個識貨講理的都督閻伯嶼，一句「落霞與孤鶩齊飛，秋水共長天一色」折服了閻伯嶼，要是碰上不識貨、不講理的官兒，後世怕看不到他那篇傳誦千古，字字珠璣的〈滕王閣序〉了。

王勃不但作了名傳千古的〈滕王閣序〉，還寫了一首七言詩，余深愛之，故抄錄如後；

滕王高閣臨江渚，珮玉鳴鸞罷歌舞，
畫棟朝飛南浦雲，珠簾暮捲西山雨；

閒雲潭影日悠悠，物換星移幾度秋，

閣中帝子今何在？檻外長水空自流。

王勃從此聲名大噪，當時沛王賢，慕其名，納為修撰，甚為愛重，唐時那些王公不重國事，偏好鬥鷄為戲，王勃看不入眼，著了〈檄英王鷄〉文，譏刺時政，唐高宗那位渾皇看了之後大怒，斥為「據此構煽之漸」，立即罷斥，不准入府。

以後很久，又補虢州參軍，可是這位才氣縱橫的文士，恃才傲物，乃為同僚所嫉，上元二年，前往交阯省父，於渡南海時，墮水而亡，年僅二十六歲。

二、參加中華革命黨

余在上海就讀期間，喜閱報紙，漸知國事，當時歐戰終了，各帝國主義勢力插足遠東，尤其是日本助曹錕、吳佩孚推倒段祺瑞，其各種借款，數額之鉅，至今未能確知，而曹錕政府，一意想摧毀廣州革命勢力，有為日本帝國主義效忠之表現。所借金錢，專門擴充吳佩孚軍隊，致使教育經費無著，學閥又從中把持，此時工商原未發達，官紳任意搾取，各省督軍，多係軍閥，為了擴充軍隊、奪地盤搶稅收，一言不合便兵戎相見。連年發生內戰，互相攻伐，等於今日軍隊尋常之演習。兵禍綿延不絕，各省國民，只好在槍桿下，忍辱偷生。農村破產，工商歇業，市廛凋敝，致使災民，強者挺而走險，弱者貧不自存，流於溝壑，一幅流離圖，半個次殖民地，其亡國滅種也，不旋踵矣。凡是有志青年，睹此現狀，莫不熱血沸騰，誰無救亡圖存之心？有一次我在同學家中，得識同鄉何無文先生，他是江西都陽人，為人和藹可親，以他的雍容豐度來看，初不知他是蘊藏愛國思想的中華革命黨人，我與他相處日久，十分投契，大家披露心曲，他才表露，要我參加中華革命黨，我也毅然應允，後來承其介紹我到上海環龍路四十四號，中華革命黨祕密機關填表，宣誓入黨。

三、投筆從戎遇兵變

民國十一年初，我家鄉鉛山石塘鎮，由閩、浙邊境的福建崇安縣，竄來土匪百餘人，在石塘鎮洗劫達一日夜。臨走時，並縱火焚燒，家庭不幸，從此貧困，讀書費用，接濟不上，被迫輟學，決心投筆從戎，曾託何無文寫信，介紹我去廣東參加革命陣營，他即欣然應允。次日買好招商局新華輪船票，是普通艙位，問明船上供飯不供菜，只好自己預備，我買了香腸滷菜隨帶上船，才知普通艙位即貨艙，艙內裝滿洋蔥，五月間的天氣很熱，又加洋蔥臭味難聞，似覺頭暈，此船出了吳淞，船有顛簸，我即大吐不已，如同大病，我是初出遠門，沒有暈船經驗，恐怕吃了不潔之物，得了霍亂，其他乘客，亦有大吐者，心中暗忖，恐怕由我得來霍亂傳染他人，害人不淺，常聽人說：如果真是霍亂，船進香港被海關查出，要將病人丟入海中，內心更為焦急。暗忖壯志未酬，即病死途中，殊為不值。後來船到香港，風平浪靜，忽然病好，才知是暈船。到達廣東，得充大元帥府警衛營司書，每日繕寫公文表冊，工作並不繁重，可是我個性好動，不願埋頭文案工作，我羨慕士兵出操，常到操場看操，頗感興趣，營部林書記官，他是福州人，年約五十餘歲，他對我說：做司書沒有前途，你呵！最好去當兵。我誤會他，討厭我去看操，故說此話，我反問他為什麼要我當兵？他說：我做了一輩子書記官，現在仍是中尉，從前替我端茶掃地的勤務兵，後來都升到上尉連長，你是有志青年，現在沒有軍事學校可進，當兵亦可升官呵。我才明白書記官是好意。我考慮一夜，次日向方營長報告，我們營長說：將來如果有機會保送軍校，並安慰我好好工作。我到差月餘，不幸事件發生了，陳炯明叛變，其叛變原因，大約如後：

「孫總理親自北伐，將軍政大權，交陳炯明留粵主持，不料陳蓄意謀叛，並與吳佩孚勾結，附和聯省自治之說，竭力反對北伐，是為國父孫總理所聞，總理即由桂林回至廣東肇慶，派廖仲愷來省勸陳辭職，並召陳赴肇慶，陳炯明不但不去應命，竟敢扣留廖仲愷，竄回惠州，他疑心胡漢民回廣東做省長，奪去他的地位，因此謀叛益亟，我孫總理寬大為懷，民十一年四月，回師廣州至韶關，即免陳炯明粵軍總司令及省長職，仍留陳兼大本營陸軍部長，以伍延芳繼任省長，而陳炯明率部即在石龍惠州一帶布防，並欲乘虛襲取廣州，孫總理聞訊，即回廣州，坐鎮觀音山總統府，陳炯明竟命部將葉舉、楊坤如、洪兆麟等，圍攻觀音山，總統府毀於砲火，我警衛營，傷亡殆盡。總理幸得脫險，倉卒赴海珠，登永豐兵艦（按：此艦後改名中山兵艦）。」我等官卑職小，在炮火轟擊之下，不能隨同總理登上永豐兵艦，逃到沙面，此地是英、法租界領事館所在地，巧遇招商局新華輪，停在附近海中央，升火待發。我當時僱用小划子，平常顧船渡人，只收貳毫洋即可，今日船伕硬要八毫毫洋，為著逃命，先付八毛錢，始將我送上新華輪。上了大輪，不料船主是外國人，不講情面，派人將我趕下輪船，並說：此船開往香港修理，沒有照會，不敢載客，否則海關查出受罰。

當時無可奈何，只得下船，仍聞廣州市槍砲聲，又不敢回去，內心非常悽楚。幸好我來粵時，是乘此船，尚有一個茶房認識我，他俟船主離開，他在船上叫帥先生，並向我比手勢，要我划到船尾再上此輪，我依他指示，划到船尾再上此輪，茶房將我帶進一間房艙，囑我在裡面不要出聲，他將房門鎖上，我心中暗忖，世間仍有好人，省我這條性命，將來我有發跡之日，不忘今日救命之恩。

四、潦倒窮途欣結義

我乘新華輪，雖然脫離險境，船抵香港尚未攏岸，茶房開了房門要我下船，當時我問了他的姓氏，他是上海浦東人，姓張名叫阿毛，我身上只有一塊二毛錢，我即送了他一塊錢，再三謝謝他，到達香港，身無分文，不但無錢再買船票，即住旅館吃飯都成問題。香港又無親友，初出遠門，又不懂廣東話，想做乞討，言語不通無法討錢，不知如何是好。前途渺茫，心內悽慘，望洋興嘆，即在海邊徘徊甚久，饑腸轆轆，意欲投海自盡。但因壯志未酬，心又不甘，正在窮途極難之際，有一位年近卅歲的廣東人前來問我：喂！朋友，我見你有難色，想投海嗎？他初講的廣東話，我不懂，我沒有睬他，他又講上海話，我在上海唸書，上海話勉強能懂，我才知他問我的意思，我將陳炯明叛變，砲毀觀音山總統府時逃出來蒙難到此，身無分文，無法再回上海，進退兩難，確有投海自盡之意相告。他又問我：你到上海有親戚嗎？我說：到了上海可以找同學及同鄉。他又詳問我的身世後，並說：我看你是一個有志青年，不必徘徊在此，請跟我走，負責送你回到上海。我當表感激，我隨他在路上，心中暗忖，此人真講俠義救我，同他去是無妨的，假使他騙我去南洋賣猪仔，豈不糟糕，不能不預為防範。他引我到大輪梯邊，我猶豫不敢上梯，他一再催我上輪，到了他的臥室，招待我很客氣，我問他貴姓，他說：我姓馬，是廣東台山人，現在太古輪船做小職員。他又說：我願與你結拜兄弟，你願意嗎？我說：我是窮途潦倒之人，怎敢高攀。他說：我是誠意，請你不必過謙。我說：既蒙不棄，請你去購二份蘭譜帖，寫好再去廟堂宣誓結拜，他下船去買蘭譜帖，我乘機探聽此船開往何處，船上水手都說：明日開往上海，我才放心無疑。待他回船寫帖，才知他年長我八歲，我稱他為大哥，我同他上岸找到香火很盛的一個廟內，兩人燒香宣誓結拜完畢，仍回船上吃飯。我乘此船，也沒暈船，想起上次乘船暈吐如同大病，或因裝洋蔥氣味很壞的大艙內之故。現在是坐在艙面甲板上，空氣好，又有良伴，談笑風生，所以便無暈船之感了。我與馬大哥談了二日，得到很多出門人的常識，也談到我倆將來的志願。他說：他將來積錢買槍，回家做山大王，我聽得很奇怪，我說：有正路不走，為什麼要走斜路？他說：現在廣東很多大官（指李福林）都是當土匪出身，將來我回家，聚集數位志同道合朋友，佔山為匪，劫富濟貧，將來槍多人眾，孫大元帥會派人來收編我做司令官，我這樣走斜路，發展很快，將來馬某做了山大王，請你來同享富貴。我說：我要效法班超，投筆從戎，將來我做將軍，奉命來剿你這個山大王。他說：你來剿我，你是我結拜弟弟，我願歸你收編為正規軍，豈不更好。又說：我倆各走各路，看你走正路快，還是我走斜路快，兩人談不數日，不覺船到上海，他替我在十六舖，找到一家旅館住下，並送我兩塊錢，叮囑我設法返家，我兩人相處數日，情投意合，臨別依依不捨，互道後會有期，揮淚而別。是日我去找同鄉何無文先生，面報廣州蒙難經過，以及狼狽逃回情形，並說：將來我的生活，殊堪焦慮，何先生又說：我會替你安排。次日何先生來說：目前一時沒有好的出路，我替你找到一個輕鬆工作，一塊大洋做三天，暫維生計，以待機緣，你願去嗎？我說：為著生存，我願做，將來遇有機緣，仍請介紹我去參加革命行列。翌日何先生引我去到一家茶行，工頭是河口人，派我在女工部門篩茶。過了數天，何先生又介紹兩位革命同志參加篩茶，我與他交談，一位叫何志治，原在廣東潮州軍官講習所畢業，曾任排長，另一位姓張，他是江西玉山人，曾任團部少校軍醫主任，均是廣州蒙難返滬革命分子，今日委屈在此篩茶，大家同病相憐，在此見面，長吁短嘆，苦笑不輟，我們三人，租了一間亭子間同住，每月租金二元，每人分攤七毛錢。包飯吃，每人每月六元，茶水均由隔壁老虎灶供應。我們篩茶工作，做了月餘，何先生又來介紹去黨機關工作，每月津貼十元，我們做的是黨務活動，也做了不少危險事情，如運動何豐林部隊反正，滲透上海兵工廠，炸倉庫，應付租界巡警，夜貼標語，回憶我們的小組會，都在夜深人靜的金神父路行人道上，四五個人，箍肩搭背，邊走邊談，各人報告工作經過，共同討論，再定決策，從新分配工作。散會後，各人執行所負使命，在下次小組會，即要報告各人的工作成果。我們在行人道上開小組會，與今日茶果招待的小組會，只有形式上的報告，沒有真的活動，更談不上工作成果，憶與當年在軍閥的鐵蹄下，祕密工作的小組會，真有天淵之別了。

五、走上革命軍人路

民國十一年八月九日，孫總理由粵返滬，由閩北打進福建，趕走福州北洋督軍李厚基，聞北伐軍在閩大肆擴充，改為東路討賊軍，許崇智為總司令，需人孔急。何無文先生，介紹張、何與我等三人，乘輪赴閩，參加東路討賊軍第四旅第七團，我們三人謁見團長張定璠後，張被派任團部少校軍醫主任，何君被任排長，我被派充第二營司書，到差才知旅長龔豪伯，團長張定璠都是江西人，營長陳與吾，他祖籍是安徽，生長在江西，我營副營長黃在璣，是江西貴溪人，我在這個部隊工作，非常愉快，尤其正副營長，認為我是個誠實人，要我代理軍需業務。營部軍需，原定張團長胞弟張鳳威，他在南昌尚未來閩到差，因此要我代理。每月向團部領餉，得識團部上尉軍需費紹宏別號子登，他是江西奉新人，待我誠懇，遇事關切，他常勸我，你是有志青年，現在沒有軍事學校，你應去當兵，習武事，將來前途無量。與我在廣東警衛營書記官所說意見相同。我抱定決心，請求營長，准我下連當兵，學習武事，營長念我志氣可嘉，准我每日早晚參加第七連出操，操畢仍回營部辦公。每夜由營長指導我看步兵操典，野外勤務，並將戰術戰史等書，借我自讀，受益不淺。三個月新兵訓練，完成了連教練，營長保升我充少尉差遣職務，此時在閩部隊，一律沒有發餉，准尉以上官佐，每人只發十二元伙食錢，除吃六元，每月可找得伙食尾數六元，士兵每人每月，只發六元，除吃四元，可找發二元零用。那時物價，全國各地一樣，白米每擔二塊錢，猪肉每斤一毛錢，鷄蛋每塊錢要買一百五十個，白蘭地酒每瓶二元錢，剃頭只要三枚銅幣。那時物價，真是便宜。我是受過窮苦的人，每月得來六元，不敢亂花，除剃頭補充鞋襪外，每月總要積存五元，四個月後，積了二十塊錢，總想匯寄回家，以養雙親表示孝意。可是江西在軍閥統治下，與革命軍的福建郵局不通匯兌，無法寄回，即購小金鎊，每個小鎊，有現在臺灣一元銀幣那樣大小，要賣十八元一個，此時我們副營長黃在璣走了，新來副營長莊孟雄，他是保定八期，亦是江西鉛山人，待我更為親切。不久他調任第七連連長，他要我同去該連任司務長，因司務長是准尉官，與我現任少尉低了一級，我不願去。他說：不久即可保升我做該連排長。他又說：少尉差遣是事務官，沒有前途，司務長是正式軍官，將來頗有前途，他又向營長要求，我營長亦親來勸我說：他亦不願我離開營部，但是為著前途計，所以勸我充司務長，我聽了營長勸告，和他的愛護，終於下連做了司務長，管理全連伙食與事務，三個月後，果然升了少尉排長。

六、行伍排長心怯場

我升了排長，好友均來道賀，先向營長謝委，再到團部面謝同鄉費紹宏，又蒙其引我去見團長。團長張定璠說：你們營長說你誠實可靠，又肯學習，且能吃苦，我很歡喜，又說：世界上一切豐功偉業，皆由艱苦奮鬥中來，只要不懈怠的努力做去，是斷無不成功之理。辭別團長出來，費亦指導我御兵之術，要恩威並濟，與士兵同艱苦。回連次日輪我值星，早晚必要點名，我初做排長，點名要訓話，事先準備講稿，默念很熟，今晚定可應付，屆時點名號響，內心有點怯場，真有如臨深淵，如履薄冰之感，我掛起值星帶，心裡慌得可怕，點名完畢，即要訓話，我說了一聲，請大家聽到，士兵靠腳立正，我聞靠腳響聲，將我唸得很熟的詞稿嚇跑了，我見士兵嚴肅聽訓，我忘了稿詞，很久講不出話，使我面紅耳赤，身子慌得發抖。很久才說：我很年輕，初做排長，有點怯場，講不出話，請大家原諒。解散後，士兵都在背地笑我。以後有了臨場經驗，每夜點名，不用講稿，講得很好，士兵也很佩服，日久情感融洽，如同家人手足一般。

七、初臨戰場不怕死

民國十二年春，東路討賊軍總司令許崇智，奉命由閩返粵，只留本旅，鎮守福建，不料孫傳芳，派其北洋軍閥王永泉師，由浙入閩，我旅只有兩個團，兵力單薄，退守泉州，本團奉命駐守泉州，本營奉命，駐守莆田仙遊一帶，向福州方面警戒，我連駐在仙遊，靠近海邊一個小山，這座山上全部種的荔枝樹，士兵每日都吃荔枝，因荔枝是熱性，吃的過多，身染痢疾者不少，失去戰鬥力之際，忽然營部傳令兵來說，敵人王永泉師，已向我方前進，囑本連特別小心警戒。本連中尉排長張本舜、膽子最小，聞有戰事發生，即裝病舊假，我卑視他不配做革命軍，連長莊孟雄徇情，准其率領病兵先行撤退，我同連長及劉排長，率領能戰士兵，只有四十餘人，固守原地嚴密警戒，奇怪，我初做排長，點名都怯場，可是打仗一點也不怕，大概是在廣州，經過一次戰爭關係。次日團長率部隊由泉州來增援，布置陣地，翌日拂曉，敵人果然來攻，激戰一晝夜奉命撤退，團長張定璠，面諭我率兵一排，擔任後衛，掩護本團安全撤退，我是初生之犢不畏虎，膽子真大，奉命後，我將本排士兵，分作三人一組，布在退路兩側高地，輪流更換狙擊敵人前進，拖延時間，掩護本團安全撤退，次晨抵惠安縣屬之洛陽橋，本團已在橋之南端，佔領陣地，掩護本排過橋，後面敵人，亦已趕到橋之北端，向我排射擊，我率士兵跑步通過洛陽橋，該橋全長達百公尺，幸我體力強壯，跑得很快，士兵在橋上，死亡兩人。團長見我汗流浹背跑回陣地，當面獎勵，說我有膽識，掩護成功，叫我歸隊休息，本團利用橋之天險，與敵人激戰一週，終因彈藥不繼，奉命撤退泉州，再退同安，被廈門警備司令臧致平，將本旅團長騙去軟禁，迫其下令，要我官兵乘般到廈門接防，擔任警備任務，我等不知其中騙局，率兵登船，船行不及二百公尺，岸上有人大聲叫停，並說：我是臧司令派來接你們的，忘記通知砲台，如果前進，砲台會向你船開砲，待我聯絡好了，再通知你們開船。我們在船上等了很久，未見通知開船，海風吹來，似有涼意，忽見岸上，來了很多士兵，散開向我船射擊，我船人多船小，擠得要命，無法還槍，其他各船，亦是如此，等於死囚徒，聽其射擊，我船士兵，時有死亡，忽聽岸上，有人大聲疾呼，奉襲旅長命令，要我們繳槍吧，以免都死在海底。處此絕境，無法抵抗，又是奉本旅龔旅長命，只得繳槍，我旅兩團官兵，共計二千餘人，全部被俘，身上所有銀錢，都被搜光，幸我金鎊，用膏藥帖在腿上，沒有搜去，我們被押解魚子尾海島，此島並無人煙，那來飯吃，此時島上桂圓樹，雖然結子，尚未成熟，都被我等吃光。全旅官兵，餓了二天，真是慘無人道。後來發現島西，有一砲台，旁有茅屋兩間，亦有老兵一班，我問他們！每日吃飯，要向何處購買，老兵用手一指，靠這個小划子，划到廈門去買，我見樹下，果有一隻木船。我說：如能送我過海，願將手錶送你。兩個兵，貪我手錶，於是將木船，抬下海去，我亦上船，在此海浪滔天，行穿驚險萬狀，結果安抵廈門，我到警備司令部，找到了張定璠，才知團長被臧司令騙去軟禁。我們槍支繳清，團長才得自由，我見到張團長，報告被俘經過，所有官兵，約二千餘人，均被關在魚子尾海島上，沒有飯吃，已餓兩天，慘無人道，請團長向臧司令交涉。張果去接洽，撥來白米十二大包，要我雇船送去，大家見了白米，歡喜若狂。我又找到費紹宏，一同回到廈門向張團長報告，張對我說：你有俠義精神，將來張某，不會忘記你的，我見其說話表情，眼圈似紅，且有淚水，我亦不勝唏噓。他也問我今後行踪，我答：願去廣州，團長如有朋友在粵，替我寫個介紹信，他即在名片上，寫了數語，要我到達廣州榮利新街，去見王鶴齋先生，他會照顧你的，我有依依不捨感慨，終於辭別，我們二人仍穿軍衣去找旅館。找了數家老闆都說，你們身著軍衣，警備部查夜，知道你們是俘虜，要將你們拿去，仍送魚子尾海島，指導我去鼓浪嶼租界，住日本旅館，無須登記姓名，亦無人查問，睡到半夜，由一日本老婦，見人只收二毛，次日我將金鎊賣了十八元，送費紹宏五元，自己買了一套便服，費去上海，我去廣州，找到王鶴齋先生，蒙其轉為介紹我去香山縣游擊部隊任排長，得識同鄉桂永清，他在旅部任司書，周雍能任游擊總司令部參謀長兼旅長、姜伯彰任祕書、團長鄒我齋都是江西人，我在此任排長，精神很愉快。不料忽然患病，病得很重，蒙團長派人將我送去廣州，住進桂軍醫院，該院設備不良，又染上痢疾，病得骨瘦如柴，住院數月，幸而不死。回連養病，漸漸復原，回想得病之由，是在福建打了敗仗，自仙遊撤退，沿途且戰且走，每夜均是露宿野外山林，約有月餘，受了風霜之苦，睡眠不足，營養不良，將身體拖垮了。

八、顛沛難忘魚生粥

民國十二年粵局，軍隊龐雜，武人爭地，釀成割據，統兵者只圖軍隊人數之擴充，餉彈之缺乏，在所不計。以是官兵，除得些微給養足資伙食外，關於額定薪餉，向不發給。上下相習成風，已非一日，其實所苦者，士卒而已。粵中軍隊，雖在孫大元帥一個系統之下，而對於防地之攘奪，彼此侵略，如同敵國，往往發生武力爭鬥，如果戰鬥勝時，侵入友軍區域，必先奪取財政權，凡百姓稅收，均據為己有，帶兵長官往往立成巨富，而作戰計劃之共同負責者，則棄置不顧。所以內部不和，影響指揮，因此掣肘，國父雖有龐大的軍隊，不能消滅叛軍陳炯明，職是之故也。

游擊司令兼香山縣長朱卓文，因香山土地肥沃，出產米穀香蕉，一年收成可供三年食用，收入很豐，易於擴充軍隊，引起友軍覬覦伺機併吞。某日滇軍董鴻勳旅長率隊來攻，激戰一日，我軍不幸失敗，撤退張家邊，此地靠近澳門，每夜露營，均在高山樹林中，又無給養，更不敢去到各村覓食。因廣東各鄉鎮，都有保衛團防守，且在村鎮外圍，建有碉堡，周圍均有小河，出入經過活動吊橋，如果發生匪警，即將木橋吊起，使你無法進入村鎮。我們是敗軍，處此窮途末路，每日即以步槍換取食米，苟延數日，團長鄒我齊，將我請去，他說：帥排長，我知你很能幹，且有膽識，現在我們處此困境，又不願投降滇軍，我寫了一封信，派你做我代表，請你換好便衣，越過敵人步哨線，今夜趕往香山縣城，搭輪前去廣州，請將此信，送給中央直轄第一軍軍長朱培德，接洽本團收編任務。團長又將地圖展開，指示敵人警戒位置說：你要小心謹慎，偷過敵人步哨線，萬一不幸，不可洩漏本團現在位置。全團官兵姓名，靠你此行，始得挽救。查張家邊至香山縣，約有四十華里，當時換上團長替我預備的便衣，接過書信及川資，看看手錶已有九點，要在今夜十二時前，趕到香山，始能搭上輪船，只有三個鐘點，要跑四十華里。辭別團長，即向香山躍進。將近敵人警戒線，我即伏地匍匐前進，哨兵均未發覺，後又經過幾處村鎮，均被保衛團團丁盤問，此時我學會幾句廣東語，又逢農曆年底，民團問我深夜何往，我答：下鄉收帳返城，都被我混過去了。進入縣城，尚有夜市，肚中雖餓，不敢進食，恐誤船期，待我趕到輪渡碼頭，輪船正要開航之際，我即飛躍上船補票。翌日午時，輪抵廣州，趕往長堤馬路，本部辦事處，適與桂永清、樂鈞天兩人相遇，彼此稱慶無恙。他們問我許多同事安全，我都答覆，惟有我團現駐位置，及來接洽收編任務，則保密不洩。我問他倆何時來此，他說：失敗時，你們撤退離城，我即躲在老百姓家中，換了便衣，次日逃返廣州，住在辦事處。他倆又說：辦事處都是粵人，見我們部隊打垮了，似有不願招待之意，此時辦事處，午飯吃過，不便找他們再開飯，樂鈞天說：我請你們到外面去吃。我同桂永清，隨樂鈞天走上長堤馬路，想不到樂鈞天，引我進入一個小攤上吃魚生粥，並買幾根油條，三個人吃了二毛多錢，吃畢出來，桂永清手拍我的肩頭說：此地都是拉車伕吃飯之處，我們以後做了總司令，不要忘記今天呵，想不到桂永清後來，果然做了海軍總司令。

數日後，接洽收編成功，本團改為中央直轄第一軍補充團，軍長朱培德面諭我，率領小火輪數艘，拖了幾條大駁船，帶著軍旗印信，趕回張家邊，接回本團暫住黃埔整訓。有一天是我擔任衛兵司令，忽見一位身材很高穿深灰色西服，手提皮包客人來訪我團長，我很謙躬地引他到團長室，才知他是未來軍官學校的蔣校長，我團不到兩日，奉命移駐廣州市、大沙頭一帶民房。這是民國十二年底的事。

九、軍校受訓苦三「快」

我補充團，遷駐廣州市大沙頭，我升了官任營部中尉副官，我由營部熊副營長介紹，認識同鄉潘毅然，他是上饒人，家住榮利新街，他任滇軍某旅參謀主任，他告訴我說：滇軍籌辦幹部學校，我聽這個好消息，非常興奮，我說：我想進這個學校，在何處招考，潘說：他不招考，是滇軍部隊中保送，你可請求朱培德保送。朱軍長因我接洽收編有功，准予保送幹校受訓，我雖保送，可是到校，仍要考試，幸得及格，編入第二大隊受訓，民國十三年一月開學，典禮非常隆重，總理孫中山先生，親臨訓話；隨來文武官員，有譚延闓、李烈鈞、胡漢民、鄒魯、廖仲愷、吳鐵城等多人，孫大元帥訓話大意云：中華革命黨的基礎一點都沒有，這個原因很簡單，就是我們只有革命黨，沒有革命軍的奮鬥，所以一般官僚軍閥，便把持民國，所以我們的革命，便不能完全成功。怎樣才算革命軍呢？革命軍是要懂得三民主義救中國。追隨我革命的老同志，都不知道三民主義，難怪幾次起義都失敗了。革命軍的同志，如果都懂三民主義救中國，他的犧牲奮鬥精神，便可以一個人去打十個人，今後我派廖仲愷同志，做黨代表兼任你們政治教授希望你們不但學習軍事，且要研習政治與三民主義救中國的道理，將來挽救中國的危亡，這個重大的責任，就靠你們大家負擔起來。典禮完畢，全體官生，集合在校門外，排隊歡送孫大元帥。

滇軍幹部學校，設在廣州市北較場四標營舊址，學校圍牆四周，裝有鐵絲網，夜晚鐵絲網且有電流，一觸即死，如果受不了這種野蠻教育，想逃跑是不行的，在校受訓，要有三快——穿衣快、集合快、吃飯快，每餐吃飯時間，限三分鐘，如聞哨音，吃不飽，亦要離坐，跑出飯廳集合、出操時，最苦是慢步，由八字分解動作，進至四字分解動作操演慢步，每次學慢步總要操得滿頭大汗。做得不好，還要挨打。有一位同學，受不了這種野蠻教育，夜晚爬牆逃走，不幸觸電身亡。大家都罵學校當局不講仁道，我們是學生，不是囚犯，為什麼要用電網。有人主張，控告學校當局，結果學生膽小，不敢見諸行動，只有說說而已。其次拂曉起床，穿衣、洗面、大便時間，都非常短促，稍一慢了，就趕不上集合。很多同學，動作慢了，趕不上吃早餐，餓著肚皮出操。每日收操回來，鞋襪均被露水浸濕，沒有時間換穿乾淨鞋襪，接著又上課堂。時間久了，即有很多同學，得了腫腳病症。在課堂如有同學打瞌睡，全體同學，都被罰跑步。每週末檢查內務，是最頭痛的事，費盡勞力，做到整齊清潔，還要被隊長任意挑剔。他掀起舖蓋，用細針，在床板逢內，挑出灰來，都要處罰，故意挑剔，不盡情理，真是野蠻教育。

我們開學不久，自民國十三年一月廿七日起，每週星期天，全校師生，要到廣東大學（按：後改為中山大學）大禮堂，恭聽孫總理講三民主義，隊長規定，服裝要整齊，精神要飽滿，聽講時，如有打瞌睡的同學，坐在左右同學，用手扭他醒來，否則回校，全體都要罰跑步，另罰打瞌睡者本人三天禁閉。有一次同學打瞌睡，被副大隊長張興仁發覺了，聽講完畢，出了中山大學門口，即罰跑步，跑到白雲山腳的沙河子，再跑回校，往返十里途程，有很多同學，體力不支，倒在沿途，暈死過去。可是我們副大隊長張興仁，他自己總是帶頭跑步，他也累得汗流浹背，氣喘如牛，罰跑完畢，總要訓話，他說：你們犯規受罰，等於罰我自己，你們跑累了，難道我不累嗎？我也是血肉之軀，我又不是鐵牛。從此以後，同學們，背地都叫他做鐵牛。

一〇、再入黨得識廖師

民國十三年，本黨從新改組，在廣州舉行第一次全國代表大會，決定本黨為民主集權制，廣為宣揚三民主義，大量吸收同志，擴充本黨實力。本校全體師生，由廖黨代表仲凱先生之介紹，集體宣誓入黨。當日各同學，推舉我為小組長。有一次廖黨代表，召集小組長，個別談話，發現我所填表內，曾記載：民國十一年某月，在上海環龍路四十四號，宣誓參加中華革命黨，他才知道我是本黨老同志。從此待我倍加親切，常要我到他家密談，要我向同學宣傳，不做軍閥個人幹部，要做黨國幹部，他常講革命先烈史跡，為黨奮鬥犧牲精神，有時他送我零用錢，我不肯接受，他太太何香凝常說，待我畢業後，替我介紹女朋友做太太。這種話，對我們青年人，是多麼關切呵！廖先生夫婦，待人一片至誠，沒有官氣，他在最忙時間，從不待慢我，我被他真誠感動，我願接受他的領導，聽他指揮，為黨國爭取革命人才，為民族創造偉大事業，必須改造假革命的滇軍，變為真革命的武力，我是一個革命黨員要效法先烈革命精神——拋頭顱、灑熱血的犧牲精神，大著膽子，在本校暗中宣揚廖先生的革命精神，和他高潔的品德。我希望全體同學，接受他的領導，每逢星期天，總要帶幾位同學去廖公館，晉見廖先生。日子久了，參加革命運動的同學多了，無形中，結成革命的團體，展開了革命運動，使全體同學漸漸覺醒，不做軍閥個人的幹部，要做黨的幹部，要使滇軍的武力，變為黨的武力，終於贏得很多同學的贊同，這批同學，回到滇軍部隊中，展開革命運動，要起很大的作用，不久的將來，滇軍個人的武力，果然壽終正寢。

一一、清繳商團叛變槍

民國十三年十月，廣州市商團代表陳廉伯，向英商購入大批新式七九步槍三千枝，手提機關槍數百枝，因護照過期，被政府扣留，引起商民憤怒，集體罷市，以示抗議，威脅政府，發還槍械，在罷市期間，商團團丁，全副武裝，似有叛變模樣，其主力分布西城一帶，負隅守險，和政府軍對壘，整個廣州市，陷入軍事狀態，若干地區，進行激烈巷戰，當年廣州市西關一帶，未闢馬路，街道輻輳，商店櫛比，又為富室住宅區，乃廣州最富庶之區，過去數年，因討莫榮廷及陳炯明之變亂，商民苦於散兵遊勇之滋擾，平時又為了防盜，所有路口，和小街窄巷，都建造堅強木柵，晚間一、二時，即予關閉，有人巡守，商團作亂時，據為防塹。他們又在街道上層，搭起天橋，來往交通，均在商店屋頂天台，置備磚石，還要煮熟糯米滾湯，以備由屋頂撥下，街道上，遍布鐵絲網，這些都是他們防守武器。團丁全副武裝，布防在街道路口，天橋乃至屋頂，可資防守的角落，居高臨下，嚴陣以待。本校奉命向西關小市街攻擊前進，集合臨行時，大隊長趙錦雯訓話說：我們軍人，是保國衛民為天職，小市街，又是金舖、錢莊，蝟集之區，政府不敢派軍隊前往，誠恐不良軍隊，乘機搶劫，所以派本校擔任此一攻擊區域，我們的任務，是收繳商團武器，要保衛商民生命財產，不准其他部隊去搶劫，尤其你們是學生，將來前程遠大，不可乘人之危，奪取商民財產，此次出戰，要嚴守紀律，顧全校譽，除收繳商團武器外，不許染指私人財產，否則要受軍法制裁。訓話完畢，檢查裝備，即時出發，抵達西關，即向小市街，衝鋒前進，商團見我們是學生軍，未向我們射擊，我們隊長，跑在前面，大聲說明，我們是幹校學生，特來保衛你們的，趕快開開木柵，讓我們進去，代你們防守，如果不信我言，我即將學生帶走，保衛其他地方，讓其他雜牌軍隊，四面用火圍攻，那時你們玉石俱焚，悔之晚矣。商團知道我們來意，不敢抵抗，打開柵門，讓我隊進入，將商團武器收繳後，當時李福林部隊，想來染指，經本校區隊長，向李部說明，此街已被本校學生佔領，商團武器亦已收繳，不必來了，李部果然退去。我們在小市街，繼續防守，達兩天一晚。有一位同學，私對我說：昨夜搜查武器時，發現某金舖金條不少，又某錢莊港紙很多，有意取之逃往旧港，我說：我們是學生，將來前途，無可限量，不該有此邪念，被我說得面紅耳赤。返校後，大隊長訓話，本校幸無傷亡，此次各同學很守紀律，次日小市街商民，送了廿條燒猪，和酒菜、錦旗等物，來校慰勞，表示感謝本校師生，保衛周全之德意，是日全體師生，吃得很高興。

一二、黨軍肇基與黨代表

總理因從前各軍之始從終叛，陽奉陰違，力圖革新之策，曾派蔣公親赴蘇俄考查革命速成之道。發現軍隊黨化實為最大原因，知必有明瞭黨義之軍隊，然後能服從本黨之指揮，尤必有信仰黨義之幹部，然後能造成革命之武力。乃於十三年夏，成立黃埔陸軍軍官學校，以養成黨軍幹部，秋冬之間，成立教導團，蔣校長委託陳果夫在滬密募學生及士兵，九月初蔣校長及廖黨代表派何應欽籌備教導團第一團，以何應欽為團長，以繳得廣州市商團之槍械數千支，及黃埔軍校由俄購來之各種兵器補充之，故武器極為完備。十二月成立教導第二團，以王柏齡為團長，十月卅日軍校第一期學生畢業，分發各團實地訓練，凡團中一舉一動，一興一革，均須受各級黨代表之監督，以示軍隊黨化。黨軍之名，於以成立。至於官兵生活寢食與共，甘苦相同，對於本黨主義及黨紀軍紀，莫不深識奉行，戰無不勝，攻無不克，聲威廣布，故革命軍之武力，實發靭於此。我黨軍之特色，即是黨代表具有左列功能與權責：

（一）黨代表制度之由來。

總理鑒於蘇俄革命之成功，實賴於採取黨代表制之紅軍，我們士兵大都智識幼稚，與蘇俄正復相同，故欲練成為主義犧牲之軍隊，非採用黨代表制不可，特於教導團成立之始，委派各級黨代表，施以切要之政治工作，此種訓練，實為黨軍之特色。

（二）黨代表之目的

蔣校長盱衡時局，逐一意訓練教導團，指導官長，則以賞罰嚴明，盡忠職務，愛惜士卒，振刷精神，以身作則為主旨，教育士兵，則以了解黨義，嫻熟技能，遵守紀律，忍苦耐勞，愛護人民為要素，期於最短期間，造成為主義而奮鬥而犧牲之革命武力，教導團採用黨代表制，以施行政治訓練，其目的如下：

1、求士兵明瞭國民革命軍之意義。

2、求部隊團結精誠，嚴守紀律，提高戰鬥能力。

3、監察官長行動，改良士兵生活。

4、指導宣傳工作。

（三）黨代表之職權。

黨代表立於監督指導地位，必要時，得直接指揮軍隊，其效力不特便利於黨務指導及政治訓練，而於軍權軍令之統一亦甚有關係，其職權之規定如下：

1、黨代表對於部隊內之行政，有隨時監察之權。

2、黨代表為圖輔助其工作進行之便利，有組織選舉特種委員會之權。

3、黨代表有加入所屬黨部執行委員之權。

4、黨代表對於黨務及政治工作之處置有單獨發布命令之權，但須不妨害部隊之軍事行動，並須通知其部隊之同級長官。

5、黨代表對於同級主管所發之命令認為有明顯罪過或重大錯誤時，有拒絕簽字之權，但須即向其上級機關陳述自己之意見。

6、黨代表對於部隊同級主管所發之命令認為有危害國民革命之進行時，須設法使其不得下達。如已發出，黨代表有即時單獨發表命令不許其部下實行之權，但一方面應從速報告相當之機關。

7、在左述場合內黨代表有在最短期間彈壓之或將罪犯逮捕送交法庭之權。

一、官長明白表示其反叛之意志時。

二、軍隊中有謀反及掠奪之暴動時。

三、其他個人或部隊有不法行為時。

8、在激戰時其部隊之同級主管失去戰鬥力或陣亡，而新任之官長又未到場之際，黨代表有指揮其部隊作戰或指定其部隊內之資深軍官暫時指揮作戰之權，但須即時報告上級機關。

（四）黨代表與部隊官長之關係。

教導團之黨代表因有指揮黨務政治及軍事之職權，故須與有關係之機關人員，互相聯絡以利工作之進行，其關係如左：

1、黨代表對於部隊長官，無論何時須尊重其士兵中之信用及威嚴。

2、部隊長官對於黨代表（不問其是同級或非同級），如非得本軍最高級黨代表，或經法官會審之特許，不得剝奪其自由。

一三、晤老友暢談「黃埔」

民國十三年初，我考入建國滇軍幹部學校，老友桂永清考入軍政部講武學校。兩個學校均在廣州市北較場，我校駐在北較場四標營之舊營房，而講武學校是駐在北較場之東面竹子搭蓋的營房內，兩校共用一個大操場。每逢出場操練，彼此均能看見，雙方視線接觸時，微露笑容無法談話，我們約好每逢星期天放假時，總在兩校向廣州市的去路等候，同往廣州市，先到大沙頭茶樓吃一頓，然後去到先施公司看戲，或分道揚鑣去看朋友。

有一次在茶樓與桂晤談時，桂約我去考黃埔陸軍軍官學校，他說黃埔陸軍軍官學校，是國民黨辦的正式軍官學校，該校教育除軍事外，有三民主義，及政治功課，將來頗有前途，要我放棄幹校與他同考黃埔。我說：幹校教育野蠻，受盡折磨，深感不滿，我同意桂的相約。可是我們幹校管理嚴格早有宣布，如果未經准假離校，即以逃兵論罪。臨到黃埔考期我曾請假不准，裝病請假外醫，亦未獲准，本校營房四面裝有鐵絲網，夜晚接上電流，過去即曾有同學夜晚爬牆觸電身亡之事，故又不敢爬牆外出，使我受到嚴重威脅，無法前去應考，日夜均感不安，也是我命該注定，失去良好機會。後來桂永清果然考取了黃埔軍官學校第一期，他離開了講武學校，轉讀黃埔。我倆總是函約星期天假日在大沙頭茶館晤面，桂將黃埔軍校組織及教育情形說了一個大概：

總理　孫先生
校長　蔣先生
校黨代表　廖仲愷
政治部主任　戴傳賢
副主任　周恩來（共黨）
教授部主任　王柏齡
副主任　葉劍英（共黨）
總教官　何應欽
戰術教官　顧祝同、劉峙、胡樹森、陳繼承、嚴重
兵器教官　錢大鈞、文素松
交通教官　林○○
地形教官　黃思基
訓練部主任　李濟琛
副主任　鄧演達
總隊長　沈存中

第一隊長　呂〇〇
第二隊長　茅延楨（共黨）
第三隊長　金佛莊（共黨）
管理部主任　林振雄
副主任　戴〇〇
軍需部主任　周枕琴
副主任　俞飛鵬
軍醫部主任　宋耀初

附記：各隊有副隊長，每隊轄三個區隊，亦有正副區隊長。他又說：黃埔軍校教育的特點，第一是政治教育制度，這是歷來各資本帝國主義國家所沒有的，也是革命軍和革命教育的第一個特點。為什麼政治教育呢？因為革命就是革政治的命，不認識政治，如何去革命，如何知道革命的需要。第二是黨代表制度，革命是黨領導的，黨代表制的作用便是要看一切設施有沒有違反革命的道路，俾能積極地使一切力量統屬於黨。

政治部專任革命精神教育，如主義的灌輸，革命思想的涵養，並協助黨務。以上特點是幹部學校與講武學校所沒有的。他又說：黃埔軍校開學典禮時，總理孫先生親臨主持，總理在典禮中訓示我們說：「創辦黃浦軍校獨一無二的目標，是創建真正的革命軍，革命軍官要以高深的學問為基礎，要效法革命先烈的犧牲奮鬥，要學習革命軍的戰術，以一敵十，以十敵百，用一個人去打一百個敵人，革命軍的精神就是愛國家、愛百姓、不貪財、不怕死。」這篇訓話使我們感奮萬分。

桂又說：我們開學一月以後，校長奉大元帥孫先生的命令，在黃埔前面珠江中扣留了一艘私運軍火掛挪威國旗的輪船，船中裝有三千枝步槍，及數百枝手提機關槍與手槍，這些槍是廣州商團買的，是英國香港政府資助他們，準備用以反抗攻擊革命政府的，我們學校將之扣留了。我們學生所用的步槍，都是新槍，我們五百個同學，在黃埔受了革命的洗禮，人人都感今後革命責任的艱鉅，人人也都下定了當仁不讓，捨我其誰，今生今世都要革命而奮鬥的決定。桂的這一席話，使我對黃埔嚮往，也使我爾後找到了正確的歸宿。

一四、總理北上時訓話

當奉直二次戰爭醞釀時，馮玉祥密聯本黨以圖倒曹，迨戰端既開即行倒戈，至執政府成立，中原局勢為之一變，此乃十三年冬事。馮玉祥等，電請總理北上解決國事，同時段祺瑞、張作霖因有聯合倒直之約，故亦表示歡迎。總理雖深知軍閥之不可與謀，然為踐北方同志約，借此聯絡各省同志，設立黨部，以樹革命基礎，並在北方宣傳主義，以冀和平統一之實現，於是決心北上。

總理離粵前之處置：總理既決心北上，遂發布帥令：「前以曹錕、吳佩孚禍國殃民，罪在必討，故親率諸軍，由韶入贛，以期北嚮中原，與天下共除殘賊，連日迭接奉天張總司令捷電暨北京馮玉祥、胡景翼、孫岳諸將領來電，知曹、吳憑藉之武力，摧毀殆盡，友軍義勇奮發，海內聞之，莫不欣慰。此時餘孽未清，固當悉行掃除，而根本之圖，尤在速謀統一，從事建設，庶幾分崩離析之局，得以收拾；長治久安之策，得以實施。本大元帥權衡輕重，決定即日北上，共籌統一建設之略，所有肅清餘孽，綏靖地方一切事宜，仍責成留守暨各軍總司令及廣東省長妥善辦理。」十一月三日總理又召集黃埔軍校全體官生訓話，述及北上原因及革命成功之方法，其大要謂：「從前革命都在各省効力，很少要在首都革命効力，當這次北京事變，最初發生的時候，很像一個中央革命，但北京也可以作革命的策源地，造成一個革命的基礎。大家不可以為我此次到北京之後，馬上就發起一個中央革命，不過借一個機會，可以做宣傳工夫，聯絡各省同志，成立一個國民黨部，從黨部內成立革命基礎。希望大家犧牲自己的平等自由，把聰明才力都貢獻至黨部內來革命，來為全黨奮鬥，要如此革命便可指日成功。」十月又發表解決時局宣言，以國民會議，使人民參與政治，為謀和平統一之最好方法。其大要謂：凡武力與帝國主義結合者無不敗，反之與國民結合，以速國民革命之進行者無不勝。今日以後，當創一國民革命之新時代，使武力與帝國主義結合之現象亦絕跡於國內，其代興之現象第一步是使武力與國民相結合，第二步是使武力為國民之武力，國民革命必於此，乃能告厥成功。今日者國民之武力固尚無可言，而武力與國民相結合，則端倪已見。吾人於此不得不努力，以期此結合之確實而進步，欲使武力與國民深相結合，其所由之途徑有二：

其一：使時局之發展，能適應於國民之需要，蓋必如是然後時局發展之利益，歸於國民，一掃從前各派勢力瓜分利益，及壟斷權利之罪惡。

其二：使國民能自選擇其需要，蓋必如是，然後國民會議以前所有各省政治犯，完全赦免，並保障各地方之團體，及人民有選舉之自由，有提出議案及宣傳討論之自由。

本黨致力國民革命於今三十餘年，以今日國內之環境而論，本黨之主張，雖自信為救濟中國之良藥然欲得國民之了解，亦大非易事。惟本黨深信國民自決為國民革命之要道，本黨所主張之國民會議實現之後，本黨將以第一次全國代表大會宣言所列舉之政綱提出於國民會議，期得國民徹底明瞭與贊助。

發宣言後，且明令以胡漢民留守廣州代行大元帥職權，以譚延闓為北伐聯軍總司令，駐守韶關，所有入贛入湘各軍，歸其節制。東江軍事，責成滇軍總司令楊希閔、桂軍總司令劉震寰，共同負責，限期肅清餘孽。民政由胡留守負責，以古應芬為財政總長，兼廣東財政廳長，吳嘉成為沙田經理處長，外交由伍朝樞擔任，以范其務為粵海關監督兼交涉員，吳鐵城為公安局長兼全省警察處長，廣東局勢為之一新。其對於桂局，則命沈鴻英編為廣西建國軍，出發湘南以援助熊克武、程潛之援鄂軍，命劉震寰為廣西省長，於是多年紛亂之桂局，已入大本營之勢力範圍。

總理部署既畢，遂於十三日鼓輪北上，是日向午抵黃埔，適第一期實施築城工事，遂親往視察，與蔣校長作最後談話，其大要謂「本黨主義將來能實行者即本校學生，今見如此忍苦耐勞努力奮鬥之精神，定能繼續我的生命完成我的志願，此次北上雖死亦可安心矣。」六時離黃埔，十七日抵吳淞，十九日招待新聞記者，其演說大意謂：國民會議為解決中國內亂之唯一方法。二十二日離滬赴日，在長崎、神戶等處均有演說，對於本黨黨員，則述中國內亂之原因，對於本國學生則勗以贊成國民會議，對於日本各團體則宣傳大亞細亞主義，並告以日本應助中國廢除不平等條約，辭嚴義正舌敝唇焦，中外名流莫不感動，事既畢遂回舟返國，於十二月四日抵天津。

總理在津之力疾奮鬥：總理抵津，歡迎之眾達二萬人，為從前所未有。旋即訪張作霖氏，討論國事。第以風塵跋涉，北地嚴寒，兼受精神上之種種刺激，遂致肝胃病作，幾不能發言。段祺瑞自見總理北上宣言中有召集國民會議之主張，因於己不利，乃在宣告就臨時執政時，亦通電發表召集善後會議，及國民代表會議之主張，陰圖對抗。並首先承認不平等條約，以博帝國主義外交團之歡心，使其承認執政府。十八日段派許世英、葉恭綽來津歡迎，並將所擬定之善後會議條例，徵求同意。談話之頃，又悉段氏已經接受外交團，尊重不平等條約之通牒，總理盛怒而言曰「我在外面要廢除不平等條約，執政偏要尊重不平等條約，你們要升官發財，怕外國人，又何必來歡迎我呢。」同時對善後會議條例表示反對。蓋本黨所主張之預備會議代表，為國民代表，而執政政府所主張者，乃軍閥實力派代表之故。不意段氏竟公然於本月三十日通電召集善後會議，總理於卅一日扶病入京，作最後奮鬥，總理抵北京，歡迎者殆二萬餘人，寓北京飯店，十四年一月一日，善後會議開幕，二日本黨通電全國各公團曰：「本黨中央執行委員會，仰體本黨總理意旨決議對善後會議不能贊同。」又恐執政以善後會議之：號召，欺罔民眾，故又於十日通電說明善後會議之組織，為軍閥官僚所構成，不能代表國民，更不能為國民謀利益。本黨主張國民應自制國民會議組織法，以產生代表民意之國民會議，解決國是。然執政府終於二月十三日舉行善後會議第一次正式會議，四月一日閉幕。其結果僅議定幾種條例，而所謂國民代表會議之召開，則始終未見實現。

一五、黃埔校軍東征記

叛逆陳炯明聞孫總理北上，以為有機可乘，集合部眾，號稱十萬之眾，連絡土匪，圖犯廣州。黃埔軍校實力有限，且缺少戰鬥經驗而能毅然隨聯軍以東征，且以主力自任，其原因特簡述之如下：

總理孫中山先生北上後，黃埔校軍之環境，已發生莫大之危險，滇、桂軍諸假革命軍，均積極協謀以妨礙黃埔校軍之發展。彼等心目中，以為黃埔校軍乃真革命軍隊，將來擴大，對於假革命極有不利。其嫉視黃埔，較東江陳炯明逆軍尤為重大，故自軍校扣留商團軍械，及編練教導團以來，眾目睽睽，均集中於黃埔校軍，面黃埔校軍日露頭角，彼等之仇視亦日益嚴重。故黃埔校軍，與其坐以待斃，自不如隨同聯軍出發東征，以求戰場上之勝利，打破惡劣環境尋求生存之路，此為黃埔軍校必須參加原因之一。

其次黃埔軍校為本黨改組後總理首創之基本黨軍，對於革命進行肅清本黨之叛逆陳炯明，乃黨軍之天職，就大義言，雖備嘗艱難險阻，亦屬義不容辭。黃埔校軍既定參加東征作戰，擔任右翼，以校軍為主力，隨同作戰者有粵軍第二師及第七旅張我東團，總計兵力不過萬人左右，合組為校軍。因蔣校長原為粵軍參謀長，故右翼軍皆由蔣校長統率之。茲將校軍組成及指揮系統如下：

校長　蔣中正　教導第一團團長　何應欽
黨代表　廖仲愷　參謀長　劉秉粹
參謀長　錢大鈞　黨代表　繆斌
參謀處長　陳焯　第一營營長　蔣鼎文
副官處長　王文翰　黨代表　章琰
軍需處長　俞飛鵬　第二營營長　劉峙
第二期學生隊步兵總隊隊長　胡樹森　黨代表　茅延禎
第一隊隊長　陳俊　第三營營長　嚴鳳儀
第二隊隊長　童錫坤　黨代表　蔡光舉
第三隊隊長　梁瑞寅　偵察隊隊長　孫常鈞
第二期砲兵學生隊隊長　蔡忠笏　輜重隊長　郭振銓
第二期工兵學生隊隊長　李卓元　特務連長　不詳
第二期輜重兵學生隊隊長　黃在璣　教導第二團長　王柏齡（後錢大鈞繼任）
粵軍部隊黨代表　張靜愚
第一師師長　張明達　團附　羅為雄
第一旅旅長　陳銘樞　參謀長　郭大榮

第二旅旅長　王若周　第一營長　沈應時
第三旅旅長　王體端　黨代表　胡公冕
第二師師長　未詳　第二營長　劉堯宸
第七旅旅長　許濟　黨代表季方
第十四團團長　張我東　第三營長　金佛莊
補充團長　余鷹揚　黨代表　鄭洞國
鐵甲車隊長　未詳　獨立營長　楊天樗
第三期入伍生營長兼預備隊指揮官　陳繼承　黨代表唐震

民國十四年一月，黃埔校軍編組就緒後，即開始東征之役。二月一日，蔣公率領校軍出發，艦運虎門集中，並令粵軍第二師及第七旅，由廣九鐵路向石龍進發。

東征軍、校軍自白芒花和敵人稍有接觸之後，敵人洪兆麟部，一退再退，望風而逃，我軍二十四日進駐白雲市，每日行軍六十里，途遇大雨，行軍艱苦萬狀。二十五日進駐平政圩，二十六日到達赤石圩，二十八日到達海豐縣城，一路沿途老百姓，男女老幼，都到道路兩旁放爆竹，茶水歡迎革命軍，用兩根竹棒，橫懸紅布，表示慶祝勝利。

校軍三月二日，進駐新田，三日到達黃塘，四日進至曲期，五日集中棉湖，六日進駐揭陽縣城，次日友軍粵軍第二師及第七旅先後攻克潮州汕頭。行軍半月，未遇敵人，官兵苦悶之餘，也都感到軍情緊急，孤軍深入的危險。等到三月十一日之後，校軍指揮部才得到情報，陳逆炯明之主力林虎所部，業已從容集中，迂迴抄襲我軍後路，陰謀一戰消滅我軍於揭陽、汕頭之間，林虎為敵軍之猛將，過去有飛將軍之號稱，這時率領逆軍第二軍劉志陸、第一師黃任寰、獨立第三旅王定華等部約二萬餘人，分成數路，準備有如暴風雨一樣，向我軍進攻。

我軍自作戰以來，為時已過一月，迭克名城，聲威遠播，軍民合作，到處受到民眾歡迎，士氣旺盛，精神振奮，因人人都想作次激烈會戰，徒以春雨連綿，苦戰月餘，將士疲乏，補給困難，尤以兵力單薄，此際能實際參加會戰的，已不足三千人，敵人林虎所部比數多過我軍八倍。這次會戰的險惡，在戰前官兵都有相同的感覺。

三月十三日午夜過後，蔣校長下達作戰命令，粵軍第七旅向敵左側包圍攻擊，教導第二團攻擊右翼鯉湖之敵，並掩護第一團之左側，第一團何應欽攻擊正面和順之敵人，各軍於拂曉前出發到攻擊位置，迅速出擊。

我們第二團在錢大鈞團長指揮下，於清晨五時後出發，很快到達鯉湖附近，不料當面敵軍早已向和順轉進，我們找不到攻擊目標，但等到兩小時，隔山和順方面槍聲激烈，知道第一團已和敵人接戰，第一團以千餘人的兵力，和林虎主力兩萬多人激戰，戰況當然驚險萬狀，但第二團未奉到校長命令之前，又不敢輕易前往增援，兩團相隔十里之遙，深恐又被敵人各個擊破，直到下午錢團長命第二營營長劉堯宸，依著右翼激戰砲聲，向第一團作戰地開進，因上午激戰之後，正午稍有停頓，下午激戰再起，不能不主動赴援，第三營斷第二營之後跟進，下午四時左右，第二團已可邀擊和順頑敵之背，正當敵人傷亡慘重，驚懼躊躇的時候，我們又直接攻擊敵軍的司令部，使敵軍一時腹背受敵，軍心動搖，士氣崩潰，接著就狼狽撤退。我們人少，情況不明，只有看著他們撤退，棉湖戰役到夜間就告一段落。真是驚險萬狀。

第一團在校長親自督戰之下，浴血苦戰，發揮了革命軍以一敵十，以十敵百的革命精神，正在萬分緊急危難中得第二團趕來適時增援，肉搏衝鋒，一日之間，擊破二萬精銳之敵，創造這樣偉大而神奇隨戰蹟、實為中華民國歷史上最大的光榮，在世界戰史上，將成為最大的光榮新篇。我們為肅清殘敵，實行跟踪追擊，三月十四日進軍河婆休息一天。三月十六日，繼續向林虎巢穴五華及興寧前進，第一團未經戰鬥，業已計取五華，俘獲甚多，十七日進抵興寧城下。進攻西南兩門，第一旅佔領城南之神光山，上午布署就緒，決定下午開始攻城，整夜相持激戰，天雨漸大，官兵都在陣地中，冒雨對峙。

二十日林虎調集附近所轄黃業興、王得慶、李易標等師旅，增援興寧，蔣校長指揮校軍及粵軍第一旅先行各個擊破南門外之敵人，是夜八點鐘，聞說是桂永清連長率領全連士兵首先攻入興寧城，敵人大部已向城北逃去，小部仍在城中巷戰，也有一部投降的，第一次東征很快就得到全面勝利，林虎和陳炯明都逃到香港去了。

一六、戰地追悼孫總理

蔣校長率領校軍東征，在棉湖、湖婆等地戰事進行甚急之際，總理忽然病逝於北京協和醫院，祕不宣告，大家都不知道，待將興寧克服，東征戰事結束，始接廣州省長胡漢民電告；三月二十三日蔣校長發表哀告文如後：

接大本營留守胡電開；得京電我大元帥痛於本月十二日九時卅分在京逝世。嗚呼！我大元帥畢生為主義奮鬥，三民主義實為大元帥之第二生命，只求主義之實行，規我大元帥雖死猶生。此後繼志述事，惟在我軍將士任之。嗚呼！國步艱難，民生凋敝，至於此極，我將士應知我大元帥既薨之後一本軍救國救民之責任更重，所期萬眾一心，努力奮鬥，剷除軍閥與帝國主義者之勢力，以實行我大元帥三民主義，藉慰我大元帥之英靈。現在東江叛逆之主力，已為我擊破，而餘氛未靖，禍首未得，本軍志在殺賊，更須鼓勇向前，消滅殘逆，湔雪黨恥，竭盡黨軍責任。庶幾大元帥訓練黨軍，培植將士，實行主義繼續生命之至意，望各將士共勉之。

三月二十七日，蔣校長為總理逝世，對全校官生作下列訓話：

我們的總理於本月十二日，已經在北平病故了。詳細情形，政治部周主任已經報告，想大家都能明白。總理的死，是本校本黨最悲哀不幸的一件大事。亦是我們世界上人類最大的損失。總理在日，對本校的希望和教育的熱心以及他的形容態度，思想言論，我們應靜默五分鐘仔細回想一番，以誌哀悼。

總理去年起初北上時。經過本校，要到黃埔對岸魚珠砲臺一帶，看看我們第一期同學的築城工作。他看了回來在途中對我說：「我現在進京，將來能否回來，尚不能定，然而我進京是去奮鬥，就是死了，也可安心。」我就問總理為何說這些話？總理又說：「我們所提倡的三民主義，將來能有希望實行的，就在你這陸軍軍官學校一般學生了。凡是人，總要死的，不過要死得其所。我今天能夠看見黃埔陸軍軍官學校的官長學生兵士們，如此奮勇的精神，就可以繼續我的生命，所以我雖死，也能安心。」大家聽了這一番話，一定要牢記著，一定要努力奮鬥，才不負總理教育大家的一番苦心和希望，以後我們只有努力繼續下去，達到我們主義的成功，才算得是總理的信徒，才算得是中國國民黨的黨員。

總理生病的原因，前次我已經講過了，他的病和他的死，全因為主義不能徹底實行，而且陳炯明叛黨以來，已有三年之久，黨員不能除掉這個區區叛逆，所以憂憤成病，以至於今日之死。推本窮源，還是陳炯明叛逆，使本黨不能發展，所以我們必定要殺叛逆陳炯明，才能洩總理的憤。現在陳炯明的軍隊，雖然被我們打敗了一大半，然陳炯明本人，還沒有拿到，總是我們主義實行的障礙。望大家以後要更加努力殺了陳炯明，才能得到革命的成功及實行三民主義，才能慰我總理的英靈。總理自知此次的病不能好，所以對於黨、對於國，對於本校都有囑咐，現在總理雖死，我們還可以照總理的教訓做去，與他在生一樣。以後本黨的希望，實行三民主義的責任，就在我們黃埔陸軍軍官學校裡的官生與士兵們的身上，望大家努力奮鬥，務要達到實行主義的目的，才算是盡了我們的責任。

三月廿三日校黨部聯合興寧各界開追悼大元帥及陣亡將士大會時，蔣校長有一篇祭文，是歷史不朽的文獻，恭錄於後：

維中華民國十四年三月卅日弟子蔣中正致祭於總理孫先生之靈前曰：嗚呼！山林其崩乎，三千學子，全軍將士，其將何所托而皈依乎？二十年相從，一朝永訣，誰為之竟使至此。英士既死，吾師期我以英士。執信踵亡，吾師並以執信之重責任我一人。素懷淡泊，不及早輿，而今已矣，夫復何言。憶自侍從以來，患難多而安樂少，每於出入生死之間，悲歌慷慨，唏噓悽惻，相對默坐，以心傳心之情景，誰復知之？黃埔一役，吾師自待以民國之文山，而以秀夫視中正。去年臨別北上，以軍校繼起有人，主義能行，雖死無憾之言，教中正而乃於昔年蒙難之地。留此明教以為紀念。豈兩楹之奠，早夢見於吾師耶？抑中正嘗思之命果可信乎？胡使哲人不常存？數果前定乎？胡使主義不實行而卒，致吾師悲憫憤激以病以死者何耶？要亦黨徒之不力，人事之不臧，乃令吾師精神刺激，憂憤成疾，以致於今日之不起。歸之於命，付之於數何為乎。嗚呼！撫今思昔，瞻前顧後，凡可歌可泣，可悲可傷，心摧腸斷之終身隱病其誰與訴？其誰與知？而今而後，豈復有人生之樂趣乎？朝聞道夕死何憾，主義不行，責任未盡，鞠躬盡瘁，死而後已。成敗利鈍非可逆睹，今惟教養學生，訓練黨軍，繼續生命，澄清中原，以慰在天之靈！嗚呼，精神不滅，吾師千古、主義不亡，民國長春，神靈顯赫，率英士與執信以助革命之成？北望燕雲，黯然淚灑，魂兮來歸，鑒此愚誠。嗚呼尚饗！

一七、東征軍回師靖難

當第一次東征，右翼校軍連戰連捷，長驅進展之際，中路桂軍劉震寰滯攻惠州與敵相峙，左翼滇軍楊希閔則徘徊於增城，博羅之間，各懷異志，按兵不動，且勾結林虎側擊校軍後路，欲陷之於絕境。迨東江底定，逆軍甫告肅清，詎料楊、劉竟背義南聯雲南之唐繼堯，北結北京之段祺瑞，圖謀割踞廣州，往來密電，俱為所獲。代理大元帥胡漢民雖屢予開導，然彼輩終無悔過之意。迨至民國十四年五月中旬，陰謀益著，滇軍集中廣州，布防於白雲山、瘦狗嶺一帶；桂軍由東江調赴北江，以為作戰準備。但滇、桂二軍軍紀一向敗壞，姦淫擄掠，無所不為，故粵民惡之。況彼輩驕悍跋扈，對於革命政府陽奉陰違，如不及時肅清，將來又必成為陳炯明第二，養癰貽患，悔之晚矣！

黃埔校軍自克復興寧後，即分兵進駐潮安、梅縣、清除殘敵。四月五日，蔣校長自興寧返抵黃埔，召集全校學生訓話，講述東征之役戰鬥經過情形，啟示革命前途希望至大。十一日，校軍移駐梅縣。十三日，中央執行委員會令將教導一、二兩團擴編為黨軍第一旅，升任何團長應欽為旅長兼第一團團長，並成立第三團，錢大鈞任團長，全旅仍歸　蔣校長節制。二十八日，中央執行委員會以楊希閔、劉震寰謀叛日亟，乃令黨軍回師靖亂。於是黨軍接奉此項任務後，即一面招撫逆軍殘部准予回駐潮、梅，大部與粵軍回省討楊、劉；一面策動粵漢、廣九、廣三各鐵路工人、及兩河近海船舶員工罷工，以癱瘓其交通聯絡與運輸。時湘軍與建國第一軍駐防北江，李福林軍駐防河南（廣州、海珠橋以南地區），另部粵軍駐防西江。

五月十三日，廖仲愷至汕頭、許崇智於當日晚上七時在其粵軍總司令部行營召開軍事會議，決定放棄潮梅，以全力剷除楊、劉反動分子，鞏固革命根據地。蔣公及廖仲愷，中央直轄建國第一軍長朱培德和俄國顧問加倫將軍均出席會議，當推定蔣公為靖難軍「總指揮」，其戰鬥序列如下；

總指揮　蔣中正

黨代表　廖仲愷

警衛軍軍長　吳鐵城

粵軍第四師長　許濟

粵軍第一旅長　陳銘樞

黨軍第一旅長　何應欽　參謀長　王俊

第一團團長　劉峙

第二團團長　沈應時

第三團團長　錢大鈞

砲兵隊長　陳誠　輜重隊長　歐陽鍾

無線電隊長　韋兆熊
衛兵隊長胡公　冕軍梭
學生隊教育長　胡謙
學生總隊長　王懋功
第一營長　陳繼承
第二營長　文素松
第三營長　朱棠
鐵甲車隊長　（未詳）
飛機護航隊長　（未詳）
海軍艦隊：中山、飛鷹、室壁、江漢、江大、光華、江貞、江固、廣東、安南、普安等十一艦。
另有在廣州協同作戰之湘軍、建國軍及朱培德、程潛等部，與李福林軍。
關於第三期入伍生，係十三年冬在廣州、上海各地考取，陸續進校，先成立一個營，由陳繼承任營長，後來學生漸多，始擴充為總隊，共九連，約計學生一千二百二十五人，分步、騎兩兵科。

回師靖難所決定之作戰計劃，擬將主力作戰誘於東江方面石灘附近，搜求敵之主力而擊破之。北江各軍同時予以包圍，以達成完全殲滅之目的。此項計劃嗣被楊、劉所獲，急將其部隊集中廣州以謀抵抗，故其危害政府之逆行，亦因之益急。

五月二十一日，參加第一次東征之學生校軍、粵軍，由潮、梅回師，展開靖亂之役。靖亂之師區分三路：入伍生第二連及學生隊，配合教導團任右翼，由龍眼洞前進，粵軍任左翼，由廣九鐵路前進；警衛軍任正面由瘦狗嶺前進；李福林部為總預備隊，由河南出抵叛軍之背，陳繼承則率黃埔留校官生於同日開始戒嚴，深溝高壘，晝夜警備，以待會攻。大本營為求在戰略上形成大包圍態勢，因令北江方面湘軍及建國第一軍自韶關沿粵漢鐵路南下會攻；西江方面粵軍隊留防南路外，一部沿廣三鐵路東進策應，同時粵漢、廣九、廣三各鐵路工人亦罷工響應，以阻斷滇、桂軍之鐵路運輸，遲滯其行動，使之不能首尾相顧，是日，黨軍潮、梅回師，省城情勢益亟。

六月上旬，黨軍逼近淡水，楊、劉開始部署逆拒，調動軍隊集中主力於廣州東郊，設置重兵於龍眼洞及廣九鐵路一帶，如此草草布置，倉卒應戰，企圖作背城借一之決戰。

此時，大本營已遷移河南，李福林軍扼守河沿南岸待機出動。四日，叛軍侵踞粵長官公署等機關。十一日拂曉陳先生即率留校學生一部協同海軍向石牌村（按：在廣州東珠江北岸，廣九鐵路經此。）車站施行砲擊，以威脅敵之側背。校部及黨軍第一旅向龍眼洞攻擊，陳繼承首先率其入伍生第一營帶頭由赤江塔臘德村（按：即臘德汎，在廣州東，為船舶入省之總路），第二、三兩營跟進，同向東山應援，十一時，黨軍攻佔龍眼洞，敵人退至大姐嶺，憑險頑抗。十二日拂曉，各路軍開始總攻擊，陳先生率其入伍生第一營在海空軍及砲兵火力掩護下，果敢冒險，於敵前強行搶渡，導引二、三兩營及河南各部隊相繼渡畢，分向瘦狗嶺、白雲山各高地，及河北市區進攻。戰鬥進行，異常激烈，入伍生第一營勇敢直前衝擊敵陣，敵咸避易，適滇軍第一師長趙成樑被砲彈轟斃，敵心動搖，十時瘦狗嶺之桂軍亦被擊潰，敗退城中，各路乘勝猛追，楊、劉見大勢已去，即潛往沙面租界，革命政府內部之大患，乃完全消滅。

一八、謀策反，惶悚受命

民國十三年十二月底，畢業考試，全校學生共有五百人，考試結果，我是名列第四十六名，並不難看。有很多同學，邀請我去某軍服務，邀請的人多，使我左右為難。但卻因此知道滇軍缺乏下級幹部。我將這種情形，報告廖黨代表，廖仲愷先生說：既有人邀你，你就該去。這個假革命的軍隊，需要革命的同志去改造。我說：我是中央直轄第一軍軍長朱培德保送的，仍要回原部隊，否則對不起朱培德。廖先生說：這個容易，我向朱培德說明好了。廖先生當時贈我兩百塊錢，作為製裝費用。並說：你到滇軍，多做宣傳工作，先要激發他們革命的情緒，將來能為本黨效忠，就是你的工作成果。畢業的當天，接奉校命，將我分發滇三軍，充見習官。我同蘇子聞等約卅餘人，乘火車到增城，向滇三軍報到，軍長胡思舜訓話畢，派我到楊團第二營充見習代理排長。得識旅部參謀長周嘯潮，他是江西豐城人，對我很好。他說：待我見習三個月期滿，調我到旅部，任上尉參謀，我很高興，也憂慮越級升官，不易做到。後來見習期滿，旅部果有公文來團調我，被團長反對不准。翌日楊團長，請我去團部安慰我說：「旅部有公文來調你，我希望你帶兵，不久我保你做中尉排長，這樣順序做去始有前途，你好好幹吧。」我回連暗忖，團長如此安慰，這是畫餅充饑，心中正在苦悶。數日後，忽有素不認識的廣東人李某來會我，心中想了很久，沒有這個朋友，我去營外會他，他輕輕地問我：你是帥先生嗎？我點頭承認。他又說：廖仲愷先生有信給你，請你跟我去取，他引我走到田野無人之處，取出廖先生致我的密函。拆閱後，心裡非常緊張，李君又輕輕問我有無回信，我隨口說出照辦，請回覆廖黨代表吧！

我奉廖黨代表密函云：滇軍謀叛，速做策反，如能帶槍來歸，加官升級等語。是夜在床，反覆不能入睡，如果做得不密，必有殺身之禍。於是著手細密計劃，先邀請數位最可靠的同學，借故請他們吃狗肉為由，在僻靜之處，試探他們意願，徵得他們贊同，並共同策劃。下週輪我接充北門外高地排哨，由幾位同學代邀可靠同學，到我排哨位置，以偵察地形為由，超越步哨線，在前方山谷開會，共同宣誓，服從廖黨代表命令，如敢洩密，將來作戰，均不得好死。各人分別進行各人私交最好之人，密謀策反，不到一週，本軍奉命增援廣州，因鐵路工人罷工，火車停缺，只得步行。於是連夜急行軍，走了兩天兩晚，都沒有休息。可憐官兵疲倦不堪，一邊行軍，一邊瞌睡。第三天早上，才趕到廣州白雲山腳。在瘦狗嶺，遭遇吳鐵城的警衛軍，經不起我們前衛一衝即潰，我內心非常焦急。繼續前進，到達兵工廠附近，我將本連帶至其他村莊，以煮飯吃為由，不理戰場戰鬥關係，我營何營長，一再吹號調我歸隊，我偽裝沒有聽到，待全體士兵餐畢，再上前線歸隊時，得聞駐在廣州滇一軍，戰敗了，並聞滇一師師長趙成樑戰死，此刻軍心，業已動搖，我等乘機宣傳，大勢已去，官兵已無鬥志，何必再戰，結果上級無奈，決定投降繳槍。

我這次被俘，自認對黨有功，頗為高興，隨同被俘官兵，被湘軍押送，行至廣州市馬路上，我乘機溜走，到附近華寧里雲南館吃米粉，我做學生時，也是此館常客，因此與該店伙計很熟，向他們借了便衣穿上，僱車跑回榮利新街潘毅然家中，潘母是我乾媽，我去軍中工作，行李衣箱寄存他家，此次被俘歸來，洗淨塵土，換上西裝，不敢出街，聞說流散官兵，凡說雲南話者，曾被市民加害不少。

一九、受洗禮跨入黃埔

我在潘家休息數天，才去晉謁廖仲愷先生，報告我做策反工作經過，承他嘉許。我求他介紹工作，廖先生即在自己名片上寫了數語，要我去黃埔軍校，晉謁蔣校長，可是此時的蔣校長又兼廣州市衛戍司令，兩地辦公，不易見到，我到達黃埔軍校辦公廳由辦公廳主任姚琮代見，他問我求見蔣校長何事，我將廖黨代表名片呈上，姚主任看見廖黨代表的名片介紹，他很客氣地問我年齡籍貫，進過那個學校，我都據實以告。他說：你有資格來考本校下級幹部訓練班。我答：可以。他又說：請你留下通訊地址，屆時我會通知你來考。我辭出仍回廣州住在潘家，不久便接通知前往考試，是日考試人多，多半是雲南講武堂、四川講武堂、韶關講武堂以及滇軍幹部學校一、二期同學多人，可說都是滇軍失敗的下級幹部。我因離校不久，各門功課並不生疏，在操場考試，由各個教練考起，到班排連教練時，我的口令指揮動作都很適宜，至於課堂考試，普通學識與三民主義，我考得不錯，結果我被考取了，在黃埔大坡地受訓。因革命軍擴建迅速需人迫切，在短期學業過程中，除軍事課程外，加強政治黨義教育，期使我們抱定革命犧牲之決心，成為真正的革命軍人。課程排得很緊，三個月的光陰，過得很快。轉眼就畢業了，我奉校命，派在第一軍第三師第八團。我到廣州近郊東山，找到第三師防地報到。始知國民革命軍第一軍軍長，是蔣校長自兼，第三師長譚曙卿，兼第七團團長，副師長陸瑞榮兼第八團長，衛立煌是第三師第九團團長。當日我到第八團團部，由副團長徐廷瑤接見。他說：你已奉派本團第二營六連中尉排長。又說：該連李連長，一字不識，管理不善，軍風紀很壞，平時不出操，士兵終日賭錢，我希望你去，好好整頓，我將這個連交給你了，將來好壞，看你的吧！

二〇、領頑兵考驗統御

我奉派第一軍第三師第八團，副團長徐庭瑤，派季副官引我去第六連到差。由季副官介紹李連長與我見面，並說明上級命令我為該連中尉排長，並未舉行布達式。李連長說了一聲歡迎，當時李連長介紹本連司務長金賡榮，及司書馬其昌與我見面。李連長又說：尚有兩位少尉排長，負傷住院未回，該連只有李連長一人，此人老實無能，無怪該連士兵，終日嗜賭，並不出操。

我心中盤算，副團長徐庭瑤說：這個連交給我了！內心感覺責任重大，為達成上峰期望，不能採用高壓手段，以免物極必反，服人必先服心，立威定要立德，首先決定管訓步驟如下：（一）先了解這個部隊歷史與內容。（二）建立官兵情感。（三）多講革命先烈救國歷史，感動他們發生救國意向。（四）慢慢束緊他們，再施嚴格訓練。我到差之日，李連長安頓我在他隔壁房間開舖。我為著要與士兵同艱苦，逐漸發生情感，願在士兵寢室開舖，與士兵同吃同睡，使他們不敢當著我面賭錢，想在無形中，戒除士兵賭錢的惡習。是夜連長點名時，布達上峰命令，我是該連中尉排長，宣布完畢，連長請我訓話，我知該連士兵，自由慣了，說了幾句客套話，就解散了。想不到士兵，仍在寢室賭牌九，我不去干涉，以免他們起反感。此後由我每夜點名時，多講軍風紀，與革命軍人應負的責任。常常講演革命先烈的奮鬥史，漸漸感動他們了，始敢漸漸恢復操課，且都由我一人唱獨腳戲。好在我年輕，精神好，功課熟，應付裕如，每日實行二操二講，他們亦無時間賭錢。可是不久事情便發生了。

我接到一紙報告書，是九個班長，聯名請假，我感到事態嚴重，費盡腦筋，思索應付方法，如果處置不當，會引起叛變，連自己性命都無法保存。我判斷這個報告，只有第六班長，鄺飛雄班長能寫，我向連長報告：我私人與士兵，並無恩怨，完全為了操課太緊，使他們不能自由賭錢，這是因公引起他們怨恨。像這樣聯名請假，似有鼓動軍心，集體要挾之嫌，此風不可長，倘不嚴懲，將來這個連，等於飯館旅店，想來則來，想去則去，即無法維持了。連長要我想辦法。我說：今晚點名時，我集合隊伍在門外點名，你和司務長兩人。速將士兵室內所有槍支，收藏你自己房內，親持手槍，站在門口，不准任何人進房取槍，否則立斃數人，以免叛亂。我則在外面追問，聯名請假發起人，嚴辦一、二人，以警效尤。連長答應照辦。

是夜點名號響，全體士兵均在門外集合，我亦暗藏手槍，故意拖延時間，以待連長收槍完畢，再宣布何人發起聯名請假，近似要挾，觸犯軍律，我們這裡是軍隊，不是旅館，想進則進，想退則退。古人說：養軍千日，用在一朝，臨陣脫逃，必定死罪。這樣聯名請假的報告，是不能轉呈層峰，如果上峰知道此事，必定追究鼓動軍心之人，立即槍斃，我姑念你們無知，不忍你們觸犯軍律，自遭橫禍，這種報告，是否轉呈上峰，由你們自己決定，當場有二位班長，聽到有如此厲害的後果，要求排長不要轉呈。我又說：軍中無兒戲，定要懲戒提議聯名請假的人，否則將來，你們視軍紀如無物，誠恐你們，將來仍要觸犯軍紀，自找死路。今日我可從輕處罰，以儆將來。這個報告，究竟是誰提議，是誰寫的，坦白說出來。當即有第六班鄺班長，自動站出來說：「這個報告是我寫的，請他們大家蓋章，他們都認排長操課大緊，使大家沒有休息，所以聯名請假不幹。」我說操課是上峰命令，全團各連都在實行，我和你們同吃同睡，同時操課，都由我一人負擔，你們沒休息，難道我有苟安嗎？我比你們更辛苦，都是為著替國家整軍經武。平時多流汗，戰時少流血，你們學會了學術兩課，將來你們升了排長，也可擔任學術兩門功課，不致被人恥笑。我們師長譚曙卿先生，也是當兵出身做到師長，難道你們為黨奮鬥，有了戰功，不想升官嗎？我說到這裡，大家開始感動了。我再說：軍隊要有良好的軍紀，要靠平時養成絕對服從的習慣，戰時才能發生勝利的成果。這個軍紀，是人人不可侵犯的，誰犯了，該罰誰。鄺班長自動說：我錯了，請排長處罰吧！我說：我與你私人本無恩怨，現在我以排長的身分，執行紀律，請大家原諒。當時派兵二名，將鄺班長，按在地上，打了廿軍棍，打得皮破血流，以儆效尤。解散後：我出錢買藥，親自與他敷傷，並派人服侍他的茶水，養傷之際，每日都由我替他換藥，表示公私分明。我待人以誠，使他感而無怨，從此全連官兵，對我又敬又怕，情感甚好，如同家人手足一般。不久我師奉命參加二次東征，惠州之役，鄺班長負傷，送回後方廣州醫院。傷愈後，他在廣州，考取憲兵訓練班，後來做到憲兵學校教育長，官升憲兵少將。

大陸失敗來台，與我同在國防部任少將高級參議，他對我恭敬如昔，並無半點積怨。

二一、傷國恥——沙基慘案

民國十四年六月二十三日，廣州市沙基慘案之發生，是由上海「五、卅」慘案所引起。「五、卅」慘案之起因，是五月十七日上海日商棉紗廠，日人慘殺中國工人顧正紅事件，引起工人罷工，學生募款救濟，遊行抗議，上海英租界軍警無端開槍，向遊行示威學生行列掃射，死傷三十餘人，被捕五十餘人，造成空前之大慘案，引起了全國人民之公憤。六月十八日，香港及廣州沙面洋行華人自動罷工，集合廣州市實行援助，組成「各界對外協會」。二十三日上午十二時，在東校場開「市民大會」，到有六萬餘人，何應欽老師率軍校入伍生及教導團，約八百餘人，並有粵、湘及警衛各部徒手軍人參加，革命政府要人多到場演說，當即提出廢除一切不平等條約，為解除慘案之根本辦法。午後一時半舉行援助滬案大遊行，工人、農民在前，學生、商民及教導團、入伍生居後，秩序井然，遊行群眾，沒有武器，手持紙旗，上面寫了各種標語，情緒激昂，沿途高呼口號，打倒帝國主義，廢除不平等條約，聲浪響徹雲霄。下午二時四十分，遊行隊伍行至沙面西橋頭附近，英兵突從沙面租界以排槍及機關槍向我徒手遊行隊伍掃射，法租界之法國軍警同時發槍助威，駐泊白鵝潭（按：廣州西南二里，上承石門水，東流即珠江，西北岸屬南海縣，南岸屬番禺縣，為輪船上下停泊之所）之英、葡兩國軍艦亦開砲轟來，歷時數十分鐘，死工人民眾六十人，黨軍學生二十三人，傷者五百餘人，慘禍至烈。

二一、恩師廖氏被刺記

我東征軍在興寧、五化戰勝之後，未將陳逆殘部完全消滅。當時黨軍，與粵軍奉命回師討伐楊、劉之時，深恐陳炯明殘部乘機復據江東，故為一時權宜之計，先許洪兆麟、林虎、劉志陸、熊略等投誠回駐潮、梅。不料一般野心軍人及官僚魏邦平、張國貞、梁鴻楷、梁士鋒、文華堂、胡毅生、林直勉、林樹巍、招桂章、楊錦龍、趙士覲、譚啟秀、郭敏卿、莫雄等以封建思想，竊據廣東各地，利用土軍排斥客軍之口號，從事反動，擁戴許崇智為領袖。一面與香港帝國主義者勾結，以圖傾覆本黨政府。八月二十日廖黨代表兼中央黨部委員，赴東關惠州會館中央黨部出席開會，甫抵門首，即被狙擊，從這個事件看來，廖案完全是這班野心軍人陰謀幹的。我蔣校長，以廣州事變疊起，許崇智已無統率粵軍能力，而又袒護不法軍人，培植東江陳逆之殘餘勢力，使粵局禍亂相循，政府屢瀕顛危。革命力量，未能團結，為剷除反動，鞏固廣州，促進革命事業起見，遂致函許崇智，責以大義，促其改悟，許雖即時離粵，但分駐東莞之粵軍第三師鄭潤琦部，石牌粵軍第三旅莫雄部，及第四師新編支隊駐蔴圳之粵軍新編步兵團，暨省垣之粵軍憲兵等，均有謀反行為，亦經蔣校長以廣州衛戍司令官名義，密派部隊分頭前往繳械改編，於是廣州形勢益為鞏固。

回想廖黨代表，他來上課時對我們說：他本身工作很忙，他的客廳坐滿了人，他都要設法偷偷跑來上課，軍校的經費，多半由他籌措。像這樣熱心黨國的人，竟然還要被人狙擊。廖先生待我很好，畢業時贈我兩百元製裝費，我不肯接受，他親手放入我的衣袋內。這種溫情，有如父親的慈愛，他那感人的熱情，卻仍然活在許多人的心坎裡。我曾親往東校場參加祭弔，看見很多人民團體中，有許多人哭泣出聲。廖先生生前感人之深，由此可見一斑。我向廖先生靈堂遺像鞠躬時，不覺淚流滿襟，好像失去慈父樣的悲痛。

至於刺廖的真正主謀人是誰？始終莫明，至抗戰期間，始聞友人談及：是中山縣人朱卓文所為，曾予通緝未獲，迨中國抗日戰爭發生後，朱卓文在中山縣擔任建設局長，兼辦一家《中山日報》，事隔多年了，他對報社同人談出此案內幕，謂係幾個國民黨員以痛憤共黨而遷怒於接近共黨分子的廖氏，由一個姓陳的實施暗殺手段，殺廖後，該陳某夷然告訴朱卓文，朱即付與港幣二百元囑其潛逃，認自己是主謀人，又謂該陳某等三五人同謀殺廖計劃，在未實行之前，曾在茶館公言不諱，事為當時廣州公安局長吳鐵城所聞，即派人嚴囑朱卓文（按：吳朱皆為中山人）轉告陳等千萬幹不得，以免累及公安局長，因而延遲了若干時日才行事的。事隔多年內幕外洩。

二三、中山艦共黨謀變

由於今總統蔣公領導黨軍肅清了陳炯明殘部及楊希閔的滇軍、劉鎮寰的桂軍。廣東革命基地，已形鞏固，軍隊的軍風紀良好，博得了民眾的愛戴，充分表現了革命武力和民眾結合的精神，氣象為之一新。但在另一方面，無論在黨政軍以及學界與社會團體中，卻發生了可憂的暗影。尤其廖仲愷先生被刺以後，黨內意見，漸趨分歧。考其原因，都是共產黨從中挑撥與分化，意志薄弱或利祿薰心的人，受了共產黨的勾引，便做了共黨的應聲蟲。而共產黨藉勢向各方滲透，使本黨忠貞之士，感受很大威脅。當時黃埔軍校，也被共黨滲入組織。革命軍人聯合會，就是共黨的大本營，其時各軍師團營連的黨代表，多係共產黨充任。本黨忠貞同志受其壓迫，起而反抗。並由王柏齡老師領導袁守謙、賀衷寒、桂永清等組織了「孫文主義學會」。主其事者為同學潘佑強、葛武棨和楊引之（按：楊因隨軍北伐，到了武漢為共黨所殺）。廣州的公私立學校亦被共黨滲入，組織新學生社。本黨忠貞同志也組織了司的克派。派以司的克（Stick）為名，意謂共產黨不可理喻，只有以木棍迎頭痛擊才行。其他社團方面，在「五、卅」慘案發生後，省港大罷工期間，駐在廣州的各工會，也被共產黨滲透了，此時廣州黨政方面，盛行左右派之稱，而且左右派常常發生互罵與鬥毆事件。

使人不能忘記的一件事，就是中山兵艦事件的一幕。那是民國十五年三月十八日傍晚，共黨李之龍，以代理海軍局長名義，矯令中山兵艦駛泊黃埔。（按：那時俄國人李微任航空局長，俄顧問來華，向例不用真名）。十九日深夜，復又開回廣州，行動很閃鑠，後來知道他們是由俄國顧問季山佳設計，佈下陰謀，欲待蔣校長，於廿日由廣州回黃埔途中，劫持上中山兵艦，直駛海參威，以便奪取國民黨的武力，僭竊國民黨的地位。蔣校長早已洞悉其奸，為防止政局變化，乃在廿日宣布戒嚴，並即斷然處置，將李之龍和共黨有關的各軍黨代表多人，加以逮捕，繳去俄顧問衛隊的槍械，奪回中山艦，限令俄顧問主任季山嘉，即日辭職離境，其時汪兆銘，也因參與預謀的關係，離開了廣東。是役逮捕共黨分子，拘禁於軍校場地者約八十餘人，此即兵不血刃竟能敉平聞名之「三月二十日」事變。

二四、二次東征惠州役

國民革命軍之由来：考之「革命軍」之加「國民」二字，當時經中央黨部開會及報章爭論很久，卒據國父北上宣言「使武力成為國民的武力」及其遺囑「余致力國民革命凡四十年」等二語，始定名為國民革命軍，是其由來。民國十四年八月二十六日，軍委會議決：編國民革命軍。黨軍，改為國民革命軍第一軍，蔣公兼任軍長。建國湘軍，改為第二軍，譚延闓任軍長。建國滇軍，改為第三軍，朱培德任軍長。建國粵軍；改為第四軍，李濟琛任軍長。福軍；改為第五軍，李福林任軍長；其餘豫、陝、贛、鄂軍各部之名稱，暫仍其舊。至是，地方軍隊名目取消，從此軍政始歸統一，革命陣容為之一新。

國民革命軍：原由黃埔校軍教導團擴充為黨軍第一旅，再擴充為第一、二兩師，嗣後復將收編之粵軍改組為第三師，（按：此時編制規定每軍三師制。），第一軍長，仍由蔣公兼任軍長，其系統如下：

國民革命軍第一軍軍長　蔣中正

第一師師長　何應欽

第一團團長　劉峙
黨代表　賀衷寒
第二團團長　沈應時
黨代表　金佛莊（共黨）
第三團團長　錢大鈞
黨代表　包惠僧
砲兵營營長　×××
憲兵營營長　×××
第二師師長　王懋功
第四團團長　劉堯宸
黨代表　徐堅
第五團團長　蔣鼎文
黨代表　嚴鳳儀
第六團團長　陳繼承
黨代表　×××
第三師師長　譚曙卿

第七團團長　譚曙卿

副師長兼黨代表　蔣先雲（共黨）

第八團團長　陸瑞榮

副師長兼黨代表　張際春（共黨）

第九團團長　衛立煌

黨代表　王逸常

當黨軍回師肅清楊、劉叛亂之初，為一時策略計，乃招撫陳炯明殘部林虎、洪兆麟等回駐潮、梅，期能力圖自效，以贖前愆。詎知彼輩反覆無常，故態復萌，竟於是年（十四年九月一日），乘國民政府封鎖香港，外交呈緊張狀態之際，叛踞潮、梅、汕頭等地，節節西逼，連陷普寧、惠陽、海豐、陸豐等縣，亂及東江。同時勾結北路之川軍熊克武由北江進至廣州一帶，及南路之鄧本殷由西南進犯高要，竄陽江，破羅定，竊雲浮，欲襲廣州。如此布成環攻形勢，廣州頓陷危急之中。鄧本殷原是陳炯明部將，受北京任命為「粵南八屬督辦」。

國民政府為消滅各路叛逆，統一廣東計，乃命蔣公再組「東征軍」任總指揮，分三個縱隊；何應欽、李濟琛、程潛為縱隊長，陳繼承先生受命率教導團留守黃埔，警備要塞。此時我已奉命，派在第三師第八團二營六連充中尉排長。東征軍各部隊，自十月一日開始陸續出發，本師亦奉命由原駐地廣州市東山拔營前往增城、石龍一帶，於八日以前移動完竣，首攻惠州城。惠州城瀕東江南岸，三面臨水，一面當山，城之西北有潼湖，南有飛鵝嶺為其屏障，東有惠陽縣城（東西相距五里），中隔一水，通以浮橋，州縣毗連，為舟車交會之地，素稱天險，傳聞自唐代以來，千有餘年，未嘗一破。東征軍要肅清東江，則必須除此要害，以開門戶。十二日晚間，東征軍即完成合圍之勢，開始攻擊，進展頗難。十四日午後，第四團團長劉堯宸，大憤，直逼惠州城北門橋，中彈傷重死亡。是役軍官死傷甚眾。十四日，我總指揮蔣公，將我團是陸瑞榮，叫去飛鵝嶺指揮部，蔣公對我團長說：現在敵人洪兆麟，已由平山向我前進，今天如果不將惠州城攻下，明日我軍，就要腹背受敵。又說：海泉！（我陸團長號名）我聽說你很能打仗，昨日我軍第四團攻北門，傷亡甚眾，你現在率領本團官兵，增援北門陣地，協同第四團，火速將惠州城攻下吧！我們團長答了一聲「是」，即集合本團官兵訓話，挑選敢死隊，每人發給毫洋一百元，我首先報名，願做敢死隊長，我報名不是為錢，我是被先烈所感動，亦抱定了為革命，願意犧牲小我，完成大我，不成功便成仁之犧牲精神，要錢何用？領來一百毫洋，當即分給士兵，自己未留分文。本連劉黨代表，看我如此豪舉，他亦報名，領來毫洋百元，亦轉發士兵分用。我挑選體格健壯士兵二十餘人，隨我前進，其餘士兵，由李連長督促跟進，經過下角河邊砲兵陣地，我看見何應欽老師，手持望遠鏡，好像在指揮砲兵射擊，沿途亦見四團陣亡士兵屍　尚未搬走。我率領士兵，向北門城腳躍進時，敵人在城上向我密集射擊，槍彈如雨。我便利用地形，奮勇躍進，幸未中彈。我到達北門城腳，已是死角地帶，比較安全，但是敵人仍向城下射擊。我指示士兵下水，利用湖堤，及陣亡屍體做掩護，向城仰射，掩護我兵搬運竹梯爬城。竹梯架好，我首先爬梯，請李連長在下面督促士兵，繼續上梯爬城，待我爬到竹梯最高處，因竹梯上已有數人爬上，竹梯時有動搖，我在上面頗有不穩之感。忽見城垛上有敵人步槍伸出，有向我射擊危險，被我竹梯上士兵發覺，即擲出手榴彈一枚，當時我們所用俄製手榴彈，先拔開栓門，數秒鐘內即要擲出，否則必自炸斃。我們士兵，站在動搖之竹梯上，拋擲手榴彈，確是不易，不料此彈未拋上城內，反落城外竹梯下爆炸，傷亡自己官兵十二人。在梯下督戰的李連長，受傷頗重，同時竹梯搖盪不已，影響我爬城動作，遲了幾分籠上城牆。仍見敵人，利用倒塌城樓，掩蔽抵抗，我爬在城垛中間，向倒塌之城樓拋擲手權彈一枚，始將敵兵擊退。我即掩護士兵繼續上城，達十餘人。隨即衝進城內巷戰，余率兵追至水東街浮橋，未見敵踪，始悟楊坤如敵兵，多著便衣，將槍隱藏，混入民間，無法認他是敵是民，未得上峰許可，不敢向民間搜索。余即派士兵向浮橋東岸嚴密警戒，以待後續部隊到齊，再請示行止。不久我團徐庭瑤到了，他說：楊坤如已隨殘部由水東街向平山方向逃竄，這次惠州戰役結束，本連李連長負傷頗重，奉營長命，由李連長率領傷兵，返廣州醫院治療，我即奉命代理連長。

這次惠州戰役，我是抱定必死決心去報名參加敢死隊，結果必死不死，李連長在梯下督隊，本可倖生，結果倖生不可，可見生死有定之迷信語。

二五、打敗仗仍算有功

二次東征攻下惠州城，休息數天，我校長以總指揮身分，集合本師官兵，在惠州公園訓話，讚揚本師官兵攻城勇敢，無堅不克。官兵聆聽訓示後，人人喜形於色，好像本師有攻城之雅號。次日奉命一、三兩師，編為第一縱隊，改為右路軍，向海豐前進，第一師為前衛，我第三師（缺第九團）為預備攻城軍，隨第一師後跟進。經過平山，到達浦心準備宿營。正在晚餐之際，忽奉總指揮令，要本師漏夜出發，向紫荊前進，策應中路軍。全師官兵漏夜急行，走到天亮，到達三多祝，已經走得人人困馬乏。忽然據報敵人約有五千餘人，麕集華陽附近之塘湖，當時師長譚曙卿與副師長陸瑞榮兩人，即在路旁草地上，展開地圖研判敵情，師長主張在此休息一天，明廿八日開始向湖塘之敵攻擊前進，副師長陸瑞榮謂敵人新敗，士無鬥志，不能錯過機會，應即展開攻擊。兩人爭論結果，決定各連火速造飯，限九時開始攻擊，當時副師長陸瑞榮兼團長，命第一營為前衛，我二、三兩營為本隊，團屬機關槍連連長方靖，附屬第一營為尖兵，不料前衛行進不久，即與敵人發生遭遇戰。照戰術原則，前衛搜索敵情，應掩護本隊開進，佔領陣地始可展開戰鬥，想不到本隊正在前進之際，前衛即被敵人衝垮後撤，使本隊無法展開，未能佔領陣地，如何應戰？在萬般無奈之際，即就地倉皇抵抗。慢慢展開，與敵人激戰至下午三時，因敵眾我寡，敵人已由兩翼包抄我陣地後方，使本師官兵，三面受到敵人火力射擊，傷亡甚眾，節節敗退。漫山遍野，途為之塞。此時總指揮到，親自率領憲兵督戰，攔著潰兵不准後退，我發現兩位俄顧問，他不能講中國話，用手指指右邊小山，又指後面蔣校長在督戰。我領悟他：要我帶兵佔領右邊小山，此時士兵潰亂，失去掌握，本連士兵，在我身邊只有七八人。其餘士兵雖多，不是本連之兵，恐其不聽指揮，又恐敵人佔領此山，校長位置即有危險。我即大聲疾呼，凡是革命的同志，有膽量的，都跟我來，我奮勇登山，本連士兵當然跟著我跑，不是本連士兵也跟來廿餘人，果見敵人向我衝來。我指揮士兵向來敵猛射，阻其前進，延至天黑，夜色茫茫，天下大雨。回頭不見校長與憲兵，我們始敢退下小山。肚中飢餓，冒雨撤退，走約五里之遙，始見路旁山麓，有一村莊，找到我們營部。有人說：你們司務長金賡榮，收容士兵正在前面人家做飯。是夜天降大雨，敵人亦未追來，平安睡了一夜。次日早晨，奉命集合，聆聽總指揮訓話云：你們雖然打了敗仗，還是有功，因為敵人有五千多人，你們只有一千多人，能與敵人戰了一天，吸住敵人，使我有充分時間，調集各方部隊將他反包圍。昨夜已將敵人全部繳械。如無你們與他苦戰，敵人早已逃竄，無法消滅全部敵人，你們雖吃敗仗，仍是有功。可是你們軍風紀太壞，敢將本總指揮的行李都搶光了。罵得官兵哭笑不得，又不敢強辯，只得忍受。

（說明：總指揮部挑行李的人，都是香港愛國工人，因沙基慘案，香港華人舉行罷工，拋棄優厚待遇，來到廣州做難民，經濟實在無法維持，適逢二次東征，他們為了愛國，願為總指揮部救做挑伕。在華陽遭遇本師失敗，敵人包抄已到後方，發現總指揮部行李隊，當然遭敵射擊，這批挑伕受到生命危險，拋棄行李逃命，俟我潰兵退經此地，發現路旁拋棄行李，尤其行李箱內，都是吃的罐頭，我們的士兵餓了一天，見有吃的罐頭，也就順手牽羊，拾來邊吃邊走，事後我將這種情形，曾向師黨代表繆斌報告。繆黨代表也親眼見到這種情形，他說：將來遇有機會，他會向總指揮解釋。）

自此戰役以後，陳炯明主力，全部消滅，我軍長驅直進，如入無人之境。於十一月四日收復潮、汕，我第三師師部駐潮州，我第八團駐東壠整訓。不久我團長陸瑞榮，奉命調任第二師副師長，第三師副師長缺，是顧祝同老師來接，陸兼第八團團長缺，由副團長徐庭瑤升任，是年底，我亦奉命調任惠州第六軍第十八師特務連連長。二次東征結束後，統一廣東，此後廣東無戰事。

二六、慶功宴上比酒量

我團（即三師八團）駐紮東隴整訓，忽奉團部通報，本團連長以上官長，於明日赴澄海女子中學大禮堂，舉行慶功宴。並聆聽蔣總指揮訓話：此時我是代理連長，亦幸參加。次日到達澄海中學，見大禮堂擺好而字形西餐席，上面橫席中間席位，是總指揮蔣校長，其次是師長譚曙卿、副師長陸瑞榮、參謀長周嘯潮及師黨代表繆斌、團黨代表張際春（此人為第一期同學，共產黨人），第九團長衛立煌，本團團長徐庭瑤，其他之人我不認識，我坐在而字形左下面席位，適逢老友桂永清坐我對面（此時桂任三師特務連連長）老友見面，格外親熱。桌面上放有白蘭地酒、葡萄酒、啤酒很多，由客人自由取用。我取白蘭地，替桂斟了一杯，我自己斟了大半杯。桂說：「老帥，你能獨飲一瓶嗎？」我說：「獨飲一瓶不易」，桂說：「如能獨飲一瓶，今晚去汕頭，在安樂酒店，開頭等房間錢算我的，如果你吐了，我開頭等房間錢算你的如何？」我答：「一言為定。」當時有第一期同學艾啟鍾、陳純道在旁作證。我將此瓶白蘭地飲畢，真的醉了，可是未吐。校長和繆黨代表的訓話，我一句未聽，不知講了些什麼。散席後，大家乘坐輕便鐵路籐轎車赴汕頭，（這種輕便鐵道，與今日遊烏來輕便鐵道相同，所不同者，每台車是籐製轎式座位，後有工人手推，待車走得速度很快時，工人跳上台車，由車子自動滑走。）我是醉坐此車，誠恐受風吹了要吐，待車滑出郊外，我即大聲高唱京戲，將腹內酒氣，藉唱外溢，結果到達汕頭未吐，桂永清輸了，是夜在汕頭安樂酒店，由桂出錢開好頭等房間。房間確是漂亮，可是我被這間漂亮房間害苦了，因房間大，且有洗澡間，很多同學都來這個房間洗澡與閒聊，後來人多了，陳純道發起賭單雙，我是這個房間主人，不便反對，不料輸贏大了不能歇手，結果賭到天亮，不但得不到享受，且將我拚性命打仗得來的數月薪餉，全部輸光了。

二七、救舊友代人受罰

民國十四年冬，本團仍駐東隴，我團長兼副師長陸瑞榮，奉命調任第二師副師長，我第三師副師長職，由顧祝同老師接任，我第八團長職，由副團長徐庭瑤升充。同時換了二個營長，第一營營長，由第一期同學鄭洞國接任，第三營長，由第一期同學李及蘭接任，只有我第二營營長，文若日仍舊未升。團長徐庭瑤，學識很好，整訓頗有辦法，從此每日二操兩講，午餐後仍要集合官長在團部上軍官講堂，因此每日操課時間，排得很緊，軍風紀亦嚴。某日早操完畢，團長集合全團官兵訓話宣布，嚴禁宮兵嫖賭，今日規定：官長拿到士兵嫖妓，當場棍責四十，如果士兵拿到官長嫖妓，由士兵將嫖官扭送團部，罰其薪俸百分之六十，作為士兵獎金。士兵因有獎金可得，每日均在妓院門前守候，意欲拿到嫖官得獎，原駐東隴官兵，都知道此事，無人敢犯。

有梁從雲者安徽人，他是本團第五連連長，因惠州戰役負傷，送廣州治療，此次傷愈歸隊，余即請梁連長吃飯，為其慶祝。不料梁連長多飲數杯，似有醉態，一時高興，約余同往妓院取樂，余答以團長命令禁嫖，勸其勿往，梁云：我是本團資格最老的連長，任何士兵不敢敢動我毫髮，去意甚堅，余不敢奉陪，梁即一人前往。余恐梁連長醉後闖禍，派一士兵尾隨照料，約一小時後，該兵回連報告云：梁連長在妓院被亂兵拿送團部，余思團部駐紮郊外，距此約有三里途程，余即率兵一班，趕往中途守候，果見一群亂兵，將梁連長推推拉拉，而梁連長大罵士兵搶劫身上財物，我叫士兵望空開槍，驅散亂兵救回梁連長，並囑士兵守密勿洩，不料三天後，團部季副官來連，請余去到團部，團長笑嘻嘻的說：帥連長！前夜你救了梁連長，這是你的俠義行為，我很欽佩，可是違了我的命令呵，記你大過一次，以儆效尤。余被記過處分，確是罪有應得。為友犧牲，何計毀譽，只要心安理得，自然亦不懊惱。所難過者，不知何人洩密，回連祕密探究，始知本連劉黨代表祕密報告，因劉是共產黨員，我是孫文主義學會會員，兩人平時意見不合，他知道此事，祕密報告，使我對他更加憤恨。後聞本連李連長病逝廣州醫院，論戰功，我該升本連連長。我與黨代表意見不合，上級是知道的，民國十五年二月上旬，即農曆年關快到之際，余即奉命調升十八師特務連連長。告別前夕，士兵出份金添酒菜，為我送行，次日全連士兵排隊歡送，對我依依不捨，甚至有人流淚。余亦被他們真情感動，揮淚告別，趕往汕頭，向總指揮報到。

二八、迎新年竟觸霉頭

民國十四年農曆除夕，到達汕頭總指揮部報到。指揮部已替我們在安樂酒店開好房間。此次奉命調往十八師的，不只是我一人。在第一、三兩師，共調十二人，都由總指揮部招待住在安樂酒店。我還記得被調之人，有第一期同學趙敬統、艾啟鍾、蔣伏生、陳策、張本清，其餘的記不清了。今日住此酒店，都由總指揮部出錢招待，適逢農曆除夕，大家都是同學，大家公決在汕頭過了新年再走，每人出份金一元，交與茶房辦酒席。下午六時即在旅館吃團年酒，大家興高彩烈地猜拳喝酒，酒畢，都有醉態，吃飯時，叫不到茶房，無人添飯，大家很不愉快，只好下樓找到飯桶自己添飯，不料趙敬統與張本清兩個張飛脾氣，吃了生飯，一時大罵。趁著醉態推翻桌子。桌上杯盤碗筷，全部打爛，竟將湯水濺濕了我的衣褲。老闆事後前來解釋，今日除夕，伙計們都回家過年，只有兩個小孩，侍應全部房間，當然照料不週，請你們原諒。想不到老闆未來之前，已打電話報告了總指揮部，總部派了一位副官來查。副官上樓，即見我衣上濺有菜湯，認為是我推翻桌子，請我去總部問話。當時我亦未申辯，就跟副官到了總部，我想此去凶多吉少，必定挨罵。到達指揮部辦公室，想不到蔣校長返廣州去了，總指揮由何應欽老師代理。我見到何應欽老師，參謀長蔣伯誠亦在坐。何老師修養很好，不但沒有罵我，面容和藹地說：你們為什麼打翻旅館桌子？此時我才廿四歲，見到老師總有點稚氣。我答：大家吃生飯，觸霉頭，恐怕打仗不吉利，因此生氣。何老師說：你們過年吃生飯，怕觸霉頭，做生意人新年被你們打翻桌子，難道又吉利嗎？不准你們再胡鬧了，限你們明早起程趕往興寧向十八師報到。我答：明天是農曆新年初一，輪船火車俱已停頓，無法起程。何老師又說：你們去遲了恐怕接不到事，這句話使我莫明所以，又不便追問。幸好參謀長蔣伯誠說：前方需人孔急，十八師已來電報催你們速往，好罷，你們最遲過了初二即要動身。我答：是。回到旅館，各同學見面即說：挨了罵沒有，我故意嚇他們說挨了，你們再要胡鬧，恐怕要關禁閉。艾啟鍾笑謂：別人闖禍你遭殃。我說，替人受過，此乃俠行，只要自己問心無愧，自然心安理得。當將何老師催我等速走之事報告各同學，大家都在想，為什麼遲到接不到事？都想不出這個道理來。

二九、升連長啣命平亂

民國十五年農歷正月初三日。余等十二人，由汕頭乘火車至潮州，再僱木船到興寧。據十八師留守告知，目前有陳炯明之弟陳炯光率兵一團，說妥投降本師，師長欲將該團營連長全部撤換，因此電請總指揮，挑選精明強幹連長九人、營長三人，速來興寧，不料此事不密，為陳炯光察悉，漏夜率部逃竄，師長領兵向老隆河源追趕去了。此時才知何老師所說：去遲了接不到事的道理。是夜我等留宿師部，得悉師長是胡謙，乃江西興國人，日本仕官畢業，原在黃埔第三期任教育長，此人確是精明強幹。次日余等十二人再向老隆前進，到達師部晉謁師長。談話時，師長對我特別詳加詢問，我亦對答如流。師長個別問話完畢，向大家說：原想借重各位改編陳炯光團，不料他已逃竄；故請各位委屈一時，暫在師部，將來我會設法安置的。次日我奉命派充師部特務連連長，同來各人，均派充師部額外參謀與副官等職。我與師長初次相識，即蒙派充特務連長，如此信任，感到非常榮幸。到差次日，即隨師長出發，師長騎馬，我率特務連士兵步行。師長騎馬跑得快，我亦率兵跑步跟進維護師長安全。到達河源未見敵踪，據報陳炯光率部已向江西方面逃竄。是日我師宿河源，我即漏夜布置哨兵，擔任師部駐在地警戒。這時我才知特務連長不好幹，白天率領士兵隨著師長馬後跑步，士兵已氣喘如牛，我亦滿頭大汗，晚上沒有休息，仍要擔任警戒。次日全師移防惠州，本師五十二團蘇世安部駐老隆，五十三團進駐博羅，五十四團團長李明灝亦駐博羅，我師部駐惠州城公園內，在此駐防期間，日子過得很舒服。

民國十五年春，我十八師，駐防惠州整訓。有一天忽接電話師長召見，我到達師長室，師長叫我關上房門，他將桌上報告書給我看。我心中暗忖，不知何人打了我的小報告。待我看畢，始知五十三團副團長宋世科報告該團陳團長平時談話，透露心跡，有意脫難本師率部逃回河南（該團是豫軍樊鍾秀部改編而成）。這次發現該團全體士兵自打草鞋，每人又做了一條炒米袋，恐其真有逃返河南企圖，請師長派人澈查，嚴加防範等語。我將報告看完，當即請示師長行動，師長說：宋世科平日為人怎樣，尚未考察清楚。又說：這個團是豫軍樊鍾秀，留在廣東殘部收編而成，全體官兵都是河南人，既然有此發現，我派你前往博羅密查具報。如果事情真有緊急變化，你可密商五十四團李明灝團長共同處決。我答應是，回連換上便衣，乘船前往博羅明察暗訪，該團士兵自打草鞋與做炒米袋，確有其事，這是軍中常有之事，亦不能確定該團有逃竄企圖。事情重大，無法決定，我去見到李明灝團長，我將奉命調查經過，報若李團長，李亦不敢決定事情真偽。我說：防人之心不可無，目前請貴團慎密布署，暗中監視，待我將此情形回報師長決定如何。他說：好！就這樣辦。我辭歸惠州，將訪查所得，及與李明灝團長密商經過報告師長。師長說，陳炯光團脫離本師逃往江西，前車可鑑，寧可信其有，不願信其無，如果真的逃返，豈不後悔，速想辦法解決他。我說：解決陳團辦法到有，誠恐宋世科想做團長，故意設計陷害，我們如此做法，豈不受宋欺騙，仍請師長周密考慮再做決定。師長說：你回去吃飯後再來商決。我走後，師長一定在思考。飯後我見師長，師長對我說：我聽聽你的解決辦法。我說：我已商請李團長暗中派兵佔領博羅險要地勢，陳團已被李團暗中監視，他是跑不了。我想以點名發餉為由，請陳團各營官兵，徒手集合操場點名發餉，暗中請李團派兵在操場四周監視，以待該團排長以下官兵，混合改編，破除原有建制，打破私人情感，並將陳團長調充師部要職，無非暗中監視，等於軟禁，他的部下無法密言逃竄。師長說：就依你的計劃，即刻去與李團長會同辦理。我說：請師長寫個手令給我，李團長才會相信，師長當時寫好手令給我再去博羅。我將手令與李團長看了。他說：最好請宋世科即來密商，我亦同意。李即搖電話請來宋世科。我說：恭喜你，密報有功，快升團長了。宋說：我升團長，請你來任少校團附。我說：我升連長不久，無福接受，請你以後不必說起此事，以免師長疑我與你有共謀之嫌。我們三人密商結果如後：（一）明早由我用電話通知陳團長，速令全團官兵，於明早九時，徒手集合於大操場，聽候師部點名發餉。（二）該團集合完畢，五十四團即派武裝士兵，在操場四周小山嚴密警戒，另派一部武裝兵，佔領五十三團所有營房，收繳槍械集中保管一個時期，以待新任連營長，管理有把握時，即可發還武器。屆時請李團長多帶幾名手槍兵，陪我去到操場宣讀師長命令。如果陳團長親來招待時，將其扣在身邊，並說明來意，囑其不可輕舉妄動，此所謂擒賊擒王也。計劃既定，是夜我宿李團部。次晨六時，我用電話與五十三團陳團長通話云：我是師部派來點驗小組，茲定本日上午十時，請貴團全體官兵徒手集合大操場，聽候點名發餉。博羅所有防務，統交五十四團派兵接替警戒。屆時我同李團長到達大操場，已見該團集合完畢。陳團長見我到達操場，親來招待。李團長與陳密談，我即向陳團官兵，宣讀師長手令：（一）據報該團長密謀脫離本師，有竄返河南企圖。（二）該團營長以上官長，押回師部聽候軍法偵審，如果偵審無罪，仍可回團復職。（三）該團團營長職務，在偵審期間，暫由該團副團長副營長代理，即將該團官兵混合改編，破除原有建制，嚴加管訓，如敢抗命，格殺勿論。我宣讀命令完畢，又說：只要你們服說命令，聽候改編，仍是我們的好同志；如果陳團長，偵審無罪，我想不出一月，即可回團復職。請大家看看四周，都有人警戒，萬不可輕舉妄動，以免無謂犧牲。只此數語，結果順利達成混合改編任務完畢。我將陳團長及三位營長押回師部交差。師長對我說：你這次處置很好，能不流血完成任務，我很滿意。可是我心中，總有點懊喪，因為萬一此事是宋世科想當團長，暗中陷害別人，那就成了我一生的憾事了。

三〇、逢盛舉參加北伐

民國十五年六月五日，國民政府發表我校長蔣公為國民革命軍總司令，統轄八個軍，大舉北伐。此時我仍在第六軍第十八師任特務連長，駐紮廣東惠州，得悉本師留守廣東，歸何應欽老師指揮。本師因未列入北伐戰鬥序列，我是有血性的人，不願苟安於後方，極欲參加北伐。我即寫了一個報告寄給蔣校長，請求准予參加北伐。我又寫了一封信給總司令部參謀處長張定璠先生（按：張處長原是我的老長官。）向總司令說項，果蒙批准。來電調我任總司令部參謀處上尉參謀。我接到調職命令，非常興奮。我師長胡謙，原是黃埔軍校第三期教育長，他不願我走，終因上峰命令，無法挽留。次月奉命移交第三期同學胡筠接我特務連長。我於七月廿五日，趕到廣州河南士敏土廠，總司令部參謀處報到。想不到總司令部第一批人員業已出發了。我只好參加第二批隨總司令蔣公出發。於廿七日由廣州乘廣韶鐵路專車，車分三列，第一列是壓道車，是總司令部第二批官員及警衛團之步兵一連搭乘。第二列是總司令及高級人員座車，第三列是護衛軍警衛搭乘。於午前十時先後開車，下午六時到達韶關，廿八日午前四時，由韶關向衡州前進。我奉張處長面諭：屬我騎馬隨侍總司令轎子跟進，並在暗中保護總司令之安全。每日到達宿營地時，與本處作戰科及諜報科抄寫敵我兵力位置並制旗插圖給參謀處長和總司令看。因為這種工作，是極機密任務交給我做，可見張處長對我非常信任。受任之後，頗覺光榮。總司令部查馬長，是黃埔軍校鄒醫官，是熟人，他選了白馬給我騎，跟在總司令轎子前後，護衛總司令前進。是日旁晚抵盔頭市宿營，廿九日進抵樂昌休息。卅一日夜行軍至九峰，八月一日至塘村，二日上午九時至良田，午後五時接見唐總指揮代表林薰南，林氏除詳陳前方情形外，並面陳唐總指揮及李宗仁之第二期作戰意見書。三日至郴州休息，是晚集合總司令部高級職員會議，討論第二期之作戰方策。令第三軍迅速赴瀏陽接防。六日至公平圩電催王天培、彭漢章迅速集中津、澧與正面齊頭，以便會攻武漢，又電第二軍迅速移駐泗、汾一帶，七日至耒陽，由船舶輸送前往衡州。我隨總司令乘奮武砲艦，午後九時啟行，九日午後九時總司令到達衡州。十日電廣州航空處令飛機於十八日前來衡州，是夜十一時總司令攜同總司令部重要職員，乘小火輪赴長沙，十二日到達長沙，我們經過郴縣衡陽長沙，均曾備受各該地民眾盛大熱烈的歡迎。

三一、國民革命軍編成

廣東為革命根據地，吾黨同志群集於斯。凡富有革命性或與革命領袖有淵源之軍隊，亦相率而來此土。假革命反革命之部隊，亦冀暫圖生存，徐謀發展，揭革命之旗幟而來混跡其間。以故同一區域，同一革命隊伍，乃竟有粵軍、湘軍、滇軍、桂軍、及鄂軍、豫軍，等等不同之旗幟，招展於吾人眼簾。此粵湘桂滇鄂豫即表示該部隊之所自來。擔任革命之非常大業而帶地方色彩，致有封建思想之譏。爰於民國十四年六月，回師廣州，將劉震寰、楊希閔消滅。七月一日，國民政府成立，即籌議統一軍事辦法。由中央組織軍事委員會，以第一軍長蔣公中正為主席，將各種地方軍名目一律取消，統稱曰：國民革命軍。編成五個軍。二次東征後，乃改程潛所部攻鄂軍為第六軍，以程潛為軍長。十五年春，兩廣統一成立，改廣西軍為第七軍，以李宗仁為軍長。又唐生智受吳佩孚軍逼境之際，南來加入革命，願作北伐先鋒，改其所部為第八軍，即以唐生智為軍長。是為國民革命軍八個軍成立之由來。十五年六月五日，國民政府特任軍事委員會蔣主席，為國民革命軍總司令（按：此時第一軍軍長職，已由何應欽老師升任），始組織總司令部，統率各軍，專命北伐。茲將總司令部組織大綱，及各軍事編組錄列如左：

國民革命軍總司令部組織大綱

（一）國民政府特任國民革命軍總司令一人，凡國民政府下之陸海空軍，均歸其統轄。
（二）國民革命軍總司令對於國民政府與中國國民黨在軍事上須完全負責。
（三）總司令兼任軍事委員會主席。
（四）總司令部參謀長以軍事委員會參謀部長兼任之，或由總司令呈請國民政府任命之。
（五）總司令部設置參事廳，以參謀長、總參議、高等顧問，若干人組織之，參贊戎機，襄助總司令，處理事宜。
（六）總司令部設於軍事委員會內，以作戰之進步隨時進出前方。
（七）政治訓練部參謀部軍需部海軍局航空局兵工廠等各軍事機關，均直屬於總司令部。
（八）出征動員令下後，即為戰爭狀態，為圖軍事便利起見，凡國民政府所屬軍民財政各部機關，均須受總司令之指揮，秉其意旨辦理各事。
（九）總司令出征時，設立治安委員會，代行總司令職權，該會應受政治委員會之指揮，其議決案，關於軍事者，交由總司令部執行之。
（十）總司令部之編制及規則另訂之。

各軍之編成

第一軍軍長何應欽　轄五師

第一師師長王柏齡　轄孫元良　倪弼　薛岳三團
第二師師長劉峙　轄陳繼承　蔣鼎文　惠東昇三團
第三師師長譚曙卿　轄凃思宗　徐庭瑤　衛立煌三團
第十四師師長馮軼裴　轄鄧振銓　蔡熙盛　周址三團
第二十師師長錢大鈞　轄王文翰　趙錦雯　李杲三團
另有直屬之張貞補充團，蔡忠笏之砲兵團，朱毅之警衛團計十九團。

第二軍軍長譚延闓　轄四師

第四師師長張輝瓚　轄謝毅伯　周衛黃　鄧赫績三團
第五師師長譚道源　轄羅壽頤　彭璋　朱剛偉三團
第六師師長戴岳　轄黃友鵠　廖新甲　劉風三團

教導師師長陳嘉佑　轄余澤籛　李蘊二團

另有直屬之謝慕韓砲兵一團，計十二團。

第三軍軍長朱培德　轄三師

第七師師長王均　轄曾萬鍾　萬人敵　彭武揚三團

第八師師長朱世貴　轄韋杵　祝膏如　李思愬三團

第九師師長朱培德　兼轄顧德恆　李明揚二團

另有直屬之武宣國憲兵營，張言傳之砲兵營計八團二營。

第四軍軍長李濟琛　轄四師

第十師師長陳銘樞　轄蔡廷楷　范漢傑　戴戟三團

第十一師師長陳濟棠　轄余漢謀　香翰屏　黃鎮球三團

第十二師師長張發奎　轄繆培南　黃琪祥　許志銳三團

第十三師師長徐景唐　轄雲瀛橋　陸蘭培　陳章甫三團

另有葉挺之獨立團，郭思演、薛仰忠之兩砲兵營計十三團二營。

第五軍軍長李福林　轄二師

第十五師師長李群　轄黃相　周定寬　黃炳堃三團

第十六師師長練炳章　轄陸滿　李林　陳偉圖三團

外有梁林、林駒獨立第一、二兩團計八團一營。

第六軍軍長程潛　轄三師

第十七師師長鄧彥善　轄傅良弼　文鴻恩　鍾韶三團

第十八師師長胡謙　轄蘇世安　宋世科　李明灝三團

第十九師師長楊源濬　轄王尹西　張軫　王茂泉三團

外有莫希德、羅心源之兩砲兵營計九團二營。

第七軍軍長李宗仁　轄九旅

第一旅旅長夏威　轄毛炳文　陶鈞二團

第二旅旅長李明瑞　轄俞作豫　李朝芳二團

第三旅旅長　轄二團

第四旅旅長　轄二團
第五旅旅長　轄二團
第六旅旅長　轄二團
第七旅旅長胡宗鐸　轄李孟庸　楊騰輝二團
第八旅旅長鍾祖培　轄尹承鋼　周祖晃二團
第九旅旅長　轄二團
外有砲兵二營計十八團二營

第八軍軍長　唐生智

第二師師長何鍵　轄陶廣　劉建緒　危宿鍾　張輔四團
第三師師長李品仙　轄張國威　熊震　李雲杰　吳尚四團
第四師師長劉興　轄廖磊　唐哲明　周繼寅　蔣春湖四團
第五師師長　葉琪
教導師師長周爛　轄羅森　魯揚開　劉克豪三團
鄂軍第一師師長　夏斗寅
外有周榮光之教導團、王錫燾之砲兵團，除葉、夏兩師團數不明外計有十七團。

中央軍事政治學校步兵學生之第一、二兩團入伍生之第一、二兩團。
杭毅之憲兵團、賴世璜之獨立第一師。

三二、出師北伐案通過

民國十五年春，第一次全國代表大會開會於廣州。其宣言中，對於本黨努力之經過，有鞏固廣州之革命根據地、肅清一切反革命分子、掃除東江南路一切叛徒、建立人民合作之政府及與人民合作之軍隊，以坦白真摯之精神，為民眾謀利益，同時領導民眾從事國民革命，決定帝國主義者及其工具覆滅之期，必在不遠，最後之勝利終屬吾人。蓋有繼承總理遺志，實行北伐之動機矣。不料共黨俄顧問鮑羅廷等，又多方陳說北伐之不利，而吾黨不為邪說所動，積極準備北伐，期在必行，遂有三月二十日中山兵艦事件之發生（另有詳文報導）。此時吾黨海內外同志請求迅速出師北伐之函電盈尺，全國人民代表亦紛至沓來，籲懇早日北伐。而吳佩孚更欲此時掠取三湘，藉窺南粵，湘人紛來求援，唐生智又願作前驅。而我國民軍，適與直軍軍閥苦戰於直魯豫間，長期奮鬥，勢已不支退守南口，亦冀北伐迅速出師，以解危迫。本黨固知軍閥之兵數財力十倍於我，然鑑於黨內外人心之趨向，革命精神之一往直前，遂於六月五日召集中央執行委員臨時全體會議，一致通過迅速出師北伐案。於是總理畢生未竟之志，打倒軍閥，統一中國之工作遂告開始。

革命軍作戰大方針，於民國十五年七月一日軍事委員會頒布集中計劃訓令中得窺其旨趣。本軍為繼承先大元帥之遺志，貫徹國民革命之主張，基於國家與民眾的利益，以打倒軍閥及反革命派，爰集大軍，先肅清湖南，然後再會師武漢。進而與我友軍（馮玉祥的國民軍）聯合，以期統一中國，完成國民革命。

三三、北伐軍部署計劃

湘省綰轂西南，地當衝要，十餘年來，北方軍閥欲得湘省以控制西南；南方革命軍，亦欲得湘，以制北軍之南侵。故北伐軍以先行肅清湖南境內敵人，以便會師武漢為目的，先擬集中兵力於永豐、衡山、攸縣、茶陵之線。各軍為應付前方戰況，及掩護主力起見，其任務如左：

（一）第四軍於七月十五日以前，先行集中安仁附近，如無別情，俟第三軍先頭部隊到達郴州安仁間，再移向攸縣集中。

（二）第七軍於七月六日以前集中永豐附近。

（三）第四、第七兩軍集中完畢時，敵若來犯，應協同第八軍反攻，努力擊破敵人，相機佔領長沙，以待後命。

（四）第八軍仍在衡山附近集中，俟第四、第七兩軍集中完畢，如敵軍來犯，應協同該兩軍，力圖擊破進取長沙。若敵人於我第四、第七兩軍，尚未集中完畢，而以優勢兵力壓迫該軍時，應以保全實力為主，暫退守衡州，誘敵深入，俟第四、第七兩軍實行包圍時，協同反攻，努力殲滅之。

（五）第二軍向桂陽、桂東向酃縣前進時，其任務，一方面威脅贛南之敵軍，一方面掩護我主力集中，若未到酃縣以前，被敵攻擊時，應努力將敵擊破，速向酃縣集中。

（六）第五軍十六師之四十五團，集中桂陽，監視贛南之敵軍，保持第二軍後方之聯絡，其餘兩團，另有任務。

（七）第三軍集中茶陵，第六軍集中安仁，監視江西方面敵人，並策應正面。

（八）第一軍，集中衡州為各方之策應。

總司令部現駐廣州，各軍集中完畢後即進駐韶關。

革命軍既準備出發，後方根據地之治安，必須妥為維持，以固我前方將士北征之心。而粵之東北兩江，在在有被敵人侵入之虞，故於出師之先，即決以總參謀長兼第四軍軍長李濟琛坐鎮廣州，統籌一切。以第一軍長何應欽防守潮梅，固我東陲，以譚道源、陳濟棠等師，分駐南北兩路，其他重要地點，莫不各駐重兵，以資防衛，茲將作戰初期後方布置情形，就部隊番號，表列於左：

總參謀長李濟琛廣州總司令部

第一軍長何應欽　汕頭

第三師師長譚曙卿　梅縣

第七團長涂思宗　興寧

第八團長徐庭瑤　梅縣

第九團長衛立煌　三河壩
第十四師師長馮軼裴　潮安
第四十團長鄧振銓　潮安
第四十一團長蔡熙盛　汕頭
第四十二團長周址　菴埠
第二十師長錢大鈞　廣州八旗會館
第五十八團長王文翰　廣州北較場
第五十九團長趙錦雯　廣州四標營
第六十團長李杲　廣州造幣廠
砲兵營長　潮安
第二師補充團長劉秉粹　中山
第二軍長譚延闓　廣州
第五師長譚道源　南雄始興
第十三團長羅壽頤　南雄始興
第十四團長彭璋　南雄始興
第十五團長朱剛偉　南雄始興

教導師長陳嘉祐　馬壩
第一團長余澤籛　英德
第二團長李蘊珩　仁化
砲兵團長謝慕韓　韶州

第三軍

第二十三團長祝膏如　江村
第二十五團長顧德恆　石圍塘
憲兵營長武宣國　廣州三眼橋
砲兵營長張言傳　廣州大沙頭
第四軍長李濟琛　廣州廣西會館
第十一師長陳濟棠　北海
第卅一團長余漢謀　水東梅菉茂名電白化州電洲
第卅二團長香翰屏　北海廉州
第卅三團長黃鎮球　欽縣防城靈山
第卅四團長許志銳　瓊州海口
第十三師長徐景慶　新會

第卅七團長雲贏橋　肇慶
第卅八團長陸蘭培　新會
第卅九團長陳章甫　江門陽江
第五軍長李福林　河南
第十五師長李群　河南
第四十三團長黃相　河南簸箕村
第四十四團長周定寬　中山石岐
第四十五團長黃炳堃　南海關山
獨立第一團長梁林　順德容奇
獨立第二團長林駒　河南簸箕村
第六軍
第十七師五十八團長鍾韶　石龍
第十八師長胡謙　惠州
第五十二團長蘇世安　惠州
第五十三團長宋世科　博羅
中央軍事政治學校

步兵學生第一、二團　黃埔
砲兵、工兵、經理各大隊　沙河
入伍生第一團長郭大榮　沙河
入伍生第二團長陳復　深圳
入伍生砲兵團團長蔡忠笏　沙河燕塘
入伍生工兵大隊長廖士翹　燕塘
野砲兵連長祝復軍　廣州
憲兵團團長杭毅　廣州

右記部隊，除中央軍事政治學校，係以訓練為主，而隨時可供調遣服務外，餘俱為綏靖後方，而暫留者。

三四、唐生智輸誠革命

民國十五年間，軍閥之大者，藉口武力統一，把持中央；武力小者藉口聯省自治，把持地方；其唯一目的在掠奪國家及人民之利益，其唯一手段，在擁兵自據。

此時湖南省長趙恆惕所屬四個師，第一師師長賀耀祖、第二師師長劉鉶、第三師師長葉開鑫、第四師師長唐生智。其時湘軍中當推唐生智實力最為強大。而唐所據防地，自衡陽展至柳州永州一帶，又密接粵、桂。唐生智參加革命，並不是對北伐有何信心，更談不上對國民黨、對三民主義、對國家民族的前途有什麼抱負。他是為著個人富貴顯達，想趕走趙恆惕，佔有湘省地盤，派了三個代表（按：現在臺灣的立法委員劉文島，就是三個代表之一。）赴廣州向國民政府輸誠革命。國民政府得唐生智來歸，實有裨益於北伐大業，當然歡迎。即派陳銘樞、白崇禧二人答聘。唐經陳、白二人勸導，接受國民革命軍第八軍軍長，兼前敵總指揮之任命後，即率軍攻下長沙。湖南省長趙恆惕，被唐趕走，到漢口求吳佩孚來為他復仇。而湘軍第一師師長賀耀祖，退據湘西，觀望形勢，一面拜受吳佩孚援湘之命，一面又派其保定同學查荷生赴粵活動，道達輸誠革命之誠意。蔣、譚二公，頗予慰勉，對賀部隊的安頓事宜，則電令時正行經郴縣的代總參謀長白崇禧相機處理。譚公派祕書胡某由查某伴同赴賀部駐地慰問。適逢唐生智，協同黔軍改編之國民革命軍第九軍彭漢章部，以武力迫賀耀祖退出石門慈利，賀既受唐、彭兩軍壓迫，正陷於窮途無歸之苦境，洽獲譚延闓由粵來電，催胡促賀接受國民革命軍獨立第二師師長之任命。賀遵命就職後，由石門移駐津市，距澧縣之第九軍第二師賀龍（共匪）師部僅廿華里，為爭防地，時有衝突。此時適逢學富道經長沙，晉謁國民革命軍總司令部行營主任陸福廷先生。蒙其面託說：帥參謀，你這次奉命赴江西高安總部，見到總司令時，代我報告湘西兩個新編師，即賀耀祖與賀龍兩個部隊，為爭防地時有衝突，請你建議總司令，要將兩賀調一赴贛立功，即可消弭湘省內戰。後來我到達高安，此時總司令部駐天主堂，我先將陸主任託我報告兩賀自相殘殺情形，並向總司令蔣公建議，總司令當面問我調誰最為適宜？我對兩賀都未謀面，隨口答應調賀耀祖，總司令說好吧，你去擬一個電報，將賀耀祖師調來江西德安縣若溪待命。我答是，回到參謀處，我將總司令意調賀耀祖來贛參戰情形，報告處長張定璠，張處長當即展開地圖計算行軍日期，限該師於某日到達若溪。命令擬好，親送總司令批可後，即送電台拍發，後來賀耀祖師到達德安若溪，歸第七軍李宗仁指揮，在德安馬迴嶺等地戰役表現良好，對於北伐參戰，實有其貢獻。

後來聞說賀耀祖乃書記出身，再入保定，畢業日本仕官，日文能寫信，英文能看報，榮獲總司令信任，官升憲兵司令。抗戰時做過委員長辦公廳主任，紅極一時。我則到達南昌，父親迫我去做縣長，藉光門第。因此脫離總司令蔣公，我的生命史，從此鑄下不可挽救的錯誤，以至落伍。

敵人形勢

民國十五年八月十二日，我總司令到湖南長沙，即召開軍事會議，總合各方情報，知敵情如左：

甲、吳佩孚、孫傳芳之情勢

1、南口戰事，吳佩孚於七月廿日，下達總攻擊令，是時正在吃緊之吳氏，一時萬難南下，令湘鄂軍堅守汨羅江之線，並調軍增援，請孫傳芳出兵入贛、主持戰事，以冀暫維現狀。俟南口戰事解決，再以全力對付湘鄂。然豫軍為樊鍾秀所牽制，調動不易，孫氏此時亦不願投入戰爭漩渦，想坐看雙方苦鬥，便宜獲得「鷸蚌相爭、漁人得利」的好處。

2、孫傳芳自信其五省兵力，可以獨立一戰，惟與魯張（張宗昌）雖經靳雲鵬之斡旋，尚未完全諒解，鄧如琢因非孫之嫡系，恐孫兵入贛，奪其地盤，復存猜疑之心。孫氏此時北牽於魯張，前阻於贛鄧，故請吳氏將南口戰事交與奉張，迅速南下主持湘鄂。己則於暗中積極準備，並運用其狡滑手段，聯湘趙（趙恆惕）黔袁（袁祖銘）以期牽制我軍，乘機坐收漁人之利。

乙、湘鄂方面之敵情：

1、湘鄂之敵以汨羅江為第一道防線，羊樓司、五里牌、雲溪為第二道防線。

2、宋大霈之姜、孫、余三個旅於汨羅江北岸，佔領汨羅江口，長樂街、張家牌之線。陸澐部扼守平江，董政國部之李旅分布於五里牌、羊樓司、雲溪附近，王旅分部於桃林、西塘、楊林街等處，婁雲鶴部集中於岳州，王都慶部分佔澧州、安鄉一帶。

丙、贛西方面之敵情：

1、鄧如琢以蓮花、萍鄉、萬載為第一道防線，安福、袁州、上高為第二道防線。

2、萍鄉、花蓮之線為唐福山部，萬載、上高為謝文炳部，吉安駐有蔣鎮臣部，樟樹駐有鄧如琢之第一師。

總司令對於前方敵軍形勢，判斷鄂係固守待援。如我對鄂不速攻擊，則吳佩孚為鞏固武漢起見，對湘必漸取積極動作，現時南口戰事，吳固極為棘手，我友軍樊鍾秀部佔領南陽，京漢鐵路，時虞遮斷，吳之南下不易，然時日稍延，則吳氏與奉軍妥協，撤其南口之師，勢將南下反攻，故我軍以迅速攻略湖北為善。

江西方面，從其兵力及設備上觀察，現在萍鄉、花蓮庵之線增厚兵力，似為待機姿勢。俟我主力出動至鄂境以後，無暇兼顧贛西之時，鄧如琢即與孫傳芳妥協，得孫增援後，方能轉為攻勢。我如在短時間內攻克武漢，則敵懾於聲威，或不敢輕動。故長沙會議中，仍決定先行肅清湖南，會師武漢，對江西暫取守勢。

我國民革命軍北伐軍，基於先行佔領武漢之目的，故對江西暫取守勢。而以主力直趨武漢，並以一部向荊沙出動，俾我主力作戰容易，因此有如下之計劃：

1、主力軍先殲滅汨羅江北岸與我對峙之敵，迅速佔領岳州、羊樓司、蒲圻之線，即以主力循武岳鐵路北進，一部渡江，協同掠取武漢。

2、一部集結於醴陵、攸縣之線，鞏固湘東邊防。

作戰目標。

（一）中央軍以武漢──武勝關為作戰目標。

（二）右翼軍以南昌──九江為作戰目標。

（三）左翼軍以荊沙──襄陽為作戰目標。

各軍之編組及指揮官姓名如左

中央軍總指揮唐生智轄左縱隊第八軍共五個師，由唐生智自兼左縱隊指揮官。右縱隊指揮官為李宗仁轄第四、第七兩軍。

右翼軍總指揮為朱培德，轄第二、第三兩個軍、第五軍一個團及獨立師。

左翼軍總指揮為貴州袁祖銘，轄第九第十兩個軍。總預備隊為我第一軍第一、二兩師、第六軍第十七、十八兩個師及砲兵團。

各軍任務

中央軍為求先行殲滅敵人於黃蓋湖以南之地區俾便佔領武漢起見，應以第八軍經涪口市與營田以北地區向長安驛雲溪岳州之線攻擊前進。以第四及第七軍經涪口市與平江以北地區，向蒲圻、羊樓司、梧舖、横橋之線攻擊前進，以迅速動作壓迫敵之側背而截斷其退路，俾易進取武漢。

八月十四日午後六時總司令下達如左之總攻擊令要旨：

（一）我國民革命軍有先佔領武漢之目的，對於江西暫取攻勢防禦，以主力於最短期間，擊破汨羅江之敵，攻取武漢。

（二）中央軍應於十七日前於營田、長樂街、浯口市、沿汨羅江南岸之線，佔領攻擊準備位置；於十八日開始總攻擊，向岳州、羊樓洞、蒲圻之線攻擊前進。其主力須由平江通城之線，以迅速動作截斷敵之退路，殲滅敵人於黃蓋湖以南地區。

（三）右翼軍應以第三軍之主力集結於醴陵，俟第六軍由瀏陽前進，派兵一團，位置於茶陵，對萬載、萍鄉、蓮花警戒，偵知敵人確有向我攻擊之企圖，即以主力出擊。第五師及獨立師應協同主力進取吉安。

（四）右翼軍應於中央軍開始攻擊前，佔領荊州、沙市。

（五）總預備隊之第六軍，應於十一日以前，移至瀏陽掩護中央軍之右側背，砲兵團應用船舶輸送迅速至長沙待命。

（六）航空隊於中央軍攻擊開始前，偵察汨羅江北岸敵軍陣地之配備，攻擊開始後，拋擲炸彈、破壞敵人防禦工事及交通要點並轟炸敵之兵艦兵站等，以援助中央軍之攻擊。

攻擊開始日期，嗣以第六軍須十六日方可由瀏陽出發，不能按時在中央軍之右翼推進，因此展延一日，再訓令中央軍，改十九日開始總攻。

三五、北伐軍捷報頻傳

八月十九日午後三時，前敵總指揮唐生智，由白水進至新市督戰。午後捷報傳來，知第四軍已擊退平江之敵，第七軍已突破敵軍陣地之中央，第八軍一部渡河，佔領長樂街，牽制之任務已達到，決使第八軍各師全部繼續渡河協同追擊。

十九日夜，武長鐵路兩側之敵、因平江為我第四軍攻陷，平江至長樂街一帶敵之陣地，為我第七軍擊破，乃炸燬汨羅鐵道橋，又破壞附屬之通信各機構，乘夜向關王橋、岳州退卻。

二十日拂曉，我第八軍各師陸續渡河，進擊通城、蒲圻，壓迫敵人於黃蓋湖。

二十一日我第八軍第二師何鍵抵黃沙街。派兵向新橋、千塘追擊前進。我第三師李品仙派兵向平路舖、長安驛追擊前進。

二十二日上午十時，我第八軍第二師何鍵部佔領岳州。我第三師李品仙拂曉至五里牌。適有敵人宋大霈部，由岳州乘火車四列，經五里牌向蒲圻轉進。李師第八團即向之截擊，初因眾寡不敵，幾乎不支；幸好第十五團趕到，始將敵人擊潰。我第八軍第四師十四團派兵一營至三港咀解除潰兵之武裝。

二十三日第八軍第二、四兩師及鄂軍第一師，於是晚抵雲溪，第三師之十五團已擊退羊樓司附近敵之警戒部隊，並佔領羊樓司，其主力在橫板橋五里牌一帶。

又據土人報告，羊樓司趙李橋有敵約千餘人佔領陣地，又王溪附近到有敵兵千餘人，係由通城敗來，由此推測，我右縱隊似已通過通城。

八月廿三日蔣總司令在長沙，綜合捷報，見我中央軍乘勝猛追，進展甚速。右縱隊之第四軍，已佔領通城，左縱隊之第八軍已佔岳州、雲溪，羊樓司潰退之敵，經我軍分途截擊解除武裝已不成軍。我軍佔領蒲圻乃指顧間事。武漢至咸寧一帶，敵軍只有陳嘉謨之一旅及閻曰仁、陳沼康兩部。漢口有劉佐龍一師，已祕密投誠。我左翼軍方面，第九軍進攻津澧第十軍之先頭部隊已達桃源，決心乘武漢空虛，吳佩孚尚未到達漢口之先，不使潰退殘敵有收容整頓餘暇，迅速猛進佔領武漢。

八月廿五日夜，蔣總司令所得綜合情報，知我第八軍佔領蒲圻，第七軍在蒲圻會合第四軍已佔領中和舖及山峽冲，準備攻擊汀泗橋之敵，第八軍主力已在嘉漁、臨湘中間地區設法渡江，第二期作戰第一步，已告一段落。

八月廿五日深夜，據日艦無線電消息，吳佩孚率兵二師，廿五日已到達漢口，其大部北兵，須一星期後，方可全部抵達漢口，孫傳芳決定援助吳佩孚，使福建周蔭人，以三師攻粵。自率蘇、浙、皖軍援贛，其先遣部隊謝炳勳師，已到贛之修水、銅鼓一帶。聯合贛軍預備加入作戰。依蔣總司令之判斷，敵我於武昌、蒲圻中間地區當有猛烈戰鬥，決定廿六日乘武長鐵道火車，由長沙逕赴蒲圻指揮作戰。八月二十六日早，先令第一軍（缺第二師）乘車開赴岳州，使岳州之第一軍第二師，開赴前方參加作戰，令長沙砲兵團長蔡忠笏，率第二營（缺第六連）於午後八時，乘車至汨羅開赴岳州。

三六、總司令前線督戰

八月二十七日午前二時卅分，我隨蔣司令由長沙起節，逕赴蒲圻，過岳州未下車，午後二時過五里牌，見第一軍之第二師在此休息。九時抵蒲圻車站，據唐生智報告，知我第四軍，業已擊破汀泗橋之敵，乘勝前進，佔領咸寧。又我第七軍之第二路已由蒲圻向咸寧前進，其先頭部隊，正午已達汀泗橋附近。唐生智之意云：咸寧以下道路狹隘，宜以相當兵力佯攻，以一部出鄂東，武昌以上江面過寬，第八軍全部渡河較難，擬先渡二師。

總司令決心乘吳佩孚之北軍兵力尚未到達，迅速攻擊前進佔領武昌。是日下午余在蒲圻火車上，奉處長張定璠面諭，將我派在前敵總指揮部，做聯絡參謀，隨時報告前方動態。

八月廿八日，前敵總指揮唐生智，由蒲圻至咸寧，綜合各方情報，知敵於賀勝橋以南至桃林舖、王力本一帶地區，以縱深配備，築設堅固之防禦陣地，其大部兵力，集結於賀勝橋附近，其主力在楊林壋、王力本之線。統計敵之兵力，吳佩孚親率之第十三混成旅陳嘉謨、第二十五師劉玉春、第八師之第十五旅，及補充團、軍官團、王獻臣之一團、李樂濱之一部，尚有宋大霈、董政國等殘部及葉開鑫之一部。唐總指揮為佔領武昌目的之決心，乘敵陣地未固、增援部隊未集，迅速攻擊賀勝橋，已有詳細計劃，令飭第四軍、第七軍、及第一軍之第二師、第八軍之第八團等部遵照部署攻擊前進。

二十九日午後一時，第七軍第八旅之前衛，行抵袁家舖之南，敵前進部隊，約有一團佔據袁家舖向我軍射擊。與敵激戰二小時，敵向王本立之本陣地退卻，我第八旅跟踪尾追至王本立前方高地，即向敵之本陣地展開攻擊。四時有敵兵二千餘人，由賀勝橋方面前來增援，對我反攻戰鬥益烈，我第八旅全力抵抗，因眾寡懸殊，已有不支之勢。幸第一路指揮官夏威到達鍾家舖，即令第二旅急進，限七時前到達前線，第八旅兵力疲勞已極，不能再戰，即令第三、四兩團接替第八旅陣地，而第八旅逐漸向後撤，退至第二旅後方休息整頓。

此時我第四軍之十二師卅五團午後六時佔領吳家灣，與楊林塏之敵接觸，獨立團葉挺部，因地形複雜，運動困難，未能依照命令限期到達北路學校之線。第十師之卅團進至雙嶺附近警戒，其餘兩團集結官埠橋五里界一帶。七時十分敵有乘夜向我左翼包圍之勢，湖中又發現探照燈，偵察我軍行動。卅五團將此情況報告陳銘樞師長及張發奎師長，張接報告後，又派兵一營歸卅五團指揮，而陳銘樞師長亦派兵一營於陳家村向湖邊警戒，各部隊均在原地徹夜與敵對峙。敵乘夜暗，屢圖出擊，經我各部沉著抵抗，終未得逞。又我軍第二師長劉峙率部於夜十二時到達咸寧車站。

卅日拂曉之前，敵以主力向北路學校方面猛進，攻擊我第七、四兩軍之鄰接部隊，是時第四軍之獨立團葉挺部尚未展開，受敵猛攻，幾瀕於危，即第七軍第四團當面之敵，亦愈增愈多，戰鬥仍烈。乃以卅六團之一營增援左翼。午前二時戰況更急，第四軍張發奎師長，親率預備隊進至大路廖，知獨立團危急，即派其預備隊一營向左翼增援。同時令砲兵於桃林舖附近鐵道左側高地佔領陣地，向敵陣地猛烈轟擊，引導前線各隊一致衝鋒，連續不已。敵暫後退，然猶希圖抵抗。至午前十時第七軍進攻南橋之一部，繞至敵後方，敵始全線動搖，我軍各隊乘勢猛擊，第十師之十九團、第三十團亦繼續追擊。

先是午前五時，第七軍夏威指揮官，率領第一路，由關宣橋前進至孟家山助攻王本立方面之敵。八時我正面戰鬥異常激烈，夏威指揮第九團及炮兵連，會合十六團經孟家山向汀泗橋擬攻敵側背。十一時由石山來援之敵，與我軍遭遇於孟家山附近。我以第九團及十六團之一營向之猛攻，敵向余花坪退卻。正午十二時尾追至余花坪之北端。敵扼險頑抗，激戰至黃昏、衝鋒十餘次，敵仍未退。午後六時，各部隊在原陣地徹夜警戒。我第一團由雙溪橋，乘夜向湖泗橋前進，準備翌（三十一）日拂曉包圍攻擊。但不意敵竟於昨夜分向武昌城、金牛鎮退卻。

三十日晨我第四軍，先突破敵陣地之右翼陣地，敵退至楊林壋，桃林舖前線部隊追擊前進，午前九時佔領了賀勝橋。

三十日下午一時，我隨同第四軍軍長陳可鈺，抵達賀勝橋，發現被大刀砍死之敵軍官屍首十餘具。後來我問敵負傷士兵，始知吳佩孚於二十九日早，乘火車至賀勝橋督戰，率陳嘉謨、劉玉春、陳德麟等猛烈抵抗，並以大刀隊督戰，執法甚嚴，官兵後退者，斬殺不赦。吳佩孚手刃十餘人，欲以遏止前線之崩潰。終因我軍攻擊猛烈，前後無路可逃，潰軍遂向大刀隊反攻，奪路奔竄，至是吳佩孚方知無可挽救，乘車向武昌逃逸。

賀勝橋戰役結束，我接處長張定璠電話云：調我回部另有任務。

三七、潛往漢口做偵探

我原奉派在前敵指揮部，做聯絡參謀。因賀勝橋戰役大捷，張處長來電話云：前方聯絡業務，已派袁參謀來接你的業務，你火速回部另有任務。我遵命趕回總部，（按：此時總部仍在火車廂中辦公，車停在距南湖不遠余家灣一個小站），張處長面諭：派你去漢口日租界某處，找到龔先生，自然會得到情報。我說：我年輕無知，難以應付敵人勢力下之惡劣環境。張說：你隨我有年，知你處事精細，有應變智慧，足可擔負此項任務。我即更換便衣，隨同業已僱好的嚮導，偷渡長江，當時浪大船小，顛簸危險，到達彼岸，即有劉佐龍警戒部隊向我盤問。我知道他們暗中投降，不怕他們盤問，我都扯謊對付裕如，通過步哨進入漢陽。嚮導就在漢陽親戚家中等我，我獨自尋到漢口日租界，找到了龔先生，想不到他是福建東路討賊軍第四旅旅長龔豪伯先生，是我的老長官。他見到我，非常高興，我說明來意，龔說：我已接到電報，知道你來，特此等候，蒙其引入密室暢談：吳佩孚帶兵南下，親往賀勝橋督戰失敗後，現又集合殘部從新布署情形，均已寫好，請你妥為帶回，用藥水塗上即可現出字跡。我接過來一閱，乃是一封普通家書，並無別的字跡。他又說：你們處長知道，會用藥水浸濕即可現出字跡。

他說：現已下午九時，江面戒嚴，無法偷渡，他想得週到，恐我寄居旅館，要被軍警盤查，為免洩露起見，他約了幾位老友，請我去到一家堂子裡，吃花酒、打麻將，打到天亮吃好早點，我即趕返漢陽，找到原來嚮導，跑了不少迂迴路程，仍舊偷渡滸返余家灣總部，張處長知道用藥水塗上，果見字跡顯出，抄錄如左：

三八、吳佩孚敗後情報

賀勝橋之役，吳佩孚敗後，倉皇逃回漢口之查家墩司令部，糾合殘部，希圖固守武漢三鎮，待大軍集中，乃以劉玉春之第八師，吳俊卿之第三師，鄂軍第一師之一營，第廿五師之一團，第一旅之一部為武昌守備軍。劉玉春為總司令，吳俊卿為副司令。高汝相之第十四、第十五兩混成旅，為漢夏守備軍，高汝相為總司令。葉開鑫之湘軍，及婁雲鵬旅之一部為上游守備軍。馬濟之武衛軍、任應岐之第十師為下游守備軍。劉佐龍之鄂軍第二師，閻曰仁之河南第二師為襄河守備軍。王獻臣之河南游擊隊，張占鰲之第十三混成旅，為狙擊隊。並令陳嘉謨為武漢防禦籌備總司令。已則坐鎮漢口調度，由北南下之援軍，利用夜間率領新到部隊渡江協助武昌城之防守。

三九、督攻武昌城計劃

九月三日晚，我們總司令仍在余家灣車站附近，得悉第七軍之第一路，已佔領鄂城葛店。第一軍第二師已佔領大軍山，第四師已佔領金口，第一師已佔領蔡甸。第一軍第二師之一團已佔領青口。第七軍（缺第一路）、第四軍及第一軍之第二師是日晨攻城未下，圍繞武昌城與敵相峙，為第二次攻城作準備。

總司令乘武昌之敵，防守未固，志氣沮喪之際，決心於五日午前三時開始攻城。當即召集前敵重要將領面授機宜，頒發改城計劃，其概要如左：

（一）攻城軍以第七軍軍長李宗仁為司令官，第四軍代軍長陳可鈺為副司令官。

（二）攻城軍之各師擔任攻城區域如左：第二師自忠孝門至武勝門附近（含忠孝門）。第十師自賓陽門至忠孝門，（含賓陽門）。第十二師缺一團自通相門至賓陽門，（含通相門）。第七軍缺一路自中和門經望山門，以迄江邊。第十師之一團位置於洪山附近為預備隊。

（三）各地區軍隊之最高級長官，即為該地區之攻城指揮官。

茲錄當時攻城軍高級指揮官姓名及位置如左：

前敵總指揮　唐生智　住南湖文科大學

攻城司令官　李宗仁　住相公廟

第二師師長　劉峙　住姚家嶺

第十師師長　陳銘樞　住大東門外東岳廟

第十二師長　張發奎　住通湖門附近

第七軍第二路指揮官　胡宗鐸　住八步街寶善堂

右翼砲兵指揮官　住洪山

左翼砲兵指揮官　住武建營

九月四日我隨總司令到達洪山督戰。接到各方報告云：小龜山炮兵於武建營附近陣地向武昌城南炮擊。第十二師卅六團之奮勇隊，由劉家灣西端涉過護城河架梯登城，推進隊至劉家灣東端地區，一面以火力掩護登城，一面奮勇攀登，敵砲火異常猛烈，我們梯子不及城高，至四時卅分，未能達到登城目的。

獨立團之奮勇隊，潛至城脚，掛梯數具，官兵十餘人相繼登梯。敵機關槍、手槍、手榴彈等驟降如雨。登梯官兵全部死難，但各官兵仍再接再厲，奮勇隊之第一營死傷強半，乃又以第二營之四、五兩連，繼續增援。敵火猛烈，徒然犧牲，登城仍無成功之望。

第十師各團竭力接近城垜，奮勇攜梯至離城腳十餘米達處，敵手榴彈、火藥包同時並下，城之凸出部，向我側射，梯子僅靠城垣，我奮勇隊，已死過半。

第七軍第十四團之一部，利用民房屋頂再架梯登城，敵人事先注射煤油於民房，見我兵登梯，紛紛擲下火藥包及爆發罐等引火之物，立時火燄四起。該團因阻於火不能攀登城垣，又不能轉赴武昌門，只得沿保安門城腳，潛至中和門與十五團會合。

第七軍之十五團奮勇隊接近城腳，敵用機關槍向我掃射，同時民房起火，依然不能登城。

我第二師進至距武勝門約三四十米達處，敵因居高臨下，用多數機關槍、手榴彈、火藥包向我猛射猛擲，我們炮火因距離過遠，效力甚微，不能壓倒敵人。

我第六團，進至忠孝門，在紫金山之前激戰二小時左右，敵焚燒武勝門外民房，火勢極猛亦不能前進。

總司令聆悉全盤狀況，攻城各部隊，均未得手，且傷亡甚重，決定暫停攻擊，利用薄暮，令各部隊陸續退出危險界。只留警戒部隊，蟄伏原地稍避敵火，嚴密監視突圍之舉。

九月六日我航空處，進駐武昌南湖文科大學，次日擇定大學西南農田一段建設機場。

八日我戰鬥飛機中山二號，由長沙飛來赴武昌偵察敵情。

十日奉總司令命令，派飛機翺翔於武昌城，投擲勸敵投降傳單，及限期商民出城，免受轟炸之種種宣傳品，十二日飛機開始轟炸守城敵軍。

十五日戰鬥飛機中山五號，亦由廣州出發來漢。

廿日兩機同時出發，各攜大炸彈，炸燬敵之無線電台。自是之後，兩機每日循環轟炸敵軍陣地四五次，卒將蛇山砲壘及陳嘉謨、劉玉春等司令部機關相繼破壞。

四〇、挖坑道實施炸城

九月八日，本校入伍生工兵營長廖士翹，率部來武昌南湖。攻城軍司令，因武昌城堅固，兩次攻城，未能奏功，決心挖地下坑道，實施炸城。工兵營長廖士翹便隨同工兵指揮官王戈至賓陽門、通湘門一帶偵察地形，計劃工事。決定進攻路線兩條，一由洪山街南側民房穿孔前進，直達賓陽門，由洪山街南側約二三百米達之凹地，經白骨塔至賓陽門南側之凸出部。此路預定四日完成，第一日由陣地東端開始作業、利用地形，先掘交通壕，夜間進迫城溝，施以掩蓋，以為坑道入口，第四日夜掘至城根。

九日午後三時工兵營全部，先移駐洪山街之東岳廟。是夜兩路同時開始作業，掘成交通壕，約六十公尺。

十日夜以兩連掘交通壕，約掘五十公尺，一連穿鑿牆壁，約穿一百餘公尺。壕深積水，無法使用。

十一日因工兵營之入伍生作業力不大，未能依照預定計劃兩路同時進行。又恐過於遲延，為敵發覺，出而阻撓。乃決將由洪山南側凹地至賓陽門南側凸出部之一路，暫行停築，專築利用房屋之一路。並令第一軍第二師，挑選奮勇隊，每團二十人，以備攜帶炸藥進入城門洞內轟炸，各團迅速準備，俟攻城炸藥爆發，即攻擊前進。工兵營之入伍生，自告奮勇，願運炸藥者卅人之眾，本夜第二軍工兵隊到達洪山。

十二日工兵營，以一連掘坑，利用房屋隱蔽鑿成交通壕。二連在賓陽門北側狙擊砲及機關槍掩體內工作，並指導第四軍步兵之作業，以使照計劃完成作業，炸毀城門。我第二師預定午後六時，俟攻城火藥爆發後，各部隊即攻擊前進。但因工兵作業，為敵人妨害，未得實行攻擊。

四一、建議改造鐵殼車

武昌城外余家灣車站，是我總司令臨時指揮所在地。蔣總司令食宿辦公，均在火車車廂裡，我等亦在車內食宿辦公，我部隊進攻武昌城槍砲聲，清晰可聞，大家均知我攻城軍傷亡頗重，各人心裡均感沉重。目前用盡各種方法，由空中、地面、地下三方面逼迫，均難獲有效進展，令人非常憂慮。我在地圖上研究，發現武昌鐵路，是環繞武昌城外有半個弧形，接進城牆地區，如能利用江西萍鄉裝煤車廂，再加一層鐵板，內疊沙包，做成機槍掩體，與城牆高度相等，即可與城上守兵對峙，以甲車上之火力，壓倒城上守兵，掩護部隊攻城。但是攻城部隊，每個官兵除武器外，必要攜帶土囊一包，利用鐵甲車掩護前進，先將城壕填滿，再將土囊包集中城腳，疊成斜面階梯模樣，士兵即可利用新階梯衝進城內。當即繪圖，寫好簽呈，說明利用方法，先呈張定璠處長閱後，他認為可行，再呈總司令看了，亦非常欣賞。連說：好吧！好吧！當時由徐文明參謀代總司令寫了一紙命令，請總司令蓋章後交給我看（徐文明現在臺灣）。原文如左：

（一）茲派本部參謀帥鏞辦理鐵甲車（我原名帥鏞號學富）。

（二）需用人員本部八大處任憑調用。
（三）需用款項由軍需處發給。
（四）需用車輛由軍車管理處照撥（按：當時軍車管理處長劉文島現在臺灣任立法委員）。

總司令　蔣中正　十五年九月六日

我奉到這紙手令，當即先返長沙，晉謁本部交通處長陸福廷（他兼行營主任）我說明來意，並將總司令手令呈閱，他看後問我？要用好多錢，我答：現在尚未計算，請問主任！長沙有無兵工廠？他答有的。我說：先調用該廠工程司一人來部，照我構想繪圖設計，計算材料與工時，再請副官處借用二人採購材料，由本部軍需處派一人，替我管錢，有此四人足可應付。將來施工，需用工人，均由工程司向兵工廠調用，尤其管理監督施工較為便利。陸福廷說，你的構想很好，我叫人替你安排，調用人員聽你指揮，我當即取回總司令手令，再到長沙火車站，見到劉文島先生，說明來意，並將總司令手令呈閱，劉問我要好多煤廂？我答：要三十個煤車廂，辦公車廂一個，火車頭貳個，他答應照辦，結果撥來煤車廿四輛，辦公車廂一輛，火車頭貳個由我使用。我返回總部，果見兵工廠派來姓吳的工程司與我商談，我將要做鐵甲車的用途與構想，並將自繪草圖，如何裝疊沙包與機關槍掩體，請他設計，需要好多鋼板與麻袋，請他精確計算，開單送來批交副官採購。需用工人均由兵工廠調用，仍請貴工程司指揮施工，但是我希望工人越多越好，施工愈快愈妙。吳工程司說：如在長沙施工，煤車加高後，就不能通過汨羅鐵橋，應在長沙購好材料，裝往紙坊車站施工，我同意他的建議，請他漏夜計算，明晨務要開單送來。翌晨吳工程司送來材料單，批交副官處派人火速照單採購，所需款項請他要來發票批交軍需處照發，當由副官處派來兩位副官，有一位姓熊的副官，請他向軍需處預支一筆款項，帶往紙坊準備工人伙食費，及僱工搬運沙包費用。

九月九日，全部工作人員，以及鋼板、蔴包、工具已到達紙坊車站，並在當地找好房屋，安頓工作人員，由工程司將工人分做兩班，日夜輪流施工，並在當地僱了很多民工，挖沙土，裝沙包、搬運至車站，以待煤車加工後，搬上煤車疊成槍砲掩體，於九月十五日完工，我用電報報告總司令請示，十六日奉總司令覆電云：將甲車移交攻城軍司令陳可鈺接收使用，速回高安總部（此時總司令已去江西督戰）。次日陳可鈺派部隊，手持公文前來接車，我移交完畢，適逢第一軍第二師奉命乘火車入贛作戰，車過紙坊，我即上車晉謁師長劉經公老師。又逢該師軍需處長黃在璣亦在車中。黃是江西貴溪人，他是保定輜科畢業，曾做過我們副營長，是老長官，在此見面格外親切。我要求師長准我全部工人搭此火車返長沙，蒙其允許。上車後談談武昌攻城狀況，並不寂寞，返抵長沙，仍向行營主任陸福廷報告建造殼車經過與移交陳可鈺軍長使用，及本人奉命入贛情形。我在長沙休息一週，監督熊副官向軍需處結帳，了清報銷手續，即乘火車前往萍鄉。再步行，於十月二日始抵高安天主堂，晉謁參謀處長張定璠，面稟甲車造竣，遵命移交陳可鈺接收情形；張便令我晉謁蔣總司令稟報結案。

四二、打援軍決策攻贛

江西，是廣東的屏障，南昌，是進軍京滬的跳板，所以這是北伐進軍過程中，必須掠取的要地。北伐軍入贛之初，原擬對贛暫取監視姿勢，若敵情無變，俟佔領武漢後，始再進取贛省。旋以吾軍入湘之後，勢如破竹，前敵各軍，長驅而過長岳，正與大敵吳佩孚，鏖戰於湘、鄂交界地，決最後勝負。而蘇之孫傳芳，卻大舉援贛。察其企圖，且將自贛犯湘，危我後方聯絡線，使北伐之師，首尾不能相顧。其形勢極為嚴重。究其影響所及，將使我北伐軍，功敗垂成。我軍見其關係甚鉅，乃決心於一面進攻武漢之際，分兵進攻贛省，摧破東南方面之軍閥。當時孫傳芳在軍閥中的聲望，僅次於吳佩孚；可是他的勢力，卻集中在閩、浙、皖、贛、蘇五省的地區，人數總在二十萬以上，部眾強悍善戰，甚至超過了吳佩孚的直系軍。在北伐初期，粵漢路作戰的時候，他狡猾的坐看敵我雙方苦戰，想要便宜的獲得「鷸蚌相爭，漁翁得利」的好處。他更相信自己所部二十五萬精銳，決不難阻住革命軍的前途。等到吳佩孚的軍隊節節敗退，向他求援，北方的軍閥，也急急請他出兵助戰的時候，他才從幻夢中醒來，集中部隊，企圖進襲革命軍側背，由九江溯江西上，解救武昌的圍困。可是這些行動，終給我總司令洞燭機先，予以粉碎了。

總司令為發揚革命勢力，鞏固我後方連絡線，蓋其勢有不可或緩之急，乃決心攻贛，部署如左：

（一）贛西方面：以第三軍出萍鄉，佔宜春，以第二軍出蓮花，佔吉安，會攻樟樹，進取南昌。此時中央軍，應以第六軍出修水、武寧，截南潯鐵路，斷敵歸路。

（二）贛南方面：以第五軍之四十六團出上猶，以第二軍之第五師出大庾，以賴世璜之獨立第一師，出雩都，合取贛州。攻贛州各部隊，未得贛州前，歸李總參謀長指揮，贛州攻下後，第五師歸還建制，統受朱總指揮調遣。

（三）武漢方面：令第六軍自咸寧折回通城，攻取修水，第一軍之第一師王俊部，由瀏陽攻銅鼓，均於九月二日到達指定地點集中後，準備攻擊當面之敵。

當我軍入贛進展時，孫傳芳之援贛軍，雲集九江，似有斜出鄂境，擾我中央軍側背之企圖。我總司令乃加調中央軍之右縱隊第七軍李宗仁部，於九月十三日，集中大冶，即向陽新前進，準備進攻九江之敵，我第一軍之第一師王俊部，已於九月初旬入贛作戰，現在奉新附近。

自我軍對贛作戰以來，總司令蔣公，尚在湘、鄂前線督戰，遙領入贛軍之作戰部隊。我入贛各軍節節勝利，進展甚速。十餘日間，已迫近南昌，而孫傳芳援贛益急。孫氏於九月初，親到九江觀察形勢，旋即增調援軍，傾蘇、皖、浙三省之師，大集於南潯路。

我軍因為最後勝利關係於全局。我總司令，乃以對武漢三鎮之進取方略用於前線各軍。自己由鄂境李家橋折回長沙，轉入贛省督師。於九月十九日，蒞萍鄉調度一切，廿二日抵宣風市，二十三日，進駐宜春，二十六日，進駐新喻。自是親赴前線督戰，前方將士、聞總司令親來督戰，勇氣十倍。

我們回師攻贛的先遣軍，是以第二第三第六等軍，及賴世璜之獨立第一師（此時改為第十四軍）編成四路軍攻贛，而孫逆的部隊，卻組成了六路軍，來對抗革命軍，在兵員對比上，革命軍依然是處於劣勢。可是，總司令對於兵員數字的優劣，始終認定可以精神來平衡。何況軍事上，是以寡敵眾，在政治上是以眾擊寡。因此，斷然在九月三日下令向江西進攻。不到一月，就攻克贛州，佔領萍鄉，克復宜春，接著連克修水、新喻、銅鼓、安福、高安，掌握了南昌外圍據點。在掃蕩贛江西岸敵人的時候，更贏得方本人部加入革命軍。所以不到一月，就擊潰了贛西和贛南的敵軍，使敵重心所在的南潯路，也因北伐軍的快速推進，感到非常驚恐。

四三、佔南昌得而復失

先是敵軍楊震東旅，被我第一師擊破於銅鼓，退至奉新附近，復遭我第六軍截擊，損失殆盡。我第六軍十九師及第一師，乘勝向南昌挺進，遂於九月十九日攻克南昌。當時敵軍孫傳芳的前敵司令部，設在九江，是準備要去救援武昌，聽說南昌失守消息，乃急急由南潯鐵路運輸增援部隊，向南昌城反撲。同時孫也指揮樟樹敵軍鄧如琢派精銳部隊，向南昌夾擊我革命軍，企圖奪回南昌城。

這時候的革命軍，只有十九師佔領南昌城，我第十七師及第一師主力，尚未到達對岸牛行車站，坐使敵人得到鐵路運輸之便利，容易增援。迨至二十日晚，第一師只有二營到達牛行車站。第六軍長程潛，接到此項報告，甚為驚駭。二十一日第一師之兩營開始攻擊，敵人頑強抵抗，勢已不支，第十七師午後增援，並加派十九師之一部於二十二日，繼續攻擊，上午頗為得手。正將敵人繳除槍械數百，俘虜二百餘名，不料下午敵人增加軍隊極眾，我軍遂至失利，各部退至生米街。樟樹敵軍鄧如琢部，由豐城反攻，二十三日晚，已達萬河。而我第一師主力則遠隔在長埠附近，我十七師及十九師之一部及第一師之一部，已於前一日晚失利，向生米街退卻。程軍長與十九師之一部，孤軍陷於重圍。二十三日晨，程軍長遂率所部，向萬河猛進，午前九時全部陷於包圍，程軍長得到當地民眾的協助，引導衝出重圍。於二十四日午後，始得渡河。十九師官兵，雖然勇猛異常，然寡不敵眾，少數被敵擊死，大部分向南昌東北衝出。我軍隊陣亡以外，絕無棄槍投降之事，可謂為革命政治工作之一大成效。此乃南昌得而復失之實在情形。

此為我革命軍，出師以來，第一次引退，所幸士氣不為沮喪。且因此，而益加振奮，遂能收最後勝利之果。

四四、領袖督戰險不測

九月二十三日，總司令到了宜春。綜合各方面的情報，當即策定了南昌二次會戰的作戰計劃，重點指向南昌城。各部隊，奉命開始行動，經過十三天的血戰，在十月十日的早晨，也就是革命軍在湖北光復武昌的當天，再度將南昌圍困起來。

在戰鬥劇烈進行中，總司令親赴牛行前線督戰，向南昌總攻。是夜城內敵人，約有百餘之眾，從南昌水門水閘中衝出來，適我總司令巡視至此，敵人突如其來的衝殺，我蔣總司令幾乎為敵所乘，幸我總司令會從容不迫，指揮隨從衛隊，用手提機關槍，向來敵掃射，終將來犯之敵，全都擊斃於城下。是夜敵我激戰到十三日早晨，我軍陣亡團長三人，（文志文、張漢章、廖新甲），傷亡官兵數百人。因為敵人縱火焚燒城外居民房屋，我軍不准任何人前往救火，否則必遭城上敵兵掃射。因此火勢之大，連燒三日三夜，迫使我南昌的民眾，籲請革命軍，暫時撤圍，否則城外居民房屋，立成灰燼。

我革命軍，是為民除害的軍隊，不能帶給民眾的災害，北伐出師宣言中，早已宣告：「國民革命軍，為民國全體所有的軍隊，尊重民意，服從民命，以人民為基礎，不讓戰火毀傷了我們效忠革命軍，而手無寸鐵的民眾，同時作戰勝敗，不在一城一鎮之得失，而在對敵人之野戰軍的擊滅。」

所以，總司令便在當天下午，決定變更戰略。下令暫撤南昌的圍困，這是依循民眾請求的撤圍，深深贏得民眾的讚譽和敬愛，軍民也因此凝結成為更堅強的一體。

四五、再策劃南潯會戰

我總司令，循南昌民眾的請求，撤退圍攻南昌城的部隊，回到高安總司令部，重行策定戰略，而求殲滅孫傳芳主力於南潯路，正是目標原則，極致的發揮。

我軍業已克復武昌，可抽調大部兵力來贛作戰，迅以全力消滅孫傳芳援贛兵力。如此，匪特全贛可以肅清，即東南各省，亦可傳檄而定。但在準備期間，必先殲滅撫州方面之敵，使南昌之敵，陷於凝滯狀態，然後我主力軍，方有準備作戰之餘暇。基此計劃而定作戰方略如左：

1、我軍為肅清江西完成第二期作戰計劃，以主力集中於南潯鐵路以西之地區，整頓待援。繼續向南潯鐵路之敵主力攻擊，並以一部，先肅清撫州之敵。

2、南潯方面敵情為：孫傳芳援贛部隊之第二方面軍及第三、第五方面軍，均轉移贛北作戰。併有總預備隊四個混成旅，共約三萬五千餘人。除在牛行構築工事外，一部在九江，一部在德安涂家埠各站附近佔領陣地。其南昌方面，有張鳳岐、唐福山、岳思寅等殘部約七千人，該部經我軍圍攻三晝夜，損失頗鉅，但仍盤據南昌城，有固守模樣。至撫州進賢方面為蔣鎮臣、楊池生、楊如軒、謝文炳、陳修爵等殘部及劉寶題部約一萬三千人，屢經挫敗，無力應戰。基於上述判斷，我軍應以主力擊破南潯鐵路之主力，則南昌城之敵，不攻自破矣。

3、電調生力軍參加作戰：我軍撤圍後，一面令各軍暫取守勢，同時電調圍攻武昌之第四軍入贛助戰，以第八軍之一部抵其缺，對付武穴、田家鎮方面之敵，並由第八軍抽調兵力三團，協同劉軍長所派駐黃州部隊，集中黃州候令。十六日又電唐總指揮及第四軍陳軍長略云：第四軍應即撤防，由第八軍派兵接替，火速開赴大冶，不必顧慮興國之敵，經由捷路集中武寧候命，務在卅一日集中完畢。同日又電獨立第二師賀耀祖部，務於二十三日以前集中武寧，聽李軍長指揮，其已達修水之一旅，著先開赴箬溪擔任警戒，以便第七軍稍事整頓。又電第四、第五兩補充團，限二十五日以前到達高安，至是整頓調遣就緒。

南潯路會戰前之軍隊區分：

左翼軍指揮官李宗仁，轄第四、第七兩軍及獨立第二師。

右翼軍指揮官朱培德，轄第二、第三軍及第十四軍及第五軍之四十六團。

中央軍指揮官程潛，轄第一、第六軍及砲兵團及航空戰鬥飛機三架。

輸誠部隊之建議

十月廿七日接唐生智、陳可鈺廿一日電報轉述現擬輸誠之浙軍周鳳岐所派參謀樊松甫之建議應敵計劃要旨如左：

（一）盧香亭為敵主幹，以全力控制涂家埠，顏景宗控制建昌約二萬五千人，吳城為該敵兵站基地，如將該部擊破，則全局瓦解。
（二）南昌鄭俊彥亦為敵主力之所在，恃有堅城，宜監視之。
（三）鄧、蔣諸部集結撫州，恃有資源，亦宜暫行牽制。
（四）陳調元據瑞昌、范家鋪、武穴各處，決不為孫逆出死力，亦以牽制為宜。
（五）南昌地屬平原，攻守均不易；德安四面高山，攻易守難；九江四面均湖，敵兵站設此。
（六）敵方計劃，在鐵路沿線集中兵力，使我抵連絡線時，方出擊。如我軍攻德安時，冀圖陳光祖退永修，與顏景宗會合反攻。
（七）我第七軍攻德安時，蘇浙軍預備響應，十三日晚準備全數在星子渡湖回浙，並電夏超獨立，嗣因德安收復，孫傳芳即調周師來潯，並以己軍牽制。致電已拍發而浙軍為孫所阻，內外隔絕。現浙軍既在南京、浙江響應，希望我軍迅速出動。並約定我軍，如攻德安陳光組部，周師放空槍樹黑白旗（上白下黑三尺見方）為響應記號，駐潯浙軍亦樹同樣旗幟為標記。
（八）我軍對敵應取如左計劃：
甲、對涂家埠、建昌之敵，須以主力分數路圍攻之。
乙、對南昌取監視，對撫州取牽制。

丙、對瑞昌、武穴不必強攻，先用支隊向皖省擾亂，陳調元必藉詞撤退。

丁、對德安連絡陳光祖即下九江封鎖湖口。

蔣總司令以右所陳各節，亦多可採，著參謀處留存備查，但仍照原定計劃實施，庶收獨斷專行之效，乃分電各軍師，授以方略云：

（一）據守南潯鐵路沿線之敵，為孫傳芳之主力，南昌之敵為唐福山、張鳳岐、岳思寅等部，自我軍十三日晚解南昌城圍及對南潯鐵路停止攻擊後，敵情無甚變動。瑞昌有陳調元之第五方面軍，撫州方面為劉寶題、蔣鎮臣及兩楊殘部，我十四軍及第二軍之大部十七日已向撫州攻擊前進。

（二）第七軍現在若溪，第六軍開赴安義，第一軍集結奉新，第三軍現在招山，第二軍以一部在豐城對南昌監視，擬俟第四軍及賀師來到後，即開始攻擊。

（三）攻擊部署，以第四、第七兩軍及賀師為左翼軍，歸李宗仁指揮，主力進攻德安，以一部牽制建昌涂家埠之敵。第六軍為中央軍進攻樂化。第二、第三、第十四軍為右翼軍，歸朱培德指揮。第三軍為左縱隊攻擊牛行之敵。第二軍、第十四軍為右縱隊，在贛河東岸作戰。

（四）對南潯路，擬於二十八日開始總攻，第四軍應取捷路赴若溪，先頭部隊務於二十八日以前到達，對瑞昌之敵幸勿惹起局部戰鬥為要。李師及十五軍之一旅，將兵集結北岸，於二十八日向武穴之敵攻擊，佔領武穴後，迅向九江對岸前進，務要牽制九江之敵，使其不退向北岸，及南下增援。

二十八日我第四軍集中武寧完畢，獨立第二師已先期集中該處待命，蔣總司令乃頒發總攻擊訓令。其部署大略以第四軍、第七軍、獨立第二師攻德安，第六軍攻樂化，如攻擊奏效後，夾擊涂家埠，第三軍以一部牽制牛行之敵，主力由蛟橋進攻牛行敵之右後。第二軍、第十四軍以一部追擊向東鄉潰退之敵。主力向謝埠市、卿家埠之線進攻南昌，廿九日各部咸遵命令發動，驅逐當面之敵，到達準備位置。

四六、南潯消滅孫傳芳

南潯路會戰，準備就緒，我總司令部三位首長亦分別親往各路軍督戰，白參謀長往德安左翼軍李宗仁處督戰，俄顧問加倫將軍，親往牛行右翼軍朱培德處督戰，我隨蔣總司令親往樂化中央軍程潛處督戰。

我總司令三日上午六時，由奉新縣天主堂出發，到達樂化車站西面數里之小村莊宿營，是夜八時左右，總司令忽然對我說：帥參謀！你打一個電話給第二師劉師長，要他們明晨四時吃飯，五時開始攻擊，要以一個師由蘆坑東方地區，向鐵路繞攻敵之左翼，如佔領樂化，即沿鐵路東側地區追擊。另選最有把握的一個師做預備隊，他決定後，再用電話報告我。我當即搖電話給劉經公老師云：奉總司令面諭：貴軍於明晨四時吃飯，五時開始攻擊，挑選最有把握的一個師做預備隊，以一個師於五時開始，由蘆坑東方地區，向鐵路以東地區前進，繞攻敵之左翼。如佔領樂化，即沿鐵路東側地區追擊，你決定以後，請你再打一個電話給我，以憑轉報總司令云云。不久劉經公老師來電話云：以第二師做預備隊，以第一師由蘆坑東方地區向鐵路以東攻擊前進。請你轉報總司令云云。

翌晨，天尚未亮，總司令坐轎，我騎白馬跟隨總司令黑夜前進，又不知樂化車站在何方面，總司令指示轎伕朝向槍聲激烈處前進，我們越走越近，時有流彈斯斯聲音擦轎而過，我為總司令安全計，即拍馬超前攔往坐轎報告云：請總司令在此稍候，待我前往陣地，找到程軍長指揮所，再來引你前去如何？總司令說：不要緊，我們朝向槍聲之處前進。總司令膽大，使我實在躭憂，只好跟他前進。待我們到達樂化車站時，敵人退走，我軍亦已追擊前進，此時天也大亮，看見敵軍死屍多具。並在樂化車站巡視一番後，總司令要回昨夜臨時司令部，命我留在樂化車站，專收各軍送給總司令的報告，收到即可拆閱，再用電話報告總司令。以免躭誤時機。

總司令及隨員都回去了，只留下兩個電話兵，替我架設電話，是利用第三軍的電話線，如果朱培德與總司令通電話，我也聽得清楚。

是日我接得程潛長戰鬥報告，拆閱後即用電話報告，是處長張定瑶接的電話，其原文云：十一月四日拂曉我軍準備攻擊，敵亦向我反攻，戰鬥甚烈，敵由涂家埠增加有偽裝之鐵甲車上架野砲機關槍多門，以猛烈火力向我陣地猛攻，我第一線各部隊傷亡甚多，我軍極力扼止，且得安峰尖一部之瞰射，敵不得逞，適逢我總預備隊第一師由蘆坑東方地區前進，繞攻敵之左翼，第十七師、第十九師同時猛烈攻擊，敵始不支，向樂化方面潰退。第一師即沿鐵路東側地區追擊前進，第十九師先遣追擊隊長胡文斗率兵五連，亦由鐵道以西，經樵石港、郭新棧、大長嶺一線行包圍追擊，並繞至敵退路之先頭。其餘部隊及第十七師，沿鐵路西側道路向涂家埠猛烈追擊前進，連克樂化、桃花嶺各陣地。午後三時，敵放棄鐵道線，由雷子崗向羅家莊、金增橋、大塘方面潰退。

十一月五日，我據當地土人說：我革命軍已克復了涂家埠，奪來大砲、軍需品、麵米甚多，革命軍向吳城追擊去了。正想將此情報用電話報告總司令，拿起電話一聽，不料朱軍長正與總司令在說話，我聽朱軍長說：敵人由牌樓裘家增加生力軍一旅之眾，向我左翼十九團陣地壓迫。我預備隊，業已用盡，誠恐十九團陣地，支持不住，影響總司令現駐地之安全，請總司令派出警戒，保衛自己等語。當時總司令說：我即刻派警衛團全部出動，跑來增援你們十九團陣地。朱軍長又說：總司令安全要緊，我不能用警衛團兵力，我寧可另想辦法。總司令又說；我警衛團戰鬥力很強，你放心使用，定能發揮戰鬥威力，我的安全，你不必擔心云。待他們說話完畢，我即接著報告總司令說：據當地土人說：我革命軍已打下涂家埠，並說涂家埠車站堆了好多麵粉，都為革命軍所有。當時總司令說：你寫個命令，要白參謀長抽調四團兵力漏夜趕來牛行，增援右翼軍。當時我奉到總司令的話，放下電話感到為難，寫命令沒有總司令官印，白參謀長是我的長官，命令如何下達，只好這樣寫「奉總司令電諭，敬請鈞座抽調步兵四團，漏夜趕來牛行，增援右翼軍，火速！火速！謹呈參謀長白，職帥鏞上十一月五日△時。」將信封好，僱了一位土人，我對他說：先付你兩塊大洋，請將這封信，用跑步趕快送去涂家埠，交白參謀長收，凡是革命軍都知道這位白參謀長，如果此信很快收到，白先生還有重賞，土人接了信，很高興跑走了。

我右翼軍十九團陣地，距我樂化車站不遠，他們動態，均能清晰看到。不久果見十九團官兵後撤，正在危急之際，我看警衛團，上了刺刀衝殺前進，與敵人肉搏達一小時，始將敵人擊退，奪回我十九團原來陣地。我將警衛團戰鬥狀況，隨時報告總司令，總司令聞說警衛團勇敢善戰，奪回十九團陣地，不勝欣慰。

我警衛團，自加入第三軍左翼陣地，與敵對峙，無法撤回，我警衛團營長王世和、丁炳權二人，要我打電話報告總司令，派兵接替他們陣地。我說：請你苦撐一時，也許明晨即有大隊人馬前來接替。我不敢說：第三軍預備隊，業已用盡，無兵接替，以免動搖軍心。

此時總司令部，等於唱空城計。總司令部整個安全，要靠我在前方觀察敵情，與戰鬥狀況，隨時報告總司令定奪，我等於總司令部前哨兵了。忽接參謀處長張定璠的電話云，要我探聽白參謀長何時到達樂化，即刻報告總司令，總司令即來樂化車站，要與白參謀長晤面云。

六日白參謀長，果率第七軍陶旅、第六軍第十七、十八兩團共四團，當晚到達樂化車站，我總司令亦親來樂化車站與白參謀長晤面後，準備七日拂曉向牛行之敵攻擊，歸右翼軍朱總指揮調遣。不料是夜十二時，敵人全部退卻，朱總指揮，即委白崇禧為追擊指揮官，率第二軍第六師、第三軍第八師、第七軍第一旅各部追擊前進，以第二軍第六師先行渡河，為先遣追擊隊，向徐槎、餘干方面追擊前進，第三軍第八師及第七軍第一旅先後渡河，繼續前進。七日午後七時進至距南昌卅里之沈口，八日向徐槎前進。敵之蘇軍及唐福山兩殘部，已無戰鬥能力，即被我第七軍第一旅及第三軍第二十六團，在徐槎附近完全繳械。是時敵主力李、王、楊三軍尚退至馬口墟，白指揮官即命陶旅跟蹤追擊。午前十時與敵在馬口墟附近激戰四小時，敵因馬口墟通餘干之橋樑被潰兵擁擠折斷，無路可退，遂完全繳械。是役共俘敵軍長李彥清、王良田、楊庚和等官兵貳萬餘員名、步槍八千餘支、野砲六門、迫擊砲十三門、水冷式機關槍廿六挺、子彈一百餘萬顆、輜重馬匹無數，是時我警衛團長金佛莊，亦率所部進至贏上，齊向南昌進發。

南昌之敵，尚有蔣鎮臣、唐福山之一部，已豎白旗，請求編歸我十一軍方本仁。除由朱總指揮令飭南昌城內輸誠之敵開往七里舖外，並派第六軍及第三軍嚴密監視。

四七、奉命先入南昌城

六日我仍在樂化車站，總司令親來與白參謀長晤面後，仍回總部行營。是夜十時起，敵人槍聲非常激烈，至十二時後即無槍聲。我判斷敵人後撤，當即電話報告參謀處長張定璠。張云：已接到朱總指揮電話云：敵人業已後撤渡河，向餘干方面退去。白參謀長，已率隊追擊去了。又說：你不必回總部，明晨你隨第三軍沿鐵路向南昌前進，至牛行車站等我們。

翌晨我囑電話兵收回電線，沿鐵路向牛行車站前進，上午九時抵牛行車站，朱總指揮業已先到，並悉總司令快來，我即先行渡河至南昌城腳，抬頭仰望，城上仍是北洋軍閥守兵，豎了白旗，表示投降，見我並無惡意，我仰起頭大聲疾呼：你們有官長沒有？城上守兵答：有！我說：請你們官長來講話，不久果見城上有十餘手槍兵，擁出一位將官，兩撇仁丹鬍鬚，真是軍閥派頭。我說：你們既願投降，為什麼不開城門，迎接我總司令入城？那位軍閥問我：你是什麼人？我答：我是革命軍總司令部參謀，你們有什麼話，可向我說，我可將你們的意見轉呈蔣總司令。那位軍閥即自我介紹：我名叫白兆琮，是聯軍的參議，我與你們白參謀長，是保定同學，我們已歸向方本仁軍長了，我們願聽方軍長的命令，云云。我答：我會將你們的意見報告蔣總司令，我希望你們好好維持秩序，聽候上級命令改編吧！當時我回到牛行車站，見到前敵總指揮朱培德，此時我總司令仍未到站，我將與敵軍白兆琮談話經過報告了。我又建議：此時方本仁不在此處，你以總指揮名分下達命令，要他退出南昌城。朱總指揮說：要他們退到何處好？當時朱部參謀蘇令德，他即拿出地圖和我一起研究，蘇云：命他們集中七里舖，待命改編。此地附近有七女湖，三面是水，先布置重兵監視他們，不怕他們逃跑了。朱總指揮接受我倆的建議，即以前敵總指揮名義下達命令。送出不久，我們總司令及總部人員都到了，就以牛行車站作為總部行營。朱總指揮命令去了一天，未見城內有何表示，等到夜晚，敵軍將城內商會會長，用籮筐自城上吊下，來到牛行車站接洽投降事宜，因我未參加，不知談話內容。深夜我奉參謀處長命令，要我率領補充第四團步兵一營，於明晨五時由章江門進城，佔領督軍署，不准任何軍隊進入駐紮，尤其要保存署內所存軍用地圖，其次要將南昌城內所有報館，一律封閉。並依照他開列名單，所列附逆之劉唐、李定奎等十餘人，捉拿解部審問，是夜我宿牛行車站。翌晨，補充團長蔣先雲集合步兵一營來牛行車站，當時面諭該營長聽我使用，余率該營進抵章江門外。因城門未開，無法進入，而城上亦無北兵守衛。當即借梯爬城，進去十餘士兵，撤除堵塞城門之沙包，已費去二小時、至八時半始將城門打門，我騎白馬，領兵一營，首先由章江門進入南昌城，街道兩旁民眾，狂呼大叫，大鼓其掌，這是自家隊伍回來了。我進城之初，猶見北軍軍閥士兵，搬運行李，慌忙撤退，我並未繳他們槍械，以免引起他們懼怕，動搖投誠信心。我走到擁擠不堪行走之處，有許多學生高呼：革命軍萬歲！蔣總司令萬歲！我騎在馬上，含笑答禮。我帶兵進入督軍署（即後來省政府），派兵守住前後門，以及邊門都派有衛兵。布署完畢，我即率兵一連，按照所開地址，封閉所有報館，再去捉拿附逆分子，被其事先逃避，未能捉得一人，心覺慚愧。

南昌會戰，自十一月二日，開始攻擊，凡七日，孫傳芳入贛之師，喪失殆盡，這一連串會攻江西的戰鬥，都能迅速獲得勝利。不數日克復了瑞昌、九江、吳城、德安、武穴。像這樣輝煌的戰績，誰也不能否認，是蔣總司令判斷敵情的正確，運用戰略的適當，和領導有方，將士效命所致。從這幾次戰役中，我深深感到士兵攻擊精神的旺盛，總司令德威的感召，能使敵人相率反正來歸。同時革命軍的紀律很好，也贏得了民眾的合作，紛紛起來破壞敵軍設施。舉例來說：十月十一日，據報：「敵以江永船載南京來潯援軍一千貳百名，重要軍實，均在其內，到潯時爆發，全船官兵及軍實皆燬無存。」像這樣擾亂敵軍的行動，是革命軍與民眾，共同奮鬥的特色。我們自廣州出發，到湖南、到武漢、到江西等地，所過之處，民眾均把革命軍看成被軍閥壓迫下的唯一救星。因此軍民同心合力，才加速了戰況的有利進展，而能在此短短期內，能將孫傳芳的五省聯軍，援贛之師，消滅無遺。至是，我江西三千萬民眾，遂由軍閥鐵蹄下，一躍而恢復其自由平等的地位矣。

四八、三皮客黃金時代

民國十五年十一月，我軍進入南昌城後，我是江西奉新縣人，因我生長贛東鉛山縣石塘鎮，南昌雖有親友，我亦不相識，我是孤家寡人一個，仍住督軍署（按：以後改為省政府）總司令部參謀處。此時俘虜很多，總司令部添設俘虜管理處，以本部少將參議楊虎為處長。我奉命調升該處訓育股少校股長，我將兩萬以上俘虜，編成三十二個大隊，管理訓練，並將所俘下級軍官，集中送往廣東黃埔軍校受訓，改換軍閥腦筋，增長革命意識。所俘士兵，不久撥充新編一、二師，開往贛州，余始清閒。有一次我隨總司令參加一個大會，我站在總司令後面（按：目的是維護總司令的安全），不意竟與省黨部段錫朋相遇。接談之後，他知我是江西人，他說吾贛父老，不懂三民主義，和目前革命軍的意義，希望你能抽暇多做宣傳工作，將來如有機會，我要請你參加演講。我說，凡我革命同志，對於宣傳三民主義，都有這種義務。並說：我在廣東，二次東征時，每到一地，要向當地民眾學校，演講三民主義，我們要有基督徒傳教師那種精神，才能收到宣傳效果。從此以後，段錫朋常有電話請我參加學校集會演講。那時我年輕英俊，總是騎著高頭大馬，三皮五金戎裝，一股軒昂之氣，溢於眉宇。何謂三皮？皮鞭、皮帶、長統皮靴。何謂五金？即金絲眼鏡、金手錶、金戒指、金臂章、金袖扣。我革命軍初時軍階，不是領章與肩章，那時我是少校，所掛臂章，與今日警察所掛貳毛一相似。我每次演講，獲得聽眾鼓掌，可謂出盡風頭。此時我黃埔學生，漸漸為社會人士所尊敬，更為各校女生所羨慕。南昌當時民謠，即有「生為女兒身，願嫁三皮客」之句。在此一段時間，我們真是黃金時代，我經常接到素不相識的女學生來信，使我驚喜交集，茫然不知所措。在這十幾封函件中，最欣賞是應夢潮小姐的來信，情詞維妙，不覺神往，提筆答覆，並約晤面時地。次日喜得回音，依約前往，一見此女，果然不俗，舉止大方，洽談之後，始悉她祖籍福建，年僅十七，現讀高二，喜讀文藝，愛寫文章，她羨慕革命軍人，她爽朗有志，願獻身革命工作。她又說：目前雖在讀書，亦不忘革命，常寫文章在報章上鼓吹革命。我欽佩她的志願，以後邀遊數次，彼此曠達守禮，我倆情感漸漸滋長起來，為迎合目前需要，決定辦報館。回憶我進南昌城時，奉命查封有六、七家報館，先後奉准發還，尚有一家，是前財政廳印公報機器，仍在封存中，我即上報告請求總司令批准將此印刷機撥給我辦報館，從事宣傳三民主義。後果蒙批准，即與私立法政學校龍校長合作辦理，取名為《江西日報》，租定百花洲房屋一棟，可容印刷機、編輯室、經理部，均在內辦公。余自任總經理，兼發行人，龍校長任董事長，龍的兒子，任副經理，聘請湖南人余精一先生為總編輯，鉛山同鄉詹挽瀾先生為編輯，熊文明先生編輯兼採訪主任（按：此人現在臺灣中央黨部工作），應夢潮小姐為副刊編輯人。本報開幕之日，蒙蔣總司令寫了一編發刊詞，登在報首，頗得各方注意，為本報增色不少。此後我白日仍在總司令部，俘虜營理處工作，晚間即去報館工作，與應小姐每晚均可見面，相處日久，情誼更深。此時仍有不相識的女學生來信，使應小姐有點酸味，深信她有戀我之意，我向她解釋，與來信諸女，絕無暗通款曲情事，此後決不回信，以免同事知到，當做風流韻事，貽人口舌。

先父接信，知我北伐抵贛，由鉛山趕來南昌，寓高昇巷一號張勳公館，使我們分離了五年的父子，今日團聚，親情似海，喜極流淚。先父童年與張勳之弟三大人，是幼小朋友，久分復聚，培加親切，這種久別重逢滋味，真是動人心弦。此時有媒人，向先父為我提親，先父都徵求我的同意，我說這個時代，要男女自由戀愛，彼此了解，始能結合，怎能憑媒人一面之詞，勉強結合，將來遺憾終身，此事萬難草率苟同，先父亦不勉強。當時先父表示兩點願望：（一）願我做一任縣長，光耀門第。（二）要我趕快結婚，他想早見孫子。聞說你報館有一位應小姐，品貌具佳，文學又好，當時我承認有這樣一個人，並未談及婚嫁。後來先父託本家帥南屏安排，由他出面，宴請應小姐父母，在酒席筵前與先父見面，雙方談得頗為融洽。翌日先父徵求我意，決定為我訂婚，我謹遵父命，由雙方家長出名請客，宣布訂婚，我終於做了應小姐的未婚夫。

四九、我鬥共酋郭沫若

著名的共產黨郭沫若，是我總司令部的科長代主任。他在南昌將工運搞得亂七八糟，煽動工人，清算鬥爭，趕走老闆，腥風血雨，真是烏煙瘴氣。我討厭共黨的作為，想不到郭沫若，要來搬走我報館的印刷機。當時我與他理論，我承認此機是公物，已蒙蔣總司令批准，撥給我辦報館，有案可查。他不講理，帶來數名手持梭標的工人，前來搶運，我也帶去二名手槍兵與他對抗，結果他無奈我何。他知道硬工夫不行，再用軟手段，唆使我報館印刷工人，向我要求加薪，否則罷工。當時工頭月薪廿四元，工人最少，亦有十二元。而市面報費，每份只售十文錢，派報社要抽四成，我們報館實得六文錢，只夠紙本，而虧損開支。此時南昌市面，共黨慫恿工人恣意暴行，實行清算鬥爭，商民如臨刀鑊，市面蕭條，更無廣告費收入。我對工人說：本報每月虧蝕，你們都是知道的，你們何必受人利用，迫我關門，將來你們工人亦要失業，工人被我說服了，仍舊照常工作。

又有一次，郭沫若將南昌所有報館經理及各報館工人代表，請到總工會開會，本報龍副經理不敢去，打電話來請我親自出席，當時我在總司令部辦公室，仍是全副武裝，隨身帶有手槍趕往會場，看見武裝工人，手持梭標，氣燄兇兇把守各門，如臨大敵，由郭沫若主席，宣布今日是勞資仲裁會議。他又說：革命軍是農工的救星，為了工人幸福，應提高勞工待遇三倍至少二倍，你們資方不得反對。各報館經理都不敢說話。我即舉手發言：主席倡導提高工人待遇，我不反對，可是要合理，你將工資忽然提高三倍至少要兩倍，請問報費是否能提高二、三倍。如將報費提高二倍，報紙就沒有人購閱，萬一資方收入，無法維持支出，只有倒閉，反而害工人失業。像這樣不合理的行為，革命軍不但不是工人救星，反變成煞星了。全場工人聽了我的話，兇燄頓時消除，對我並不仇視。後來郭沫若，堅持增加一倍，無人敢說話。我又說：我們報業增加工資一倍，其他各業都要增加一倍，工人得來增資，無形中等於零，無非波動物價，等於鈔票變質。我主張增加百分之廿，不影響其他各物漲價為原則。但全體工人都要求增加一倍，主席不得資方同意，就武斷決定增加一倍，其他經理不敢說話，結果無異議通過。

此後本報虧累甚鉅，我也不願倒閉，求我父親回到奉新老家，出賣祖先遺產廿擔租的良田，維持報館開支。

此時我未婚妻應夢潮，她勸我將報館歇業，印刷機器送與郭沫若。我說：報館今日糟到如此地步，都是郭沫若一再迫害，他是我的仇人，怎肯將報機送與共產黨呢！我又是孫文主義學會的人，要與共產黨鬥爭到底。想不到應小姐忽然變臉，罵我是蔣某某的走狗，她公然對我革命領袖不敬，使我一時氣憤上前想摑她的耳光，轉念她是弱女子，心有不忍，可是怒火未息，我亦罵她：「妳做了共黨的同路人，妳就替我滾罷。」她哭著走了，從此以後，我心轉覺忐忑不安，一再在想，也許她是好意，見我虧蝕，終無了期，勸我歇業，未必不是道理，盛怒之下，將她罵走，心裡實在懊悔，使我朝思暮想，魂牽夢縈，悶悶慊慊，精神恍惚，萬念俱灰，初嚐失戀的苦果，真是難受。

五〇、初做縣長革舊習

民國十五年十一月，先父由鉛山縣家中來到南昌，晤面之初，即勸我做縣長，藉光門第，我說做了縣長，會失去立功機會，先父說：清代的縣長，有「百里侯之稱，可想地位的崇高。」又說：「滅門的縣長」可想權威不小，至於三年清縣長，十萬雪花銀，這是說明其俸祿的優厚，清代的縣太爺，既有權威，又有錢，都是襲明代的制度。明太祖起自民間，他了解縣長是親民之官，一言一行都會影響黎民對於朝廷的觀感，所以他用儒生做縣長，給以優厚俸祿，而且加以嚴格的束縛。可是縣官，只是七品，雖然官卑，權卻不小，都要進士翰林，方夠資格出任縣長。你看前清縣官出衙，顯赫威風，市民畏懼得不得了。

我為順從父親訓示，決定進行去做縣長。曾將父親要我去做縣長，藉光門第之事，面稟參謀處長張定璠先生，蒙其函薦江西政務委員會主席陳公博。我持張函去見陳主席，他問我？你是軍人，為什麼要做縣長，我答革命目的，是奪取政權，政權奪到手，要將政治搞好，我是江西人，應該為父老造福，建設地方，鞏固政權。陳公博聽了我的話，頗表滿意。當時我又說：我是江西奉新人，可是我生長鉛山縣，讀書上饒，對於兩地風土人情，頗為熟悉，我願做上饒或鉛山縣長，當蒙面允。不料我與應小姐正鬧失戀之際，忽然奉到江西省政務委員會委狀，委我署理樂安縣縣長，親友替我道喜，我內心實在苦惱，因我想做鉛山縣縣長，目的在衣錦還鄉，榮宗耀祖，不知何故改署樂安，事與願違，非常懊惱，我極欲知道為什麼改署樂安，經我多方探聽，陳主席下條子，是我署理上饒，不料九江人蔣笈，託人向民政廳長楊賡生說項：說我年僅二十五歲，初做縣長，毫無經驗，對於上饒大縣，恐難應付，楊廳長採納了讒言，結果發表蔣笈署理上饒，把我氣昏了，決心不去到差，又想回到久別的家鄉看看親友。想不到省黨部組織部長段錫朋知道我有還鄉意念，他即派我做贛東黨務特派員。不久江西省政府成立，李烈鈞先生做主席，來信通知我去省府談話，（我在廣東與李主席已有數面之緣）主席問我？你的縣長發表了月餘，為何不去到差（當時我不便說出蔣笈奪了我的上饒縣），只好借匪禍來掩塞謂：樂安途中有匪，目前一時無法前往，我想不幹，請主席另派賢能。李主席說：我知道你在廣東二次東征，爬惠州城，作戰勇敢，你拿出當年作戰的勇氣，還怕途中小匪嗎！又說：你是我江西革命同志，樂安縣父老遭匪殘害，你不去救他，叫誰去救呵？去！趕快去，不得久留南昌。說得我無話以對，回來稟告父親，父親要我辭去黨務工作，不料段錫朋又說：你們為著做官，黨都不要了，我遭黨政兩位首長面斥，真是寃屈。為了顧全忠孝，只得迎合先父的喜悅，服從主席的旨，準備去接樂安。即上報告，辭去國民革命軍總司令部俘虜管理處少校股長職務。從此離開總司令，斷送了我的錦繡前程，使我遺憾終生。

我既決定去做縣長，家父恐我年輕（此時只有廿五歲）初出茅廬，沒有行政經驗，託我好友費紹宏替我介紹了三位學驗最好的科祕。計共派定祕書徐衍衢，奉新人北大畢業，曾做過奉新縣長；第一科長陳香沂是費紹宏的內弟，畢業北大；第二科長張曉甫、浙江人，他是道地的紹興司爺；第三科長，是我母舅祝玉波，滿猜秀才；尚有科員費子誠、程懋穉等人。大家乘小火輪到豐城，再雇轎伕由陸路赴樂安。不料樂安書吏衙役齊集離城十里郊外迎接，見我下轎，他們都來向我打揖，口稱大人。我向大家說：現在已是民國時代，以後對我行禮改為鞠躬，口稱縣長，不必叫我大人，你們知道嗎？他們都低著頭應是，立即排隊，各人都揹著執事，扛著「肅靜」「迴避」牌子，鳴鑼開道，由東門進城，沿街商店，均放鞭爆迎接。尤其街道兩旁，擠滿了人潮，爭看我這個年輕的縣長。

五一、常聽老吏談往事

當時縣政府組織，仍是滿清時代舊制度，最重要的政務權：處理訟案，督催錢糧，轉運國庫，巡捕盜賊，維持治安。縣府人手雖少，工作並不繁忙，終日無事，常請二科科長談談滿清時代的縣政故事。

張科長本是滿清時代錢穀師爺，處理糧政和財稅事務，不但學驗豐富，而且道德高尚。據他說：他幼小從師學幕，自然是終身職務，我們有傳統的精神，處理案件，絕不會出紕漏，如果出了紕漏，斷送了我一生前途，從此無人敢用我們，只有回家吃老米。我問他滿清時代縣府人事制度與職掌，他說：縣衙門有吏，如管謄錄的叫書吏，催財稅的叫催租吏，還有司田畝登記的叫冊房！管收受錢穀叫櫃書，這些係胥吏，多般是父子相傳，世代為業，尤其是管理監犯的獄吏，和拘傳人犯的差吏，更是狐假虎威，以哄嚇及賄賂為能事。要請縣長，嚴厲管制這批人。他又說：滿清縣官最大的威風是升堂，這時三班戈房的衙役，穿起制服，按班站立，各種刑具，陳列堂前，縣官穿靴載頂，著官服，從後堂步入公案時，鼓聲大震，站立三班六房的執事，齊呼：「升堂。」等傳押人犯訊問時，堂上一聲吆喝，堂下所有站班的，立即接應著大叫「嘿……虎」屋瓦為震，跪在堂下的人，真要驚心動魄，這叫做「助堂威」。

我到樂安之初，每遇升堂問案，他們仍因襲這種規矩，我便將它廢除了。

他又說：滿清縣官審案，可以任意使用刑罰來逼供，雖然打得皮破血流，以後受刑者縱使查明毫末犯罪，施刑的縣官，也沒有法律責任，不過有名望的人，如監生、秀才、貢生以上的，縣官無權責打，甚致在堂上問供時，也不必下跪，可以站著答話，而且審訊有科舉的人，必有左堂教諭（即現在的教育局長）陪審，坐在縣官左邊。如果案件牽涉到治安，右堂巡檢要陪審，（即現在警察局長）坐在縣官右邊，所以複雜大案，要三堂會審，所以縣官的官銜，常稱△△縣正堂，縣官對生員要施行刑求時，先須徵得教諭同意，由他下令摘下生員頂戴，成為沒有科名的平民，縣官才能責打。

縣教諭，又稱學老師，他的責任很重。雖然他只管教生員以上的讀書人，如果案件涉及名教的，如犯上逆倫等，都關係他主管的教化，所以他陪審的機會極多，何況地方上的訟事，總脫離不了讀書人在內，至少狀詞，總得請讀書人作訟師，認為是學老師管教不嚴。不過學老師，如果和縣官不和，遇到讀書人牽涉在內，他可請病假不出堂，摘不了他的頂戴，縣官即無法用刑。

縣官坐堂，也最威風。一經升堂，大門兩旁，便豎起「肅靜」「迴避」的牌子。大堂廊沿，柵欄門外，可以旁聽，但不能出聲，假如吵鬧，縣官立即可以飛籤下堂，稱你擾亂公堂罪名，帶你到案前，責打屁股。不過當時縣官，大多數，還是不肯濫用刑威，因為他是讀書人，中國的經史都是教人要行仁政。而且每縣的公堂上，都懸有皇帝御書的敕旨：「爾俸爾祿，民旨民膏，下民易虐，上天難欺，」這塊大字牌。一律懸在公堂上，與縣官座位正對著，審案時，縣官一抬頭，便看見這四句話，在使用大刑時，又那得不捫捫良心呢，所以讀書人，都不願作酷吏。可是話得說回來，當時不像今日科學發達，可以用科學方法，求證破案，不必使用刑求，一經遇到刁頑的犯人，不得不依照老吏的傳統方法拷打。據說：有人問鄭板橋，為何辭去縣令不幹？他說：人世間，有三種令人看到最噁心的東西，作縣令的都不得不看，一是被打得皮開肉爛的屁股，二是腐爛了的女屍，三是上官的嘴臉，為了不看這三種噁心的東西，只好辭官不幹。

明清兩朝，對待縣官，也有許多嚴苛而奇怪的規令，譬如說：縣官上任，必定要攜帶內眷，包括太太及子女等，但老太爺不能隨任，（老太太卻可以）如果尚未結婚而任縣官，可以先買妾赴任，不過不能穿大紅裙。父子之親，久別而不許相聚，何況老太太已隨兒子赴任，任老太爺單獨在家鰥居，未免有違仁孝之道。因此縣官的老太爺，每年可以到兒子任上去省視一次，但為時不得超過三個月，如過此限，仍留任所，右堂巡檢要下遂客令，勒令老太爺出境，這是他的責任，容了情，自己就要受失職處分。這些規定，似乎不近人情，其實用意很深，年輕的縣官，如無夫妻之樂，難免拈花惹草，一有外遇，便容易與地方上發生私情的關聯，刁滑之徒，可以乘虛而入。所以規定要他帶妻室上任，私生活即有了管束，公餘也不致寂寞。老太太隨任，也不像老太爺，經常在外面走動，不致在外面發生關係，同時她可幫助兒子處理家事，而不影響公務。老太爺則不然，他在任上待久了，會與地方人士發生關係，如有干託，作縣官的兒子，不聽話有虧孝道，聽話便是賣放，因此規定，都有助於縣官的立身公正。

明清兩朝縣官出巡，三班六房人馬都要揹著執事跟隨，前有鳴鑼開道，接著扛了「肅靜」、「迴避」牌子的前導，尚有二人騎馬護衛，街上所有行人，都得迴避。如果有人衝犯了轎前轎後的行列，就要當街捱責。太平時代，縣官出巡，大都是為了相人命，（即蒞屍場驗傷）如民事官司，多是踏看山場限界，田地水利爭訟等事。

縣官是否廉明公正，要從司法工作考驗縣官的智慧與廉明。明清兩朝，當然也有年輕進士翰林做縣官，遇到困難的訟案，他們是很難判斷的。不過當時有辦法補救，便是由臬司衙門另委老成的鄰近縣分縣官來會審，本縣縣官變成陪審者，也可從審訊中吸收經驗，如果縣官對於訟案做到公正廉明，不但地方百姓頌揚他是青天大老爺，漸漸聲名被朝廷知道了，就有升官的機會。明、清兩朝，由縣官而至台駬的人，比比皆是。像明朝的海瑞，是在浙江由縣官起家，一直升到南京戶部尚書，再轉任北京御史台的都御史（按：等於今日監察院長）。清朝做到兩廣總督的吳棠，便在江蘇做過二十多年的縣官。

五二、禁止蓄辮與纏足

樂安縣因交通阻塞，風氣未開，出產米穀，自給有餘，無法外銷，即將米穀餵猪。俗語有云：「宜黃夏布、樂安猪」，這就是說：宜黃夏布好，樂安猪是米穀餵大猪肉好吃，因交通不便，就無法運出外銷，留在本縣人民吃用，所以肉價低廉。樂安人心純樸，服裝古老，婦女衣袖寬有尺餘，且有闊邊，男有髮辮，女仍纏足，如此古老文化，與上海比較，可說落後了半個世紀。

髮辮，是滿清一代特殊的產物，也算是那一個朝代的國徽，對於人的身體，既不美觀，也不衛生，國父就任臨時大總統的第一天，第一道命令，就是剪髮辮。後之視今，猶今之視昔，由「明」裝，改「滿」裝，五十年的時間，才算完成。明朝的人，遭到亡國之痛，不願滿裝，猶可說也。我們中華民國，業已光復十五個年頭了，鼎革陋垢，還我民族精神，應該很快就把體制完成，為什麼樂安縣民，仍抱著遜清遺物，為著一條髮辮，不肯剪除，實不像話。我接任樂安縣長之初，第一道布告，便限本縣男子，在十天之內，剪除髮辦，逾期不剪者，捉來罰其勞役十天，打掃街道，清理水溝，並派出大批法警，身穿制服，手持剪刀，清查縣城，躲躲藏藏不肯剪髮辮的男子，強迫執行剪去髮辮。並再三叮囑法警，只許剪辮，不許擾民，如敢故違，一經查出，定予嚴懲。這次，剪髮辮工作，總算做得圓滿，沒出什麼紕漏。

其次研究如何嚴禁纏足問題，女子纏足，原是傷天害理之事。查其沿革，自南唐李後主，訓練窅娘，以帛纏足，著襪行舞蓮中，足尖點地，旋轉凌雲，有飄飄欲仙之勢。依我想像，如同今日芭蕾舞是一樣，日後人多效之，這是纏足的開始，當時窅娘用帛纏足，原是臨時打扮，乃是遊戲動作，但被這位末代皇帝，看了入迷，窅娘的裡足，也就永遠不能解開了。上行下效，奠定了纏足風氣，可是歷代皇帝，竟以大力提倡，造成婦女遭受苛虐慘痛歷史。由唐而宋，而元、明、清，纏足進步，一日千里，日新月異，花樣層出不窮。原來傷天害理，竟成爭妍鬥豔，富於詩意的花樣，古今文人還作詩詠頌什麼「月弓、蓮鈎、綠流、春雲、綺繡、隱羅」等悅耳醒目的名詞。杜牧詩：「瘦纖不盈抱、何須錮天量」這是用手攢攢，就知道長短了。杜牧是多麼清高的詩人，為什麼不提纏足的陋習是為害女子，當年慘酷苛虐的那段製造小腳的過程呢，風尚如此，夫復何言。

在宋朝末年，女子以大腳為恥，明時浙東丐戶，男不許讀書，女不許纏足，以示虐待，可見纏足的重要，是和讀書一樣。纏足時，是罪惡、殘廢、恥辱，反成了享受與尊榮。作母親的，那個不痛女兒，穿耳附珠，以飾其美，未嘗不可。若是把天真活潑五、六歲的女孩足趾，施以高壓力的捆縛，再經五、六年的纏裡，待其小血管枯竭，環節皆斷，到了縮而不伸的程度，這才算裡成了小腳。母親極盡殘忍之能事，女兒造成終身殘廢之人，慘！慘！今天男女平等，姑不論權限上享受如何，纏足的痛苦，非設法解除不可。我叫徐祕書擬了一首放足歌詞，歌詞通俗，鄉民易解，用石印數萬份，每家散發一張。另擬布告張貼城鄉，嚴禁裡足，如敢故違，將其母親捉來拘押三天釋放，務使這種不仁道的纏足風氣，扭轉頭來。關於老年婦女，任其一步三拐，聽其自便，不予追究外，卅五歲以下婦女，仍要解除裡布，不得再纏，常用熱水洗泡，也許易於復原。

放足布告發出後，據欒安紳仕來談：本縣教育不發達，女子沒有讀書的權利，真是男女不平等，在包辦式的婚姻下，生有女兒的家庭，先不管她醜俊，就是沒有纏足，就嫁不出去，若是有周周正正的一雙腳，就是醜陋不堪，也能找到對象。纏足的魔力，到了如此地步。還有一種說法，纏足的步履艱難，深居簡出，不會招蜂引蝶，反之就不安於室，容易接觸男人，也就容易發生糾紛。這也是一篇正正大大的道理，女子纏足，關係著個人一生前途命運，關係著家庭的榮辱，實是非同小可的一件事。

余得到紳仕們的報告後，商同縣黨部，多做宣傳工作導鄉民，轉移風氣，以天足為榮，以小腳為恥。但欲使纏足觀念，自然打消，仍須從教育著手，故鼓勵紳仕籌辦小學，高呼男女平等。於是絕對禁止新裡，已裡成形的，纏放暫聽其便，不加深究。

五三、星星之火禍人間

我做樂安縣長期間，有一件大事，值得記錄。民國十六年三月，我總司令蔣公，督戰安徽，不料總司令部科長代理主任郭沫若，潛回南昌，夥同第三軍政治部主任朱克靖、第三軍教導團長朱德，及方志敏等密謀，以暴力在南昌奪取政權。遂於四月二日清晨，慫恿工人糾察隊持械遊行，遍貼反動標語，至中午遂一鬨而入佔領省黨部，及省政府。當場殺死周佐堯同志，並將程天放、羅時實、曾華英、巫啟聖、王冠英，及憲兵團團附關麟徵同志，數十人綑綁遊街，經過三日之恐怖統治，朱培德始以武漢偽府任命之主席名義，靦顏維持秩序。

不料我樂安縣黨部，亦有二名跨黨分子，公然張貼反動標語，罵我是蔣某某走狗，幸好縣黨部忠實同志，漏夜趕來與我密商，我即借故將二名跨黨分子逮捕，其他共黨漏夜逃跑。否則本縣治安，隨時都在危險中。如是勉撐危局，至七月十日，朱德挾其譁變之教導團，及一部武裝警察，竄往吉安、泰吣、永豐、樂安交界處之富田、井崗山，落草為寇。富田比較接近樂安，常派小股共匪前來縣屬各鄉，美其名打土豪，實則洗劫。此時江西各縣並無保衛團之組織，叫我如何應付這個難題，經我考慮，仿照廣東商團辦法，組織保衛團，由我具名柬邀本縣八大姓氏族長，及有權勢縉紳，來縣府開會，我說：現在叛軍朱德來信恐嚇，要本縣長期供給他們給養，否則他們要來攻城洗劫。本人除電請省政府，兵進剿外，可是遠水難救近火，我希望各位族長，派出壯丁，組織義勇隊，日夜守城，他們都說沒有武器，我說：不論大刀、梭標、鳥槍、土砲均可。為做到有錢出錢、有力出力，當時由地方人士推舉正人君子出來組織財務委員會，設法籌款作為義勇隊之經費。此一號召，果然有效，集合了千餘名壯丁，編為八個大隊，輪流守城。我與當地仕紳，合作無間，時常親率大隊，到各鄉巡邏游擊，虛張聲勢，從此本縣各鄉，未受共匪騷擾。此時共匪人數不多，槍枝更少，國軍如果有一個旅，負責清剿，消滅共匪是輕而易舉的事。不幸民國十七年至十九年，連續發生內亂，國民政府要用全力討平叛逆，維護國家安全。對於江西井崗山的共匪，當作疥癬之患，沒有注意他。再加上新收編的楊池生、楊如軒等人，剿匪不力，屢次失敗，共匪在這種情勢下，漸漸強大起來，由幾百人，裡脅到幾萬人，由幾座山頭，擴大到盤踞江西南部和福建廣東邊區一帶，大家才感到這個星星之火，已成燎原之勢了。

五四、歸故里探親掃墓

民國十六年八月十四日，我總司令在南京辭職，返回奉化故里之時，我的現任樂安縣長，亦奉省令移交，月餘始清手續。方擬束裝先返南昌，再返故里鉛山石塘鎮掃墓，不料是夜有縣黨部忠實同志告訴我，樂安共產黨徒，集合農民數百人，準備在樂安與豐城之間某地，攔擊長的歸路。我的科祕及隨從人等，嚇得面無人色，勸我再留幾天，策定安全再走。此時樂安縣至南昌，並無公路，全靠轎馬與步行，我答覆他們，如再稽延，等到樂安共產黨徒，勾結共匪朱德兵來，斷絕四處歸路，那時除了飛機，無法走出樂安境界，不如明日仍向豐城前進，到　適當地點，改途轉向永豐前進，經吉水乘船返南昌，必無問題。翌日起程，不料全城民眾，家家門前均擺香案，燃放鞭炮，表示歡送，每家桌案之上，放有一面鏡子，一碗水，一爐香，三杯酒，簡直成了萬家生佛，我的徐祕書輕輕告訴我，這是恭維縣長，清如水，明如鏡的表示，你要到每家案前，接過一杯酒，往地下一潑，表示答謝。我在鞭炮聲中，離了縣城，是日果然安抵永豐城，投宿旅舍，不敢驚動縣長，翌日繼續向吉水前進，搭船安返南昌。

帥南屏叔父告訴我，應夢潮小姐，確是共產黨員，這次南昌清黨運動，應小姐嚇跑了，數日不知去向。我《江西日報》龍董事長告訴我，報館虧累不堪，業已結束，尚欠少許債務，都由我負責還清。了清南昌私務後，即整裝返回鉛山石塘鎮故里，抵達河口，蒙蔡同昇金店老闆，設宴歡迎，在酒席筵前，忘記講鉛山土語，竟被一位長輩笑責：嗨，你是我們家老爺，不必說官話。鉛山人都講土語，只有外來的縣長，或警察局長講國語，鉛山人認為國語即是官話。我解釋說，我在外面五年，都講國語，已成習慣，以後立即改過，尚望前輩原諒。他們又說，近百年來，我們鉛山秀才出了不少，但是做縣長的確無其人，尤其是你，出門五年，由一個平民，參加革命陣營，奮鬥積功而升到縣長地位，確是不易。也有人說我能幹，我都一笑置之。此後對人談話，都講鉛山土語，亦不敢穿西服，改穿長袍馬褂，以免回到家鄉，再受親友批評。河口距我石塘，約有六十華里。我將縣長籐轎及行李，交快船運回石塘，我與衛士伍桂生，乘馬回石塘，將近石塘郊外，已見親友及小時同學們，尚有觀眾百餘人，都在道旁歡迎。我見狀早已下馬，行到親友面前，一揖到地，答謝大家勞步遠迎，尤見兄嫂胞妹喜極流淚。我與歡迎親友一一握手，步行至家，不料家中擠滿了老少男女，途為之塞，無法進門，爭看我這個青年縣長的榮歸（此時我僅廿六歲），他們都來問長問短，我都笑容答覆，確是我家從未有的盛況。

翌日二家兄，替我準備了三牲祭品，先至先母墳前掃墓，拜祭之時，我淚流滿襟，總覺得先母，為了我兄妹苦了一生，今日心願得遂，榮歸故里，不能使媽享受清福，無法盡我孝道，終身遺憾。回家即僱工重建墓園，聊表孝思，在家月餘，終日酬應，在酒席筵前，有人說：近日本鎮街頭巷尾，家家均在爭相傳誦台端的故事，使我聞之啼笑皆非。墓地完工始離故里，經上饒抵杭州，這是我第二次再遊西湖，正是仲秋天氣。到了杭州西湖，坐在雅緻的遊艇上，看見鄰船雙雙對對，如花似玉的美眷，的確使我有只羨鴛鴦不羨仙之感，何況在這無美不具的西子湖中，簡直又是鴛鴦又是仙。西湖有其天然美的湖光山色，人面花顏，我看古人詩云：「欲把西湖比西子，濃粧淡抹總相宜」的詩句，此擬得一點不錯。遊西湖勝蹟一週後，再到上海，拜見上海市長兼淞滬警備司令部參謀長張定璠先生，蒙其允諾，設法安置工作云云。

五五、再深造考入軍官團

民國十六年八月十二日，我總司令離京，實行引退，辭歸故里，各部隊，藉清黨為名，排除異己，影響同學失業者不少，困居上海無法生存。我由家鄉初抵上海，隨帶旅費尚有餘裕，曾自動接濟數人，叫他們去南京向同學會報到，萬一無錢，可住同學會招待所，此後向我借旅費的同學越來越多，隨身所帶旅費，均為接濟同學同事用盡。我亦窮得借債度日，無錢接濟人，我就挨罵了。他們說：我們大家在廣東，都穿草鞋，不是我們大家拚命，你那有縣長做，罵得我啼笑皆非，只好將手上的金戒指脫下接濟他們吃飯吧！真是人怕出名，猪怕肥，他們認為我做了縣長，即可發財，向我要錢，好像是應該的，他們就不知道，我是一個清廉的縣長，沒有錢應付，天天受迫，天天挨罵，真是難受。

民國十七年農歷正月，接到南京李同學來信說：校長蔣公一月九號復職，決定在南京成立陸軍大學，他們已替我報名，屆時要我赴京應考，此時我亦窮得無法再住上海，選定翌日隨帶本家弟弟帥雷赴京，他考第六期工科，我考陸軍大學。抵達南京之日，遍地皆白雪深尺許，天寒地凍，不能在外遊景，終日在旅館準備功課。經兩日考試結果，我弟弟帥雷名落深山。我幸考取，編入軍校附設軍官團做學員，當時軍官團團長，是蔣校長兼，副團長是黃慕松，團附是馮軼斐，營長周恥，砲兵教官黃國書，政治教官程天放、端木凱（現均在臺灣）。每月我可領津貼卅八元，事後我探聽，我考陸軍大學，為何變了軍官團，據說：這次應考的，均是黃埔一至五期失業同學，因考外文程度不夠，改為陸軍軍官學校附設軍官團。

我在軍官團，最難忘記的事，是坐禁閉，寫出來以供讀者一笑。是年端午節前一週，輪到我做值星生，星期六移交了，翌日例假返校，聞晚餐號音，均到集合場站隊，等了很久，不見新值星生來叫口令帶隊上飯廳，有許多同學，看見其他各連都進入飯廳，我們值星生未來，等急了就大叫：我們公舉老值星生帥學富同學帶隊如何？經全體同學贊成。我當然出隊叫口令，帶隊上了飯廳，不料值星官（排長林樹人）來到飯廳，大發脾氣，問大家，是何人帶隊上了飯廳？當時我很坦白報告，是我。並說明大家聞號音帶隊，很久未見值星生來，大家等急了，就公舉我帶隊上了飯廳。林說：我是值星官，未得我的命令，誰人公舉也是不行，罰你在外面跑步。想不到會引起公憤，大家都說，帥學富是我們公舉的，如罰帥學富，不如罰我們全體。大家同學都鄙視他，一鬨而出，自動發跑，跑完了再上飯廳，大家怨恨交加。值星官林樹人亦惱羞成怒，無法下台，即遷怒於我，向上級報告，說我鼓動全體同學，不聽約束，請求關我禁閉三天，真是寃枉。我們是革命軍人，只好服從去坐禁閉。有些同學說：我們全體陪帥學富同學去坐禁閉。我聽了真是焦急，我向各位同學作揖的說，你們待我好意，變成惡意了，林排長加給我的罪名是，說我鼓動同學，不聽約束，如再陪我去坐禁閉，簡直風潮就鬧大了，使我罪孽深重。請各位同學，稍安毋躁，謝謝各位的好意，還是讓我獨自去坐罷。各同學知我含寃負屈，內心愧疚，買了許多食品罐頭，跑來禁閉室慰問我。第二天適逢端節，古語云：每逢佳節倍思親，我不但思親，而且感慨萬千。我生平奉公守法，從不亂為，去年今日是堂堂的縣長，一呼百應，是何等威嚴，想不到今日做了階下囚，正在滿懷感傷之際，忽聽禁閉室之門啟開。即聞來人叫：學富兄：寃枉你了，請出來吧？我看清來人，是第八連排長賴剛，是老同學，也是廣東第三師八團的老同事，承他將我負屈情形報告營長批准，提前釋放到他家中過節，各同學為我道喜，都來敬涵，吃得大醉而回。

翌日我見到林排長，我的態度，依舊不慍不惱，平靜而自然，想不到他會對我道歉。他說：我年輕浮躁，處置不當，請你原諒！我說：當時我不該聽大眾的話，貿然帶隊上飯廳，這是我的錯誤，請排長原諒。經此解釋，彼此都笑容可掬，他來與我握手互道歉意，都表現了校訓的「親愛精誠」。這是我有生以來，永不忘懷的一幕。

五六、全面清黨建事功

民國十六年五月五日，中國國民黨中央常務委員會及部長聯席會議通過「清黨原則」六條，決議清除惡化之共產黨徒，暨土豪劣紳、貪官污吏，及一切反動、投機分子之混入國民黨者。七日，中央清黨正式成立，推鄧澤如為主任委員，吳倚滄、曾養甫、何思源、段錫朋、冷欣、鄭異為委員。國民黨全面清黨，於焉展開，南京、浙江、安徽、四川、湖南、江西、福建、廣東、廣西各省軍民，紛紛自動清除共黨分子。各地共產黨分子，倘非捕殺，亦均銷聲匿跡，轉入地下，完全失卻憑藉。

在各地大舉清黨進行之中，共黨分子為謀積極反抗，曾於湖南長沙、江西南昌、廣東海豐、陸豐及廣州各地，由共酋毛澤東、彭湃、賀龍、葉挺等發起暴動，均經各該地軍民同志合力，迅予敉平，其中尤以五月二十一日發生於長沙之馬日事件，反共將領夏斗寅、何鍵大舉捕殺共黨分子，使左派勢力頓挫，武漢政權，亦因之有所動搖。

國民政府奠都南京，實施全面清黨，全國人民一致擁護南京政府，信賴蔣總司令，迅即匯為巨大洪流。武漢政權，內為全國國民所共棄，外為世界各國所敵視，情勢極為危殆，在武漢政權控制下之湖北、湖南、江西三省，尤以軍隊把持稅收、工潮引起資金外流、及對外交證隔，商務蕭條之三大因素，益以共黨利用地痞流氓破壞農村，工業及社會所引起之失業工人到處騷擾，乃使各地情勢普遍混亂。軍事方面則有張有霖之奉軍已在大舉入豫，以討赤為名進窺武漢。鮑羅廷圖以發動北伐力，開創「革命的新路」……，但自唐生智、張發奎兩部主力開赴河南後，反共將領夏斗寅、暨川軍歸附革命軍之第廿軍軍長楊森，旋即乘武漢空虛，兩路軍向武漢進迫，迨五月二十一日長沙發生馬日事件，江西軍民亦群起驅走共黨，武漢政權已在四面楚歌之中，幕後操縱之鮑羅廷、投共將領唐生智與改組派首領汪兆銘三者之間，自此矛盾叢生，積不相容。

在此期間，主張中共應獨立組織蘇維埃之托洛斯基，說服主張中共應附隸於國民黨之史太林。史太林改走托洛斯基路線。共產國際令飭中共必要時示威退出，中共之執行委員會遂於七月十三日發表宣言，指摘汪兆銘不肯執行土地革命議案，並揚言將退出國民黨。

十六年七月十五日汪兆民決定取締共產黨言論，二十七日罷免鮑羅廷，鄧演達離開武漢，徐謙往附馮玉祥軍中。八月三日，孫科對中央政委員會報告：「共產黨已實行破壞國民革命，實行做反革命的勾當，中央從此不但要嚴厲的限制他們，並且已同他們進入戰鬥狀況。」

汪兆銘終於八月六日發表其「錯誤與糾正」論文，聲言自己有錯，並需立即補過，將共黨驅之黨外。八日，汪兆銘親向政治委員會提議清黨，曾謂：「現在還要說是容共的，就不算得是人。」

至是，武漢共黨除一部潛伏地下，餘均逃往江西、湖南，汪兆銘復與南京方面將領李宗仁及西山會議派之許崇智接觸，武漢左派政權於是宣告接近尾聲。

五七、龍潭之役險象環生

寧、漢分裂期間，北伐軍事受阻，孫傳芳及張宗昌、褚玉璞之敗軍，乃敢去而復返，陳兵長江北岸，與革命軍遙相對峙。雙方且不時有小接觸。十六年五月九日蔣總司令決定三路北伐計劃，十五日在武漢扣留餉彈，軍需極端困難之情形下，仍下三路總攻擊令。以二、三兩路向盤踞浦口之魯軍猛攻，所向披靡，張宗昌因直魯軍西南兩路失利，下令總退卻，命各軍在蚌埠、臨淮集中，首都南京正面之威脅解除。

國民革命軍在廣州誓師北伐後，旅俄之馮玉祥中止行程迅即返國。十五年八月二十五日，革命軍攻克岳州之際，馮在歸國途中發表通電，率領國民軍全軍正式加入國民黨。九月十五日馮玉祥抵達五原，十七日就其「國民革命軍聯軍總司令」之職，授旗誓師如儀，下令全軍繞道甘肅，援助苦守西安之國民軍，解西安之圍，竭力衝出潼關，企圖與攻克武漢之國民革命軍會師河南。

但渠之國民聯軍當新敗之餘，全部兵力不足十萬，並且械彈缺乏，給養困難，將士寒衣無著，飽受凍餒之苦，與國民革命軍會師中州，乃其唯一之生路。

其間經馮玉祥慘澹經營，集合各軍，乃於十五年十一月底擊退圍攻西安國民軍之鎮嵩軍劉鎮華等部。十六年五月，馮玉祥奉國民政府特任為第二集團軍總司令，閻錫山為第三集團軍總司令，五月六日馮玉祥移駐潼關，督師南下，當時正值各地全面清黨時期，馮玉祥成為寧、漢雙方極力爭取之對象。

當武漢實行分共之時，馮玉祥即於七月十四日與孔祥熙等致電寧、漢雙方，提議召開開封會議，討論寧漢合作之具體辦法，但寧漢雙方反應冷淡。八月三日汪兆銘通電各方，說明武漢分共與南昌暴動情形，表示渠已有反共決心，惟仍主張反共亦同時倒蔣。同時下令唐生智之東征軍開向皖中，圖使南京處於唐生智及孫傳芳夾擊之中。八日，南京方面將領由李宗仁領銜致電武漢，電賀汪兆銘驅逐共黨，促其前往南京。自此，汪兆銘與南京之李宗仁，上海之許崇智往還密切，造成不利於蔣總司令之情勢。汪、李、唐沆瀣一氣，揚言唯有蔣總司令去職，即可消除寧漢間之障礙。馮玉祥亦建議寧方，在安慶舉行中央執監委員會預備會。蔣總司令決心以一己之引退，促成各將領之覺醒，將統帥權交付軍事委員會，而於八月十一日，宣告下野，次日即遄返故里奉化。

蔣總司令離京三日，國民黨元老派之中央執監委員胡漢民、張人傑、吳敬恆、李煜瀛、蔡元培亦宣布引退，旋即去滬，南京國民政府幾將瓦解。全國士氣民心，因而大受打擊。各地民眾自動集會，熱烈要求蔣、胡回任，但南京方面，李宗仁、白崇禧、夏威等則致電武漢，請武漢諸人迅即來京。

然而汪兆銘卻畏怯不敢東下，直至廣州李濟琛、黃紹竑，通電各方，主張武漢政府即行遷寧，汪兆銘於八月十七日向中央政治委員會提出遷寧的建議，當予通過，並依照汪氏意見，發表「遷寧宣言」，武漢會議，於此正式宣告結束。八月二十日，汪兆銘偕同譚延闓、于右任、孫科、顧孟餘、唐生智等離漢赴京，在九江滯留四日，與李宗仁等會商後，再隨李宗仁乘決川艦入寧。詎料，次日即有孫傳芳部偷襲龍潭之變發生。

孫傳芳乘蔣總司令下野，南京內部阢隉不安，祕密集中其殘餘兵力，傾巢來犯。自八月二十六日起，連續七次渡江，以五個師又三個混成旅，兵力約有七萬之眾，與革命軍第一、第七兩軍在棲霞、龍潭一帶發生激戰；革命軍第十四、十七、第四、第四十、四十四軍，亦分兵馳援，出動部隊達十萬人以上，雙方均拚力決鬥，視此戰為生死關頭。革命軍前仆後繼，犧牲慘重，較北伐中汀泗橋、武昌、南昌等役尤有過之，幸賴革命軍之高度革命精神，將孫傳芳所部完全擊退，此役孫傳芳所部被殲二萬餘人，餘多溺斃江中或潰逃，孫傳芳之武力全部覆滅。

龍潭在戰爭中，南京一夕數驚，勢若壘卵，其後雖賴何應欽、李宗仁、白崇禧率部合力奮擊，轉危為安，但已予南京軍政負責人員莫大教訓，於當時進行中之寧漢合作談判，實有重大影響。九月初，國民黨寧、漢、滬三方領袖均已一致同意，應行共商全面團結辦法，由三方推出人選組織特別委員會，即席決定了國民政府及軍事委員會之人選。不久國民政府及軍事委員會均告成立，寧漢從此合作矣。

五八、政治部共黨奪權

北伐時，國民革命軍總司令部內設有總政治部，主任為陳公博（本黨同志），北伐抵贛，陳即任江西省政委員會主席，（等於省主席）副主席為共匪姜濟環，總政治部主任改任鄧演達，各軍師設有政治部。第一軍政治部主任為共黨周恩來，第二軍政治部主任為共黨李富春，第三軍政治部主任為共黨朱克靖，第四軍政治部主任為國民黨之麥朝樞，第五軍政治部主任為李即如，第六軍政治部主任為共黨林祖涵，第七軍政治部主任為本黨黃紹雄，第八軍政治部主任為本黨劉文島，後改任粵漢鐵路軍車管理處處長，該主任缺，又是共黨要角彭澤湘接充，另有海軍局政治部主任共黨李之龍，各軍師政治部主任多半是共黨又兼副黨代表，各軍師的人事命令和公文布告，也要各該軍的副黨代表副署其上。政治部，在各軍光復地，有權任免行政官吏，北伐軍克復江西，我總司令部移駐南昌。鄧演達接任政治部主任，兼武漢行營主任，又兼中央黨部農民部長，更是如日中天，鋒芒萬丈。該兩部的重要幹部，多為共產黨分子，郭沫若就是總政治部科長，我們在南昌總司令部，每逢紀念週，總是郭沫若作政治報告，其時農民部，附設「農民運動講習所」則由共黨毛澤東主持其事。該所所聘講師，幾全屬共產黨徒。因此之故，政治工作人員，獨斷獨行，時常侵犯部隊長權責。部隊中，遂不免時生齟齬。軍行各地，政治部必舉行民眾大會，當地青年，男女學生紛紛參加，共產黨徒必在其間挑撥播弄，國民黨左右派的對立，終於不幸而日形尖銳化。青年人因為熱情奔放，尤愛標新立異，各女校愛出風頭的學生，頗多因之而與共產黨員結為配偶，後知個郎薄倖，失身、喪生不幸事故時有所聞。

唐生智第八軍政治部主任彭澤湘，指使共產黨橫行，終於招致許克祥之馬日（民國十六年五月廿一日）發難，繼之何健部在漢口對工會糾察隊之繳械，此乃湖南軍人感受共黨之壓力欺凌，激於義憤之自發自動的清共運動。

第三軍政治部主任朱克靖及教導團團長朱德、郭沫若等在南昌策動左傾工人和學生，於十六年四月二日那天，鬧得烏煙瘴氣，天翻地覆，搗毀江西省黨部，並拘捕教育廳長程時奎，及省黨部羅時實、曾華英、閔嗣禮、黃北穉等人，都是本黨忠實同志，被其綑縛遊街後囚在總工會裡面。我們溯本窮源，都因民國十三年，中國國民黨改組，決定容共的政策，種下禍根，很多中共黨員，都加入了中國國民黨，成為跨黨分子，想利用滲透方式，到本黨內部來篡奪黨權。從四二事變以後，更暴露了其兇殘面目，一連串的事件接著發生。跨黨分子既然公開背叛本黨，本黨自然也不能不給以反擊。本黨中央執行、監察兩委員會，在南京舉行聯席會議，決定從十六年四月十二日起，實行清黨。所有共黨在本黨跨黨分子，一律清除。違背國法，就加以處罰。於是本黨和中共完全脫離關係，共黨看見滲透顛覆的工作已經失敗，乃走上軍事暴動的道路。首先是十六年七月卅一日的南昌暴動（另文詳敘），到了九月，毛澤東又在兩湖發動秋收暴動，武裝當地的農民佔領了平江、瀏陽、醴陵、株州、嘉魚等地，不過很快就被國民革命軍平定了。毛澤東率領四百個殘部，逃到我江西井崗山與富田落草為寇。此時我正在江西樂安縣做縣長。因我轄境，與井崗山、富田相距很近，常被朱、毛共匪騷擾。美其名打土豪，實際就是搶劫。待我率領武裝警察下鄉搜勦，總是我去他跑，我回他來，民眾不堪其苦。後來我想起廣東保衛團辦得很好，足可自衛。我即召集本縣乃大姓族長開會，興辦保衛團自衛。先以鳥槍梭標大刀等武器，後來大家出錢購買步槍，各鄉保衛團也有三五枝，或十餘支步槍自衛，從此小股共匪即不敢來。

五九、陳果夫講建軍史

民國十七年，我在南京中央軍校附設軍官團任學員，有一次紀念週，副團長馮軼斐請來陳果夫蒞校訓話，其講詞紀錄如後：

創造一件大事，本是不容易。有了有名的人，一定還有些無名的人；有了眾人所知的事，一定還有眾人所不知的事。校長創設黃埔軍校，與開始訓練教導團是一件大事，在創辦過程中，當然有許許多多的人幫助著，而且有許許多的事為眾人所不知。我今天所講的，除校長曉得之外，恐怕各位同學還沒有聽到過，因為當時是祕密的，事後學校裡，也沒人要我記出來。我自己更覺得這些事做過就算了，何必給人知道。近來檢點書篋，檢得兩件東西；一件是周少遊先生的遺墨，一件是招兵犧牲者的撫卹令，因此懷念到許多幫助創業的人，不能不將當時的事實紀錄下來，但是事隔數年，可能記憶者甚少，茲謹記其大略，以作研究革命史之參考。而在十三年至十六年之間，類此工作必甚多，此次所講，不過其中之一頁而已。

民國十三年，我住在上海養病，大約九、十月間，黃埔軍官學校蔣校長從廣東派人送了一封信來，命我辦理軍校學生的制服及一切軍用品、印刷品及機器等。因為當時廣東的風氣不好，物價既貴，學校經費又困難，所以要在上海採辦。的確，上海的東西連運費在內，要比廣州當地採辦的便宜五分之一至三分之一的價格。第一批東西，係五百套呢制服、呢大衣、皮鞋、帽子、皮件、襯衣等。正式報關，亦由轉運公司起運，那知服裝店經理巴結生意，在每件制服裡面，釘上一塊白布，海關上一檢驗，覺得特別觸目，認定是軍裝，就全部扣留。我得了這信息焦急萬分，一面打電報報告校長，一面就託人各處想法向海關許監督交涉。又轉託葉逐堂、王一亭、沈田莘、虞洽卿等，從中幫助，經十餘天之努力，終算將被扣留的軍服收回，不過其中有束腰皮帶槍帶和刀鞘東西，海關方面認為軍用品，必須充公。許監督對我說：這一點東西，不過是作為酬謝關員的意思，你也不必再追究了。所以這件事，只好承認晦氣，損失數百元。可是軍衣等，雖已收了回來，仍然不准出口，這又使我感覺困難，幾次向海關監督公署商洽，沒有辦法，據該署中人說：有一路可通，不過要你們自己去想辦法，官家是絕對不能通融的。於是託人打聽，探得上海有一家公司，專門偷稅，包運貨物，並且運費較正式報關為便宜。我找到了之後，深恐靠不住，先派人用少數東西，試了一試，過幾天廣州來電，居然如期到達，並沒有出什麼岔子。這才放心，將這一批服裝等等，完全交由該公司代運，不久全部到達廣州，送到指定地點。而且計算起來，比正式辦法便宜數百元。後來黃埔軍校所用的軍裝皮件，以及教導團，第一、二團全部的棉衣軍毯等等，均在上海製辦，都是交付那個公司負責裝運。幾件大衣，或幾件棉衣，包成一包，每包至少比較正式報關起運要便宜一元幾角，而且穩妥簡捷。有了這次經驗，我才明白北京政府時代海關上的弊端重重，與那個公司實在是聲氣相連的。不但關員與公司相通，就是碼頭工人，輪船買辦水手，也是一鼻孔出氣的。有一次我們的貨物正在上船的時候，被一位外籍新任關員看見，抓住了人。但因為關員人少，畢竟被環境所同化了。還有一次，在碼頭上被巡捕發覺查出，正要把人貨扣留的時候，忽然兩個流氓在旁邊打起架來，這巡捕就前去解勸，等到事畢，再找那個伕役，早已偷運過去了。從上面兩件事，便可看出海關與碼頭上的情形，所以我們雖在北京政府託王亮疇設法弄了幾張護照，仍未利用。還有些東西，我們是在上海永安或先施公司定買的，由香港運去廣州交貨。廣州與香港之間，交通非常便利，應當由廣州到香港定貨，較為便宜，而不料上海定買香港貨，在廣州交割，反而比在廣州或香港定貨，便宜五分之一的價格，真是出乎意料之外。

到十三年底，校長轉來一張總理委狀，要我與趙澄志、劉祖漢三人為招兵委員。並由校長指定要我主持其事，那是為了黃埔一、二個教導團徵募的。校長要我在江、浙、皖三省招募新兵。我對此全係外行，所以校長陸續派了陸福廷、戴任、王震南、王伯群、胡公冕、陳樂廷、周少游諸先生來幫助，新兵的來源，最重要的為溫州、金華、徐州三處。當時總理曾打電報給盧永祥，他從旁幫助盧表面雖是答應，暗中卻破壞。這時齊燮元和盧永祥兩人發生衝突，盧永祥也正在招募新兵，我們有一批從金華招來的新兵，約計有一百多名，經過杭州，被盧永祥發覺扣留，意欲留為己用。雖經我方交涉放行，結果到了上海，仍被他用電報逼回來，身上又沒有錢，進退不得，復被他騙入營去。還有自徐州招來的兵，也被齊燮元、張宗昌先後截留。更有由內地送來的時候，半途被其他招兵機關高價收買，或被誘騙過去也不少。到了上海以後，除了每人發給一張船票幾角錢零用外，又另外分發了蓆子罐頭、醬菜，規定幾個人合用，才派押儎員押送上船送往廣州。因張毅、張貞、洪兆麟、范石生等部隊，也在各方面招兵，因此經過廈門、汕頭、香港、一路上又有被他們誘騙過去的，這種損失，也很可觀。當時我們認為徐州來的新兵最好。因為有不少還拖著辮子，是原來的鄉下人，和上海附近所招的不同，溫州、金華、招來的兵，也還不錯。不過溫州的好鬧事，不能安分，住在旅館裡，上下碼頭時，不知鬧了多少次。校長接連來電，命令我們不要招收內地土匪，而有些招兵的人，平時愛護家鄉的，往往要招些土匪出來。還有些小包頭兒，就近招些流氓棍徒充數，在這次招兵中間，很可以看出各式各樣的人心。招來的兵，有些來騙錢的，有些是被人用法子騙來的，也有因公犧牲的。論成績則以陳樂亭招來的金華兵，盧仲英招來金華、杭州、上海（在上海失業的浙江人）各地兵為最多。王震南招來的臺州及嵊縣兵，趙澄志招來的徐州兵，數目雖少，大半勇敢穩健。陸福廷的蘇北、皖北的兵，亦多可取。戴任與胡公晃的溫州兵，則好壞不等。王伯群因所託非人，未招一人，反而賠了一筆錢。

有一個人叫孫良的，從前曾在方振武部隊裡，當過幾年連、排長，在校長面前，自告奮勇，情願到上海來任招募的事情，留在上海兩個月，未見募到一人。催了他幾次，自覺無顏，只好自領了一張士兵乘船的票，偷偷地回到廣州。後來當了連長，校長東征的時候，派他在前線作戰，因未奉命令，擅自撤退，遂被槍斃，他是實行連坐法中第一個被正法者。

還有，有一件事，特別提出來報告的，就是我們有一批在杭州以西擔任金、衢、嚴等處招兵的人，在孫傳芳進佔杭州以後，被捉了去。孫傳芳為立下馬威起見，就把其中張亮、張式球、騰志雲、張行勝四人槍斃，這是因公犧牲的人，值得我們紀念的。周少游、戴任二位先生早已去世，他們當時的努力也是應該紀念的。

自十四年春到十五年四月底，我們交給楊嘯天辦理時為止，總計所招的新兵，約四千數百人，自招來之地起送至廣州為止，連各種費用及損失在內，平均每人計費二十一元數角，這些人算是黃埔部隊裡的基本隊伍。

在招兵的時候，還有許多事情，也不妨說一說：

（一）上海碼頭上的一班流氓，知道我們送出去的，多是招來的新兵，就趁此敲些小費。每名上船，須繳款一角至三角，同時巡捕房方面，包打聽巡捕等等，平時暗中幫忙，也要酬謝些錢。我們當時曾由周少游結納了一位包探王憲章，幫忙打招呼，因此我在這方面的破費也不少。久而久之，我們發生的事日多。碼頭上的人，慾望也隨著一天大一天。每名收費，就要漲到五角錢以上。這樣一來，就難應付了。其時剛巧張宗昌到了上海，我就利用李徵五的關係，請他幫助，又親自去上海找上海縣李縣長，於是在中國地界小東門裡，租了一處房子，排了一張揭普道路募工駐滬辦事處的招牌，對外就說是招募工人。同時又常常到法院與縣公署各方面去接洽，所以工作進行，非常順利。不料一個月後張宗昌的憲兵換了防，對於後任憲兵隊長，未及聯絡招呼，他們一打聽我們那裡是個招兵機關，認為是可以敲詐的機關。就派了大批憲兵來捕人，捕不著主要人，就把我們的新兵和管理員，一起趕走。一切東西搶個精光，甚至有幾個人，急忙中來不及套上外衣，也被趕了出去。這樣一來，中國地界站不住足了，不得不回到租界去。碼頭上的流氓得了這個消息，格外大漲其價，每人要繳一元的小費，方肯放行。幾次商洽，沒有效果，只得照付。後來電告校長，到十五年春，校長派了楊嘯天先生來，索性不做下層工作，去和黃金榮君商量，那時廣東方面情勢漸漸轉好起來，租界當局，也不取干涉態度，竟至讓我們在朱葆三路平安旅社包一個四層樓面駐新兵，上船去可以帶著大隊走，一直辦到十六年為止。

（二）十四年底至十五年初，校長東征時，由各地來到上海的新兵，非常擁擠。其時有海員罷工風潮，航運不通，無法輸送，若是遣散，又覺太可惜；維持現狀，又是要錢。那時廣東匯來的錢已用完了，凡是可以通融的地方，差不多也借完了，我個人的信用又有限，所以連校長預備的家用，也被我抵借用了。就急電校長請示辦法，校長第一個回電說：把他的家用錢，拿去先用救急，其實他的摺子裡，存款不過一千數百元，不夠作兩三天的維持費用，而且早已被我抵押支用。第二次回電囑不必著急，他說：我自有辦法，五號一定可以佔領汕頭，六號就匯款子來。當時我接到這電報，覺得距離五號，還有十天之久，那能斷得這麼準確。但是我接到了這電報，膽子卻大了不少，並且敢向錢莊上的朋友商借，他們對我的信用還好，不到半天就成功了。後來五號那天，果然佔了汕頭，第二天就匯了款來，絲毫不爽，使我最後一筆借款，得以提前歸還，更堅定了我的信用。校長這種先見之明，實在是值得我們敬服的。

（三）黃埔軍校第一期招生的時候，校長不過要我擔任招生委員。那時校長正在攻打東江，部隊裡的人才，非常缺乏，所以投考的學生，只須繳驗證明文件，認為程度相當之後，就每人發給旅費十二元，由他們自往廣州去報到，（其中有一部分因為程度太差，復被退了回來）。及至第四期招生，校長派了一批第一期的學生王仲廉，賈韞山、張世希、郭劍鳴等來幫助。那時在上海所招的學生，係江、浙、皖三省的居多。此外在北平、開封、漢口，也分設了三個祕密招生處，每處招生額大約五百人。分派朱毅、鄒敩公、郜子舉、朱鐵香四人主持四處招生事宜。北平、開封兩處，推行到很順利，漢口因在吳佩孚的勢力範圍，朱鐵香被吳捉去，所招的學生，全遭解散。後經種種方法（楊滄白、居覺生二先生亦幫了忙），才將朱鐵香救了出來。解散了的學生，也有自往廣東去投考的。講到上海方面，當時報名處，設在環龍路四十四號，考試地點在上海大學。那時上海大學辦事人與共黨關係很密切，和環龍路方面站在相反的地位，雙方暗鬥頗烈。幸我未嘗參加他們的爭執，所以倒還沒有什麼衝突發生。不幸最後一場考試的那套，被閘北警察發覺，將學生解散，差幸那天已經考完，最後一課，無關緊要，所以也算完滿結束。四處共招新生一千四百名，這是我所記得招生經過的大概情形。

（四）因為黃浦軍校初辦時，馬匹很少。聽說只有兩三匹，教導團成立，東征需用馬匹。所了一個電報，命本人在上海買馬，本來上海那個地方，並不是買馬的地方，採辦很不容易。幸而戴立夫先生的女婿吳芭汀君，對於此道，平素很熟。打聽跑馬廳當局，向外面買來的馬，有一部分，因為不善跑就廉價出賣，這種馬恰恰適合我們的需要，於是找了一位識馬的人，選購了十九匹。第二次校長要選購騾子，比較上就有些困難了。不過為數不多，只要二三十匹，一共買五十幾匹。買馬及騾子，最大的困難，還是在裝船問題，大多數商船，都不願招攬這筆生意，每匹馬或騾的運費，本就不小，還要加上她的裝運的木籠租費，每只就要念五兩銀子之多，好容易費了很大的周折，才把這批馬騾全部裝走。總之，招生，吸收人才，採辦物品，購買馬匹等，都是後方之事，我們繼續辦了一年半以上，一一完成，均未辱命，僅犧牲了四個招兵人員，總算一件幸事。

六〇、廬山遊景聞虎聲

民國十七年，余就讀南京軍校第六期附設軍官團，是年七月六日，我校長蔣公赴北平碧雲寺，國父靈前奉行祭告典禮。本校挑選第六期學生編成兩個營，又在軍官團挑選學員編成一個營，合組一個臨時警衛團，學校當局，派我充團部傳令官，我因做過縣長，怕遇見熟人恥笑，不願參加，連長亦未強逼。待警衛團隨校長出發，本校亦停止操課，未去同學，整日無事，有的蒙頭大睡，有的讀書寫字，余即請假赴江西廬山遊景。余到達江西廬山，適與廣東蔡廷鍇師長，同住牯嶺街一家旅館。我在旅館吃飯時，巧遇蔡師長，此時我的廣東話講得很流利，雖然是初識，因言語相投，兩人都是遊山，約定結伴同遊。蔡師長帶有獵槍一支，我帶有照栢機一具，兩人根據廬山指南，決定明日遊山行止，準備隨帶野餐，及泳衣等物，每早出門，依照廬山指南前進，走得汗流浹背時，即在溪水深潭游泳，走得飢餓時，就在大樹陰涼處，展開餐布，鋪在地面，取出野餐水果大嚼一頓，真是難得的樂事。

茲將廬山景況，略為介紹如下：

廬山牯嶺，為中外人士避暑佳地，花園洋房到處皆有，光滑石凳比比皆是，幾乎十步一亭，五步一台，因管理得法，整潔無比。有時行至高處，突遇雷雨，雷聲常常響在腳下，也是廬山一大奇觀，據說：冬天遇上大雪，那時竹樹，被雪壓成弧形，一躬到地，枝上凝結冰花，晶亮耀自，特別美觀。如遇斜陽照耀，幻出各種顏色，光怪陸離，此景此情實不容易見到。

廬山高出海拔一千五百公尺，為宜昌以下沿長江兩岸山岳第一高峰，山跨九江、星子、德安、遂昌等縣，周圍廣達五百餘里，背長江，面都陽，三面臨水，西邊銜接陸地。

廬山也是佛教聖地，約在四世紀末，至五世紀初，僧伽提婆，曾在此譯經，即為現在佛教史上，佔有重要地位的東林寺。全山寺廟共有三百多處，號稱五大叢林的，是海會、歸宗、棲賢、秀峰、萬杉五大佛寺。海會寺在五老峰下，古剎廢於太平天國時。後至至善禪師，募化重建，以至善禪師的血，普照和尚的手，經十八載，寫了八十一卷血經，珍存在藏經閣。歸宗寺傳為王羲之故居，後改為寺，與金輪峰頂之塔遙對，更增加幽趣不少。棲賢寺傳為唐朝李渤讀書之處，後由赤眼禪師改為寺廟。四周松竹，翠綠宜人，岩石雜陳其間，靜聽含鄱口流到之峽澗的水聲，使人心曠神怡，有飄然逸俗之感。秀峰寺內有讀書岩，傳為南唐李後主少年遊樂地。台下有七佛偈，有平宸濠紀功石碑，出自黃山谷和王陽明的手筆。萬杉寺有萬株杉樹，世傳乃大超和尚所植，又傳宋仁宗手筆題該寺門聯云：上聯「萬樹秀南天，庇蔭斯民，並世有人參佛理。」下聯；「杉木橫北麓，摩沙故物，此間無日不禪心。」更啟發遊人懷古之思。

廬山名勝有九，除了五老峰最著名外，獅子峰、牯嶺、白鹿洞、含鄱口、三疊泉、墨池、玉泉瀑布、天池塔，都是勝景。五老峰，狀如五老，獅子峰如雕塑似獅，排列在五老峰南，三疊泉的長澤，乃循五老峰東崖而下，含鄱口看月亮，是在五老峰上。由含鄱嶺上看鄱陽湖，高遠下視大湖，縮成小鏡，張開獅口，好像都可吞下，故名含鄱口，白鹿洞在五老峰下，洞藏書極富，宋朱熹，曾在此講學，陶淵明的故居，就在這裡西南角栗里。天池塔矗立天池山上，建於宋朝，民國時曾予重修，天心台巨石上刻有王陽明絕句四首之一。天池寺中存有墨寶四幅，現已不知有否遺失。

有一次我倆從海會寺，爬上大漢陽峰頂，那是極為艱難的路程，它雖不能比中緬未定界的野人山，那樣原始的地帶，但這裡確是人跡罕到之處，芳草、荊棘、枯樹、蟲蛇，隨時都在打擊我們前進的勇氣，好在我倆都是軍人，蔡師長手中又有獵槍，他走此地目的，想找野獸，不怕一切的爬行。有時彼此不能見面，只聽草叢樹枝悉索行動的聲音，這才真是蘇軾所吟：「側看成嶺橫成峰，遠近高低各不同，不識廬山真面目，只緣身在此山中。」我唸完此句，忽聽虎吼之聲，我雖未嚇得週身發抖，但也奇怪，一身發軟，周身無力，等於癱瘓，爬山極為艱難。蔡師長安慰我說：不要緊，我的獵槍能打老虎，況且虎聲尚遠，你不要怕，可靠近我走，我心中忐忑不安，確有畏虎難行之苦，眼耳注視四方，誠恐老虎出現身邊，最後終於爬上山頂，沿途幸未遇虎，確為虎威所嚇。我們在這高出海拔二千多尺山頂，發現碑文一塊，上書「大漢陽峰」四字，是林森所書。此處涼風習習，確有「高處不勝寒」之感。由大漢陽峰到仰天坪，有正式道路可走，走起來並不困難。仰天坪是廬山最高處唯一的一塊平地，走到這裡別有境界，能使你忘了置身在群峰矗立的深山中。我倆在仰天坪一個廟裡休息了一會，又爬到五老峰背上去看個究竟，五老峰背，僅僅是斜坡，坡上滿生青草而已，沒有一點奇突之處。但你在海會寺那面看起來，真是秀麗美觀，岩石壁立，形似五位老人，整整齊齊排列著五位老人，好似很悠閒地立在雲端。五老峰的雲，是最好看的景色，只要晴天，即使天空找不到一片雲，而五老峰上，或多或少，或厚或薄，總有白雲幾朵，圍繞著它，徐徐變幻，那就更顯得五位老人飄飄乎，悠悠然的神仙姿態。我倆又走到含鄱口，遠望星子縣與鄱陽湖，大地渾沌，蒼茫一片，再由含鄱口回到牯嶺旅館，天已暮色。

我住牯嶺一週，因川資關係，不能久住這個人間仙境，世外桃源。自嘆無此清福長與名山作伴，只好辭別蔡師長返回南京軍官團，研究我們自己的學問，準備要做救國救民的事業。

六一、不願編遣叛中央

民國十七年，全國統一之後，中央舉行編遣會議。第二集團軍總司令馮玉祥首先反對，三集團軍總司令閻錫山繼之。東北軍張學良，乃老牌的奉系軍閥，新近投順，更想割據稱雄，暗中與馮等勾搭已非一日，惟其與四集團軍總司令李宗仁均在投機觀望而已。

十八年春，桂系在湖北宜昌，已有叛跡，中央軍隊向其開始進攻，而李軍內部尚有深明大義者，率隊投歸中央，李宗仁見大勢已去，即率本部退歸廣西。

十九年春，馮部在隴海路正面，與國軍主力作戰，成膠著狀態，閻部主力由津浦路南下，欲攻下徐州，截斷國軍歸路，與馮部會師於蚌埠。當時國府派大員吳鐵城等到瀋陽遊說張學良，不惜用金錢請張學良出兵，確是事實。張則雙方敷衍，坐觀成敗，想收漁人之利，達到他割據自雄之目的。

十九年七月，閻錫山軍攻下泰安，直逼臨城袞州。國軍精銳迅速迎擊，閻部敗退，馮部乘機鉗行攻勢，左右兩路包圍商邱，進窺徐蚌。幸我國軍，迅速由津浦路調回，又大破馮軍。是年九月，馮閻兩部，完全失敗，韓復榘、陳調元、劉珍年等，已將山東全境收復。國軍北上追擊之際，即是年九月下旬，張學良的東北大軍始行入關，十月九日，張始正式就任副司令職，旋即乘閻軍撤入晉省之空隙，將平津及北寧線佔領，達到他坐收漁利的目的。

事後又密向中央示意，大敲一筆竹槓，軍餉之外，又要軍事參議院院長，國府委員，內政部長等，以飽所欲。其實他未打一槍，未費一彈，而得如此大的報酬。狼子野心，坐享北平而失去東北，仍不感恩圖報，最後乃在西北叛變，劫持統帥，震驚全國。竟使全國人心惶惶，將有大禍臨頭之感。統帥一個人的安危，而為天下人所關心，在我一生中所看到的，蔣委員長得人心，也是空前的。幸我領袖安然回京，而全國各地人民歡喜若狂，大街小巷，家家都燃放爆竹，人聲鼎沸，任何農曆年爆竹之聲，都沒這樣聲震瓦屋的大場面。滿街的行人面孔，喜悅與歡欣的表情，這是民族意識的表現，我心裡有著無比的欣慰。

六二、官階倒置羞到差

民國十八年初，本校軍官團訓練期滿。本人奉派陸軍十一師服務。派在該師同學，共計四十二人，由我領隊至蕪湖司令部報到。次日奉命集合司令部，由副師長陳誠代表師長曹萬順訓話，隨即分派工作。我被派往青陽州一旅六十二團充連長。想不到該營長鍾寶善，在廣東第三師時他曾做過我的部下，今面子實在下不去。我想上官為何不看我的履歷，我在北伐時，做過少校股長，文官也做過縣長，今日派我做連長，又在舊部鍾寶善部下做連長，使我羞去到差。又不便對人洩露此中狀況，我即扯謊，為祖母奔喪，向團長關麟徵請假，團長信以為真，准我短假一月。我回贛住在帥南屏叔父家。不料本師奉命由蕪湖來贛，轉往湖北，由武寧經通城，進攻武昌李宗仁叛部。想不到我旅長李默菴，北伐時他亦在總司令部任少校。我倆本是老友，這次做了旅長，忽來找我，我匆匆接待。李問：「你的假滿為何不歸隊？」我答：「鍾營長在廣東時，他本是我的部下，今日我反做他的部下，面子實在下不去。」李說：「本師奉命，經通城進攻武昌李宗仁，我知你在這一帶地形很熟，我希望你來旅部任少校參謀如何？」我無詞以對。李又說：「你記得校令原文嗎，『本校同學，派往各級部隊服務，如有不到差者，是圖升官發財，與革命無厚望焉，著即開除黨籍會籍，並通令各軍永不錄用。』」他又威嚇我說：「你不願，我要報請上級處理。」我只得答應，他當叫衛士搬我的行李，同他回到旅司令部，翌日隨部隊出發，經武寧向通城前進。敵人不戰而退宜沙。本師未費一彈，全部進駐武昌南湖營房整訓。每逢星期紀念週，如遇李旅長任總值星官，指揮部隊總是由我代他叫口令。我的聲音宏亮，口令能達全師官兵聽覺。我的騎術亦佳，指揮態度適宜，每在操場，可謂出盡風頭。李旅長待我亦很客氣，每逢他去漢口太平洋旅館開房間尋歡，他不避我，與我同樂。精神上是該很愉快的。但是想當年北伐，我做總司令的少校參謀，今日他升了少將旅長，我仍做少校參謀，相形之下，總覺難安。受了虛榮心所驅使，我一心求去，離開這個隊伍，眼不見，不致苦惱，可能較目前愉快。乃赴漢口楊森公館總司令行營，蒙王世和引見校長，請求另派工作。校長對我很好，在我名片上寫了數字，派康旅以營長任用，余衷心感激。辭出後，不知康旅屬何師住何地？復承王世和指點，要我到人事處接洽，始悉康旅長，原為李宗仁部，最近反正來歸，總司令新委康為獨立第九旅旅長，同時得悉劉和鼎為獨立第十旅旅長。兩個旅長，均派其舊部，潛往宜沙，策動原部反正來歸。月餘後，康始收編了一個團，劉和鼎收編了七個團，兩人所收部隊合併改編為陸軍五十六師，以劉和鼎任師長，康旅長去職。我即編為五十六師三三四團任團附，仍是幕僚工作，不想去到差。再去晉見校長，由參謀長賀國光代見。賀說：該師乃新編隊伍，沒有同學，應該去幹，你明白了嗎？辭出含恨自己命該如此，只得辭去卅一旅少校參謀。李默菴不願我走，他說：你要做營長，不要一個月，我可保你升營長。是日我一夜未睡，不知如何是好。進退兩難，最好仍是服從校長命令去五十六師，脫離精神上的痛苦。我去該師工作果收奇效。民十九年，我第六期畢業學生，派在本師見習者達四十餘人，我們團結很好，隨時互換情報。民國十九年，我師在福建時，適逢閻、馮叛變中央、派來代表，均被我們偵知，嚴密防患，暗中破壞。幸我師長劉和鼎深明大義，未被引誘，否則福建政局受了變化，影響大局當非小可。

六三、撤離龍岩遭困擾

民國十八年秋，閩南張貞師被共匪擊敗，退守漳州待援。本師原駐安徽合肥，奉命集結蕪湖，乘船赴廈門登陸支援漳州。在長泰縣，即與共軍接觸，經一晝夜之戰鬥後，共軍不支，向龍岩縣逃竄。本團捉得匪兵審詢，始知匪軍有四個縱隊，比較步兵團人數，多不了幾許。與我作戰的共匪，是林標縱隊，與傅柏翠縱隊。本師在漳州休息，整補完畢，即向龍岩前進，每到一地，等於進入匪區，不敢相信當地民眾。因此情報不靈，無法知道共軍行踪。如同盲人騎瞎馬，處處要小心。行進要搜索，每夜宿營首先偵察地形，布署妥善方就安枕。如有共匪偷襲，隨時均須應戰。最討厭的土共，每晚均在很遠的山頭，放槍，或吹號，故意擾亂，使我官兵每夜不能入睡。白天派隊向各處搜索，並無匪踪。只要我們官兵熟悉地形，夜晚土共如敢再來擾亂，夜晚即可搜索前進，捉來幾個槍斃，我相信土共即不敢來擾。

我們駐紮龍岩，不覺已有半年。日子久了，百姓漸漸歸來，軍民有了情感，地方亦已繁榮多了。

民十九年，本團奉命進駐大小池。與共匪林標縱隊激戰一晝夜，林軍不支撤退。仍有一部共匪，佔領家屋抵抗，頗費週折，始將其肅清。翌日正要向長汀前進，忽奉命令放棄當面之敵，速回龍岩待命。次日回到龍岩，始知閩西盧興邦師，叛變中央，受了閻、馮偽命升為偽軍長，綁架福建省府委員程時奎、陳培昆等數人於尤溪。因此本團奉命開回漳州，轉進福州援救省府委員。此時適逢中央委員薩鎮冰上將來龍岩宣慰軍民。余親向薩鎮冰上將，說明本團奉命撤回漳州，轉進福州，救援省府委員任務。請薩上將隨同我團回漳州。薩說：龍岩原本匪區，人民現已脫離匪區來歸中央，已有半年，不料你拋棄人民而去福州，共匪知道了定來報復，龍岩全城民眾必死無疑，你們不能走，願與龍岩百姓共存亡。經我再三苦勸，薩又說：要我走不難，你要通知全城百姓同走，我答應他的請求。我叫副官通知龍岩縣長，周知全城，如願逃難，請到某處集合，到了晚間十二時，我請薩上將起程。我已替薩上將，利用籐椅，紮好一部籐轎，我派士兵將薩抬走。到　集合地，看見全城百姓，人頭擠擠，哭聲遍地，燈籠火把，照耀如同白晝。我派第一營先走，全城男女老幼，在第一營後面跟進。我率領一、三營，在最後保護前進。只見男女老幼，拖兒帶女，哭哭啼啼，緩慢前進，已近拂曉，只走了十餘里。如同三國時代，劉玄德走新野的故事。我見年老婦孺，走不動者，即派士兵，將其揹走，沿途幸無共軍擾亂，走了數日，安抵漳州，稍微整頓，即向泉州、惠陽、仙遊前進。經數天之行軍，到達莆田，本人奉命為軍官偵探，改換便衣，趕往福州，探聽盧興邦部。盧興榮旅，仍駐紮福州城外十餘里之小北嶺，並無部隊扼守烏江、阻我渡河。我即飛函報告師長，催本部迅速前進。安抵福州，與盧興邦在小北嶺交戰三晝夜，始將盧部擊潰。盧向延平潰退，本應繼續追擊，但本師係遵省主席方聲濤之請求，停止前進，用政治方式解決。以免盧興邦惱羞成怒，殺卻省府委員，願以和談手段解決之。於是本師便駐福州待命。

六四、三變姻緣及先室行誼

談起我結婚的故事，確信姻緣前生定，無緣勉強不成婚。最初我在封建時代的家鄉石塘鎮，姨母替我做媒，介紹程安甫的小姐。我暗中探聽，都說：程小姐很好。可惜處在封建社會，小姐不出閨門，沒有見面機緣，對於媒灼之言難以相信。最要緊的是結婚之後，兩人習性要相投，婚後始有幸福；因此決定自由戀愛，拒絕媒灼之言。但又不敢暴露自己心願，只有請求母親准我往上海考學校，目的是逃避不自由的婚事。

其次是民國十五年，北伐軍抵南昌，我任國民革命軍總司令部少校股長，正是黃金時代，此時我黃埔學生，為社會人士所尊敬，更為各校女生所羨慕。在此時期內，我常接到素不相識的女學生來信，使我驚喜交集。最欣賞應夢潮小姐來信，情詞維妙，我即回信約晤時地，次日果接回信，依約前往。一見此女果然不俗，年僅十七歲，現讀高二，喜讀文藝，愛寫文章。我為她所好，創辦《江西日報》。聘她為副刊編輯，我倆情感，日漸滋長，曾由先父主持訂婚。竟不料她是共產黨，從此兩人見解相左，她罵我是蔣某某的走狗，我氣得要摑她的耳光，我亦罵她是共黨同路人，因此將她罵跑了，使我受到失戀的痛苦。

第三次在龍岩剿匪期間，本團見習官，六期同學李暐，對我說：龍岩有一位小姐，看見你的照片，對你發生單戀。我認為他扯謊，如果有小姐單戀於我，他怎會知道。李說：這位小姐的哥哥，向我探聽你的身世。我罵她胡說。李說：你如不信，我要他哥哥安排一個機會，使你倆見面如何？我很奇怪。前月上海頌叔來信，要我寄一張照片去上海，其目的也是為我做媒，找到這家照相館拍照時，並未發覺照相館有小姐呵。於是李又說；你照相在店鋪，她妹住在家中，當然你未見面呵，我一笑了之。

不數日李見習陪我去照像館，由她哥哥介紹此女與我見面，此女身材年貌，都在上等。如此漂亮小姐單戀於我，暗忖必有原因，我想此地收復不久，如果是共黨派來勾引我做她的掩護人，那就罪該萬死。我內心決定，非經考察，決不輕易允婚。

民十九年，閻、馮叛變中央，本師奉命轉進漳泉，向福州進軍，援救省委。我團離開龍岩時，此女果然雜在難民中，找到我即哭訴。無論如何要我帶她同走，不論天涯海角永不脫離我，可見她有真情，動人心弦，使我莫知所措。我與此女謀面僅有兩次，並無深厚情感，她是否為共黨派来勾引，使我內心存疑不定。當時軍事倥傯，使我無法照料她，我問她，妳在漳、泉有親戚沒有？她答：廈門有我姑母，我當時付了他五十塊錢，要他到廈門姑母家中安身，俟我到達福州再通信吧！從此分手以後，也未通信。可是我到福州事忙，不久又發生戰事，月餘後上海頌叔，寄來女性照片二張，是上海大中華旅館老闆的兩位大小千金的照片，由我擇一均可。我身在福州，無法見面，當然拒絕。此事給旅長劉尚志知道了，他嘲笑我說：學富你照照鏡子，今年廿九，明年卅歲，黃花閨女，不會嫁給你啦。又說：你為革命奔走，那有時間去談戀愛，不如將就點吧！我聽了劉旅長的話，考慮了一晚，認為很有道理。當即寫了一封信，託在上海勞動大學唸書的帥銳霆弟，探聽兩女，以何為宜。不料銳弟回信云；兩女有小姐風，好時髦，恐不能與哥同聲同調耳。我便去信作罷。不料頌叔又來信介紹翁女，我亦去信託銳弟調查。他回信云：翁女出自舊家庭，年僅十六，尚無習染，如婚後善導有方，可做賢妻良母。我當時回信，請頌叔先為訂婚，然後擇期結婚。頌叔來信說：業已擇定十九年四月十八日，要我請假赴滬，在法大馬路都益處川菜館結婚。迄今已屆卅九年。其中播遷流離，歷盡艱辛，不幸於民國五十八年四月廿六日患腦溢血症病逝軍眷醫院，錄其畢生行誼一文如後：

先室翁夢蘭女士，浙江嘉善縣人，幼隨父母，客居上海，就讀南洋女中。族叔與其家友善，常相交往，喜其慧美而為我介紹。得於在滬結褵，時年僅十六。而主持家務，接待親友，莫不井井有條，舉止中肯，余深愛之。夫妻相敬如賓，見者交相稱羨，余亦自慶有福。

余在大陸時期，歷任軍職主管，及三居縣長，家庭環境，堪稱中上，交往亦多。先室待人，對上不卑，對下不驕，終日和顏悅色，敦鄰睦族，矜孤恤寡，人皆賢之。使余內顧無憂，得以全力從事公務。賢內助三字，先室當之無愧。結婚一年，初生一女，取名冬英，不幸夭折。又二年繼生一女，取名蘿娜。娜女出生以後，十年未育。先室慮我無嗣，勸余納妾，余以夫妻恩愛不允採納。迨抗戰勝利之時，尤其覓得劉氏女，迫余接納。果生一子，取名化民，先室愛如己出，親自撫養成人。此子已在鳳山陸軍官校卅六期畢業，任職金門陸軍部隊中，此後劉氏續生四女，先室亦皆視如己出，愛如掌珠，四女現讀大學。

民國卅八年，舉家來台。生活甫定，而親朋相繼逃難來台者日眾，其中生活維艱者多，凡有所求，先室莫不曲意成全，盡力濟助，毫無吝意。此後余因事業日衰，境遇日艱，生計益窘。而先室甘之如飴，從不怨天尤人，泰然一如往昔。如遇親朋過訪，仍以佳餚饗客，己則粗糲自甘，克己待人，親朋莫不交口讚譽。惜乎天不假年，竟爾病逝，嗚呼！吾妻先我而去，緬懷音容，曷勝悲悼。爰述其生平事略，以奉告諸親友。

六五、誤傷日本領事及艦長

日本明治維新，一步登天的現代化了。從此睥睨鄰邦，虎視東亞。而以公元一九〇二年，日、英同盟，為「大日本帝國」躊躇滿志趾高氣揚之巔峰。由於國力之不斷膨脹，早已垂涎於我東北之「山河壯麗，物產豐隆。」更視我國整個東北，為其囊中物，並以蓄謀之久，準備之充實，竟於「九一八」，伸其魔掌，繼之以淞滬、華北的百般侵凌，而卒迫我國忍無可忍。

此時浙江主席張難先，鑒於東北淪陷，提倡民眾要受軍事訓練，造成全國皆兵，使日本不敢輕視，用意極佳。

福建省主席方聲濤亦起而響應。福建省黨部，鼓吹更為激烈，各機關團體，亦紛紛自動組訓，作為民眾訓練之示範。於是有福建省政府，教育廳長程時奎先生，財政廳長陳培焜先生發起兩廳員工，都來參加軍訓，聘余擔任軍事訓練總教官。此時余兼黃埔同學會福建省通訊處主任，經余派選失業同學數人，為各廳軍事訓練教官。繼起組織的，有福建省黨部全體職員亦請余派人參加訓練。各銀行、各工會都紛紛響應參加軍事訓練，使我確有應接不暇之感。數月後，集中受訓民眾，連同各級中學大學，受過軍訓者，約有萬餘入，編為救國義勇軍，集合校場，舉行授旗典禮。由省主席方聲濤檢閱，余任大會檢閱指揮官。正在進行分列式之際，不料擔任糾察宣傳任務之學生，散發傳單時，有三位西裝楚楚之人，接得傳單，面露惡意，將傳單當著學生面，即行扯碎。宣傳學生，誤為漢奸，即圍毆之，當時被毆之人，說不出中國話，學生知道是日本人，更打得兇狠，事後知道此三人，乃是日本領事及日本兵艦艦長，都穿著西裝上街。一場混戰，無法控制，因此日人受傷頗重，民眾愛國仇日之心，於茲可見。後經幾度交涉，日本領事指控師學富是福建戒嚴司令部參謀長，程時奎是福建省政府教育廳長，都是政府官吏，有意煽動民眾，仇視日本。要求政府，將我倆撤職查辦，後經幾度交涉，說明不是我直接指使學生毆傷貴領事，日本堅持要求要師學富、程時奎兩人，親到日本使館道歉。旅長劉尚志將此種情形告訴我，要我親赴大使館去道歉。我說：師長要槍決我，我也不會去向日本人道歉，否則萬一要我去的話，我會與他同歸於盡，死亦值得。師長無可奈何，明令將我撤職，暗中調升內河保安團長，囑我趕往灣口接事，我就了團長職務一週後，返回福州家中。妻說：日本派來浪人來家恐嚇說：如帥某再不去道歉，他們即要我家大小性命等語。從此我經常駐有手槍兵一班，守衛森嚴，浪人不敢再來

六六、「九一八」東北淪亡記

民國二十年九月十八日深夜二時許，日軍自行炸毀其南滿鐵路之長春瀧柳河鐵橋，諉稱係我軍所為，以製造其進行侵略之藉口。旋即不容分說，夤夜襲擊我瀋陽北大營，使我駐軍第七旅王以哲部損失綦重，而主持東三省軍政之邊防司令長官兼東北政務委員會主席張學良適在北平，張氏於接獲瀋陽方面電告後，最初仍認為係偶發事件，因而不惜委曲求全，冀圖和平解決，因而命令東北守軍不予抵抗。

於是我軍節節退讓，坐使關東軍迅速佔領瀋陽全城，據有我瀋陽各機關，劫持遼寧省政府主席臧式毅，勒令其簽立供狀，承認事變之起係由我軍挑釁，臧氏誓死不屈，為之絕食五日。

事變之發生，日本關東軍及朝鮮軍之一部，在南滿鐵路自旅順至長春沿線之全部地區，同時出動，因此，二十年九月十九日，東北之鞍山、海城、開源、鐵嶺、撫順、四平街、長春、寬城子、營口、安東、本溪湖等重要城市、據點，悉被日軍佔領。二十日起，關東軍益更擴大其侵略範圍，陸續進佔熊岳、昌圖、通遼、洮南、吉林、蛟河、新民屯等地，至此，我遼、吉兩省，已入日軍之掌握。

警耗傳至關內，舉國為之悲憤交集，當時正值粵、桂聯軍稱叛，夥同唐生智之死灰復燃，分兵五路，入侵湖南。中央軍為防堵桂、粵軍進窺，又度大舉入湘。當九一八變作，李煜瀛、張繼、吳鐵城電請粵取消敵對行為，一致救國。國民黨中央執行委員會亦於次日電請粵方共赴國難，翌日即獲廣州覆電，表示願予息爭禦侮。

九一八事變爆發之次日，我國出席國際聯盟會議代表施肇基，立即向國聯据出報告，籲請主持公道。然日本出席國聯代表芳澤謙吉旋即發表聲明，力請國聯不必重視此「地方事件」。於是，九月二十日施肇基復根據盟約第十一條之規定，請國聯立即召集理事會，採取必要手段，保障國際和平。

當日本關東軍在我東北三省進行大規模全盤侵略之際，我國所能採取之行動，唯有一面與日方交涉，促其撤軍，一面訴諸國際聯盟及華盛頓九國公約簽字國，籲請主持正義。二十年九月二十二日國際聯盟理事會開會討論東北事變，施肇基力陳日軍暴行，要求國際聯盟立即採取制裁步驟，並決定日本對中國應付之賠償，日本代表芳澤謙吉起而反對，主張此事應由中、日兩國直接進行交涉，但國聯理事會仍通過促日本從速撤兵。

國聯迭次作成決議，令日本軍撤退，還我東北，並通知中、日雙方各自阻止足以擴大事態之行動。美國亦根據九國公約，照會日本，請其注意國際公約之義務。於是日本政府聲明對我東北領土並無野心，無意使事態擴大，尤其誑稱日軍已在逐漸撤退。但事實上日本陸軍當局猶在按其預定計劃，積極展開侵略行動。二十年十一月十七日，日本關東軍集結重兵，向我新任黑龍江省主席之抗日英雄馬占山展開總攻，馬部浴血抗戰，終於十一月二十一日，退守海倫，並在該地成立黑龍江省政府。日軍進佔齊齊哈爾。民國二十一年元月二日，日軍入錦州，七日以張景惠為黑龍江省偽省主席，十二日，日本軍閥侵略變本加厲，於據我東北三省之餘，復分兵三路入寇熱河，在大通一線與我激戰。

東北淪亡，局勢急轉直下，民國二十一年元月十五日，國際聯盟調查團正式成立，以英人李頓為團長。十七日，遜清廢帝溥儀在日人策劃下潛赴瀋陽。三月九日，日本竟製造東北傀儡政權偽滿洲國，以溥儀為偽滿洲國皇帝。國聯調查團於十月間發表報告書，宣布日本侵略中國，偽滿洲國乃由日本軍武力所造成，並建議解決辦法、方式及程序。民國二十二年國際聯盟會議，即以四十二票對一票，通過該建議案。日本老羞成怒退出國際聯盟。日本軍閥不費一兵一卒而如此順利攫失我東北矣，誠為痛心之事。

六七、「一二八」淞滬之戰

民國廿一年一月二十八日上海中日發生戰事，此時我仍在福建任內河保安團長，以身未參加作戰為憾。是年偕妻赴贛晉謁蔣委員長，道經上海，我岳父母，本住上海辣斐德路菜市路口，曾親眼看見上海人民，對於國家民族意識的表現。他們說：上海同胞發揮愛國精神到了極點。並將親眼看到的，與親耳聽到，都說給我聽，故記之：

本來瀋陽的北大營事變，一夕之間，輕輕易易斷送了東北三省領土，姑不論張學良之為自動的不抵抗，或是受命不抵抗，但此舉卻助長了敵人的氣焰，與加強了日本軍閥的野心。日本人因欲得寸進尺，終將藉口挑釁改為蠶食鯨吞之謀，這也早在國人意料之中。終於藉著日本募化僧人為三友實業社工人所殺的口實，發生了「一二八」的淞滬抗戰。（按：即民國廿一年一月廿八日深夜）

在戰事發生的前夕，日本態度，極度囂張。我十九路軍，亦已開抵蘇州至南翔、真茹一帶，形勢顯得空前緊張。上海最危險的地區為虹口、閘北一帶，如一旦戰事發生，勢必直接陷於鋒鏑。那裡的居民，就攜帶細軟，避居到蘇州河以南英人統治的租界一隅，從寶山路與河南路起，沿途扶老攜幼，人潮湧塞，變成了活生生的一幅流民圖。幾乎凡有能力離家自立的，都拋棄一切，一律倉皇奔避。因此虹口、閘北，乃有十室九空之現象。是日白天平安無事，在午夜十二時左右，聽得虹口方面，有繁密的槍聲。在市面沉寂的深夜，猛烈的槍聲砲聲，格外震耳欲聾。砲彈劃破了黯淡的長空，閃出了耀眼的火花。虹口與閘北兩區，有數處濃煙冒起，接著火光燭天，這一切證明戰事真的已經開始了。

在戰事進行中，上海民眾的愛國熱情，也達到了瘋狂的程度。一向對戰事漠不關心的人，這時對大場、羅店、廟行、吳淞等地寸土必爭，成為民眾最注意的事，各個電台上，晝夜不停地廣播著戰事消息，描寫十九路軍，以血肉之軀，抵擋熾烈砲火的英勇事蹟。抗戰後援會，這一個名義上，是民間組織，事實上由黨部在幕後指揮，市民都以能在後援會服務為榮。儘管沒有薪給，而人人感到匹夫有責，都踴躍參加，每天報紙與電台上，不斷呼籲著前線缺乏某些物質，於是車胎、藥品、食物、麻袋、自行車等，一呼而至，堆積如山，要什麼，民眾就送什麼，遠超過了軍隊之所需。因為物資太多無法收藏，迫得再度發出呼籲，要求停止捐送，這現象也超過了歷史上簞食壺漿的盛況。各報社、各團體，都代收集現金捐款，總數雖沒人加以統計過，但我眼見捐款的人，包括鶉衣百結的貧民，拉人力車的車伕，屏息而至，從腰間的布袋中取出成堆的輔幣，以一天勞力換來的血汗錢，慷慨一擲，毫不顧慮自己一家的生活。一二八的淞滬抗戰，經過很短的時間就終結了，但是，對於民族意識，有了一次重大的考驗。

六八、十九路軍的興衰

民國廿一年，余任福建省內河保安團長，奉命暫歸閩省保安旅長陳維遠指揮期間，我五十六師，奉命開往江西勦匪。而十九路軍，原在上海抗日，英勇故事，譽滿全國。於是淞滬戰事結束，該軍奉命開來福建整訓，蔣光鼐接替方聲濤而任福建省主席，兼綏靖公署主任。蔡廷鍇任第十九路軍總指揮，因民國十七年我與蔡同遊廬山，雖無深厚情感，確有同遊之緣，我去晉見，蒙其待我總算客氣。我與其部屬區壽年，認識最早，在北伐期間，我奉總司令部參謀處長張定璠命，派在第四軍做過連絡參謀，即與區壽年認識，面且後來，經常往來，常作雀戰之嬉。我倆可說無話不談，因此我對十九路軍的榮辱歷史，知之有素，概述如後：

十九路軍係由北伐時國民革命軍第四軍第十師師長陳銘樞所部為骨幹，漸次擴充，當時該師所轄三個團長，即蔡廷鍇、范漢傑、戴戟，後來該師擴編為十一軍，陳銘樞升軍長，蔣光鼐為副軍長，蔡廷鍇、戴戟為師長，毛維壽、沈光漢、區壽年等為團長。民國十八年，中央開編遣會議，通過縮編部隊，十一軍又改編為廣東編遣區第三師，蔣光鼐任師長，後又改為陸軍六十一師，轄兩個旅，一旅三個團，另有一個教導團，共七個團。陳銘樞自兵權交與蔣光鼐後，改任廣東省主席，蔡廷鍇為六十師師長，沈光年、區壽年為六十師的旅長。民國十八年六月廣西獨立，桂軍進攻廣州，同時駐防東江之徐景唐部（第五軍）叛變，六十及六十一師，奉調東征討徐，擊敗徐景唐後回師廣州，在廣州外圍白尼力拒桂軍進攻，桂軍不支潰敗，退回廣西。此時馮玉祥、閻錫山反抗中央，於是六十師，及六十一師，奉命北上討逆，在衡陽與號稱鐵軍的張發奎部遭遇，激戰至為劇烈，張部不支敗退，是役六十一師第九旅長張世得陣亡。接著開往山東討馮，所過之處，勢如破竹，順利克復濟南。六十師及六十一師回師山東兗州一帶待命，是時為民國十九年十月間。十九路軍之番號，即在此時此地誕生，設總指揮部，不設軍部，轄六十及六十一師，旅的建制不變，蔣光鼐任總指揮，蔡廷鍇為軍長兼六十師師長，載戟升任六十一師師長，毛維壽升任六十一師第八旅旅長，張炎為第九旅旅長，稍微整頓後，奉命開赴江西圍剿朱毛匪幫主力，經漢口、長沙至江西興國縣；二十年夏，擴充一個師（七十八師），區壽年任師長。此時六十師長為沈光漢，六十一師長為毛維壽，朱、毛此時企圖南竄，十九路軍遂與朱毛主力激戰於高興圩，結果朱、毛匪部潰不成軍，殘餘退回老巢。

同年冬，陳銘樞任京滬衛戍總司令，因十九路軍與他有淵源。於是十九路軍奉調京、滬一帶擔任衛戍任務。不久適逢「一二八」事件發生，上海市長吳鐵城與日軍週旋未得結果，日軍態度強硬，所提條件吳鐵城無法接受，日軍並增加陸海空軍兵力，威脅上海，製造緊張氣氛，全國同胞群情憤慨！愛國青年熱血沸騰，愛國心切，鼓舞抗日輿論，一致主戰。十九路軍不能忍耐，遂奮起抗戰，因受全國輿論的鼓勵與全國同胞與海外華僑的支持，士氣十分高昂，愈戰愈勇，雖然遭受日軍之陸海空軍夾擊，仍然奮不顧身，沉著應戰，以斗笠作鋼盔，接連衝鋒陷陣，把日軍打的落花流水，使之膽寒，三換其將，四換其帥，因此十九路軍名揚海外！後因日軍大量增援，政府派第五軍張治中部支援十九路軍，協同作戰，血戰三十餘天，獲得輝煌戰果！日軍損失慘重，企圖侵我上海，徒勞無功，遂訂停戰協定。

十九路軍因連年作戰，沒有整訓機會，也沒有地盤。於是在淞、滬抗日戰爭停戰後奉命開赴福建駐防，藉以整訓。蔣光鼐任福建省主席兼綏靖公署主任。蔡廷鍇任十九路軍總指揮。後來又擴充兩個師，一個師是由廣東招募而來，編為補充師，以譚啟秀為師長。另一個師是四十九師，該師的部隊是由張貞部改編，以張炎為師長。此時十九路軍合共為五個師，除四十九師及補充師每師為四個團外，至於其基本部隊之六十、六十一、七十八三個師每師均為七個團，各連士兵人數照編制足額，每團三千餘人，加上師直屬部隊，幾等於五個軍的兵力。因在上海抗日時收到海外華僑的捐款為數不少，於是以大部分的捐款向德國購買新式武器，各部隊的武器在閩變前全部都更換德國貨，並有飛機十九架。

二十二年冬，朱、毛匪幫在江西被國軍包圍，正在無路可走時，幾個失意軍人政客李濟琛、陳銘樞、黃琪翔等突至福州策動蔡廷鍇叛變，給與朱、毛匪幫死灰復燃的機會，蔡廷鍇為一老粗，沒有政治頭腦，遂被利用，這班失意軍人政客利用十九路軍為號召，開偽人民大會，成立偽人民政府，以李濟琛為主席，把福建省劃分八個行省，儼然小朝廷。把青天白日國旗及國父遺像焚燬，偽國旗上紅下藍，中間嵌以五角黃星，把國民革命軍十九路軍改為人民革命軍十九路軍，青天白日帽徽改為五角黃星，稱朱、毛匪幫為友軍。

當時十九路軍的高級將領，蔣光鼐、戴戟（「一二八」上海抗日時任淞滬守備司令）、黃強（十九路軍總部中將參謀長）、毛維壽（六十一師長）均反對閩變，於是蔣光鼐、戴戟先後出走，黃強名義上被調為廈門公安局長，實則軟禁。各部隊接到焚燬國旗及國父遺像命令後，群情嘩然，軍心立即動搖，大家都在懷疑憂慮著說：「我們的部隊是國民黨產生出來的，是為實行三民主義而戰，為什麼要焚燬國旗及國父遺像呢？我們怎能給少數野心家及失意政客利用去做被全國同胞唾棄的叛國叛黨的行為呢？如果這樣，大家的前途都完了，真是國家不幸！」於是有一部分中下級幹部陸續潛逃。

在閩變發動前夕，有一批下級幹部（排連長、副營長）百餘人，倒霉極了！他們於民國二十一年下半年被考選派往南京中央軍校軍訓班第一期受訓，於民國二十二年秋間畢業，畢業後返回原部隊服務，不幸！回來後才幾個月，就發生閩變，疑神疑鬼的陳銘樞等，誣指這批在南京受訓的軍官均為藍衣社暗殺團分子。於是十九路軍總部拍了一個電報給各團長：「凡在南京中央軍校軍訓班第一期受訓回來者（每團四至五人），不須審問，一律執行槍決。」他們真可憐！這班叛國賊實在是草菅人命！這批軍官當被押赴刑場時，沿途大聲喊叫：「團長啊！救我的命呀！我沒有犯法，為什麼要槍斃我呀？！」引起成千成萬的老百姓爭先恐後地擠去觀看，沒有一個老百姓不流同情之淚！可是，團長明知是無辜的、寃枉的，但奉命行事，欲救無力。六十一師三六二團團長石抱奇呆坐在辦公室內痛哭流涕！這件事情，完全是捕風捉影，所謂藍衣社，全是道聽塗說，他們不但不是藍衣社分子，而且還不知道藍衣社為何物？實在太寃枉！那有不調查事實，不問罪就殺人的？不知道這是什麼法律？殺人者自己是國家的叛徒，誤國害人，反誣指他人為叛徒，是非顛倒，殊為可惡！叛國者絕無好的下場。

閩變發生後，中央派廿四個師包圍福建。十九路軍隊譚啟秀之補充師在古田、水口與中央部隊有接觸外，其基本部隊之六十、六十一、七十八等師及四十九師均未與中央部隊接觸。這四個師長毛維壽、沈光漢、區壽年、張炎等通電擁護中央政府，偽人民政府不到兩個月就壽終正寢。

聞毛維壽等曾向中央要求保留十九路軍番號，請派戴戟中將為總指揮，中央未准所請。十九路軍改為第七路軍，派毛為壽為中將總指揮（原六十一師長），指定在泉州莆田一帶待命。第二步，十九路軍每師縮編為三個團。因此官兵多出很多，其處理辦法有三：（一）願意留在原部隊服務者則留之；（二）願意資遣回家者則資遣之；（三）軍官願意深造者，尉官送中央軍校洛陽分校，校官送中央軍校高等教育班，但須經過二度嚴格考試，成績未達錄取標準者仍發給旅費。惟請求資遣之軍官大部分已為陳濟棠所收容，送廣州燕塘軍校（後改第四分校）受訓。原有師長願意出國考察者，由中央發給旅費准其出洋。十九路軍數年來之光榮歷史，就此告終。

十九路軍能打仗，不能否認，過去之許多高級將領，如陳副總統、湯恩伯將軍等均稱讚十九路軍幹部能打仗。可是它為什麼能打仗？其因素何在？當然有它的優越條件：

第一、薪餉充足——據說十九路軍的經費來源，中央每月撥付銀元五十萬元，廣東省政府撥付銀元三十萬元，共八十萬元。發給官兵的薪餉是十足薪，為全國軍隊薪餉最高者。例如：二等兵月餉銀圓十元，一等兵十元零五角，上等兵十二元，下士十四元，中士十六元，上士二十元，文書技術上士二十六元，准尉三十五元，少尉四十五元，中尉六十元，上尉八十元，少校一百四十元，中校一百八十元，上校二百四十元。按月發放，向不欠餉，每週尚有借支，叫做禮拜錢。因物價低廉，士兵一個月的伙食只扣四元，官長伙食九元，雖然僅有幾元錢，但伙食是相當好的，因此逃兵少，招募易。

第二、愛護團體榮譽心高，精神團結，無地域觀念——士兵如遇與友軍發生誤會，打起架來，只認十九路番號，不問那裡人，呼嘯一聲，大家都來助戰，打仗時只求勝利，不怕犧牲，絕不示弱，友軍如遇緊急，決不袖手旁觀，自動助戰。

第三、士氣高昂——官兵都希望打仗，沒有打仗，似乎覺得太無聊，自稱鐵軍，人人勇敢。打起仗來，奮不顧身，決不退縮，絕無臨陣逃跑者。

第四、攻擊精神旺盛——喜歡衝鋒，銳不可當，攻無不克，戰無不勝，幾年來無仗不勝。

第五、幹部年輕——中下級幹部平均年齡不超過三十五歲。

第六、紀律嚴明——能做到不擾民，部隊行軍宿營，借駐民房，住前打掃環境，離開也打掃清潔，借物歸還，購物給錢，給人民好印象。

以上是它的優點。然也有它的缺點，其缺點較大者約有下列三點：第一、軍隊未能國家化，成為個人勢力，易為野心家利用；第二、領導人沒有政治頭腦；第三、太驕傲、輕敵，遲早必敗也。外界都以為十九路軍是廣東部隊，都是兩廣人，其實不然，全國各省的人都有，不過廣東湖南人為較多而已。例如：前六十一師長戴戟是安徽人，毛維壽是江西峽江人，其中有好幾位團長營長都不是廣東人，連長外省人則更多了。

一支有光榮歷史的部隊，竟為少數昏頭昏腦的野心家、失意軍人政客所利用，而斷送前途，國人無不惋惜；尤其十九路軍幹部無不切齒痛恨！甚至蔡廷鍇後來也後悔了，可是後悔晚矣！他們四個師長通電擁護中央後，陳銘樞在樟州乘飛機逃往香港時，蔡廷鍇在機場曾拔出手槍對準陳銘樞說：「你搞什麼鬼，你把部隊的光榮歷史前途都斷送了，你就溜之大吉啦，不成，你走不掉，我要殺掉你。」等語。霎時非常緊張，幸有在場人勸阻，不然，蔡廷鍇必殺陳銘樞。因為蔡是行伍出身，出言舉動都很粗野，能說到做到，此時蔡心情很亂，沒有理智也無情感了。蔡廷鍇有勇無謀，沒有政治頭腦，完全為陳銘樞利用，一念之差，誤國誤己，可惜又復可恨。

北伐完成後，國家本可走上統一之局，強盛之途，如無共匪猖獗，軍閥割據，派系之鬥，國家早已與列強並駕齊驅矣！所以軍隊必定要國家化，不能個人所有。要使軍隊國家化，必須防止造成軍隊個人勢力的淵源。現在政府高級將領之輪調制度非常好，此即走上軍隊國家化之路，再不致造成個人勢力，省了這種制度，國家定能永遠強盛了。

六九、建議剿匪計劃書

民國廿一年春，上海（一二八）淞滬抗日戰事結束，十九路軍，奉命開來福建整訓。我看到十九路軍，行為跋扈，能否容許本團生存，大有問題，我想擺脫內河保安團長職務，離開這個是非之地的福建。但是，我團擔任五十六師後方補給線防務，責任重大，不能中斷五十六師的補給線，怎樣艱難困苦，也要容忍擔任此項任務。幸我與蔡廷鍇有過廬山同遊的一段情感，想他一時不好意思對我下手。果在短期間內，對我防地未予變更，彼此相安無事。

使我最為憂慮的，是惦記江西共匪在最短期間淪陷十餘縣，從事擴充，吾慮共匪所踞贛南，為湘、贛、閩、粵之要衝地帶，四通八達，人口繁盛，物產豐富，易於擴充實力，將來共匪東趨江、浙，可動搖京、滬，北走三湘，可震撼武漢。如西越庾嶺，韶、梅在望。南跨武夷、福建當衝，在軍事觀點上來看，確為兵家必爭之地。若不設法剿滅，不但吾贛淪陷十餘縣之人民，受其荼毒。即湘、鄂、閩、粵等省人心浮動，影響之鉅，不難想像。是年冬，我國軍五十六師，奉命調往江西邊界，擔任堵剿共匪任務，在建寧一帶，吃了敗仗回至延平，余聞之驚異，親往延平，慰問劉師長，及負傷同事，並探知敵我優劣因素頗多，茲將各人所談共匪優點，集記於後：

匪區政治文化等部門，都納入心理作戰範疇之內。無論在口頭上、文字上、標語上、行動上、都顯示其宣傳性、誘惑性，使人墮入五里霧中，而不能自覺。

（一）匪區民眾都已赤化，受匪控制，他能做到堅壁清野，十室九空，使國軍無法獲得情報與補給。

（二）共匪通信技術，極為講究，尤以無線電破密工作，做得最好，所以我軍行動，多為匪軍偵悉。

（三）共匪對於情報，極為重視，如蒐集傳遞運用等，都很迅速確實。他利用其忠實分子，打入我部隊機關學校團體中來工作，作為他們行動上的掩護，以進行其挑撥離間及兵運情報等工作。

（四）匪軍能做到晝伏夜行，飄忽無定，使國軍無法捉摸，疲於奔命。

（五）匪軍對於內線作戰指導，甚得要訣，故能擊敗我國軍數次圍剿，而能流竄贛南地區達數年之久，其內線作戰指導，實有其獨到之處。

（六）匪軍作戰，極力師法馬陵戰法，慣用後退包圍，我進剿部隊，每為所乘，今後反攻作戰，仍須防範。

（七）共匪能做到黨政軍一元化，他們是以黨保障組織的健全，以軍鞏固政權的建立，以政培養軍事的壯大，所以他能彼此相需相輔，相輔相成。

以上是集記各人所談共匪優點，吾人必須針對現實，改變進勦策略，始可得心應手。經過熟思慎慮，我便在閩江兩岸建碉防匪，頗收宏效。如能不計時日，按步就班，步步為營，採穩紮穩打的辦法，遂漸縮小包圍圈，統建碉堡，務使共匪無法鑽隙逃跑，定可殲滅共匪於包圍圈內。當即草擬剿匪計劃書，內容是以三分軍事、七分政治的統戰工作，始能發揮剿匪效能，其大略如後：

甲、三分軍事方面

（一）將剿匪軍，編為數個縱隊，分為進剿縱隊，與堵截縱隊。每縱隊兵力，與共匪兵力相等，無論在何時何地，與共匪遭遇作戰，可收統一指揮之利，不致被其各個擊破。

（二）將共匪區域，劃分包圍圈，分配數個堵截縱隊，擔任防堵任務，先求穩定，步步為營，必須建堡築路，以碉堡形成包圍圈，派兵守堡防堵，後面建築馬路，沿馬路建堡防守，務使後面糧道安全便利，再求逐漸推進，縮小包圍圈，繼續建堡築路，務使共匪無法鑽隙逃路。（並將簡易築堡方法、繪圖附呈）

（三）進剿縱隊，在戰術上，要敵住我擾，以退為進，以迂為直，以快勝慢，以多勝少，乘虛鑽隙，避實擊虛，團旋打磨，伏擊滲透，有時化整為零，有時集零為整，隨時捕捉戰術，發揮高度的機動力。予匪以致命的打擊。

（四）進剿縱隊，在戰鬥上，採用鉗形突破，或兩翼包圍，前仆後繼，搖旗吶喊，聲東擊西，或坑道攻擊等方法，以達成攻擊任務。

（五）進勦縱隊指揮官，要隨時鼓勵士氣，發揮其旺盛企圖心，以赴戎機，達成任務。

（六）夜間作戰時，對於識別連絡，最為重要，夜間行動與戰鬥特技，國軍必須針對現實，加緊訓練，使能適藤識況，得心應手，克制共匪，晝伏夜動，也要做到飄忽無定作戰方式，使匪疲於奔命，衝不出我們包圍圈內。

（七）地方游擊部隊要配合進勦縱隊，為必要的措施。諸如挺進匪軍後方，擔任破壞、擾亂、狙擊、情報等任務，使我主力軍，作戰容易奏效。

乙、七分政治方面

（一）運用政治上一切措施，配合勦匪軍事上的需要。

（二）近聞江西最近淪陷十餘縣，均因文人做縣長，膽小如鼠，一聞匪風，即想逃跑，何能抵抗。在勦匪區域內鄰近縣分，應擇有政治頭腦之軍人做縣長，並規定縣長與縣城共存亡，如違即斬。

（三）嚴密保甲組織，以組鐵管理民眾，實行保甲聯保切結，如有隱藏共匪，以聯保人同罪。

（四）各縣挑選年富力強壯丁，組織義勇隊，自備武器，（無給職）。其任務為協助駐軍建堡築路守堡放哨，盤查行人，封鎖匪區物資等事宜。

（五）在義勇隊中，挑選情報人員，加以訓練，派其深入匪區，擔任情報與交通，按值重酬。

（六）凡接近匪區縣域，必須成立保衛團，歸縣長直接指揮，擔任游擊。有時派其挺進匪軍後方，擔任破壞、擾亂、狙擊、情報等任務，該縣如無財力購買槍支，省府應補助之。

（七）聯保辦公處，得成立武力自衛隊，武器經費自籌，該聯保應按需要與財力而定自衛隊人數，擔任守堡放哨及游擊等任務。

（八）封鎖匪區，凡是匪區所需日用品，尤要注意食鹽布疋，不准進入匪區，如查獲偷運物資，除充公外，其人以通匪論罪。

（九）食鹽由各縣組織食鹽公賣局，按照全縣人口定量計售，得來利潤，除交付保衛團經費外，不得任意加價以免民眾負擔過重。

（十）每保自籌保學一所，掃除文盲，白天教育兒童，晚間集中全保成年男女，宣揚三民主義，以及講演新生活之舊道德，即四維八德等課題（目的為消除匪區民眾思想毒素）。

（十一）為提高縣長權力起見，縣長得兼任委員長行營軍法官，使駐軍不敢違犯紀律，在各縣橫行不法，以收人心。

上項勦匪計劃建議書，是寄南京教導總隊，託老友桂永清轉呈委員長蔣公。

我的剿匪建議書，寄出月餘，果得桂永清來電云：奉諭要我赴京晉見，於是我率同妻子夢蘭女士，由福建趕往南京，不料委員長已去江西廬山，坐鎮督勦。我妻久聞廬山勝跡，她亦要隨去。先到南昌，仍借住高升巷一號張勳公館。余先到委員長行營登記求見，委員長事忙，派鄧文儀代見，我說明奉召來見，並報告福建十九路軍陳銘樞、蔡廷鍇在閩作為，恐有不利中央。請轉稟校長預為防患，陳銘樞恐受李濟琛的煽動，竟與朱毛共匪勾結等事（按：後來陳果然擁護李濟琛為偽人民政府主席，公然反對中央政府），後即辭出。

第三天再去行營會見鄧文儀。據說：校長已將你的名片批交江西省熊主席，以剿匪區縣長任用。我回到家中將此情形告訴我妻，妻說：做剿匪區縣長是很危險的，你雖是軍人，可是你無兵權，犧牲無辜，實在毫無價值，未免冤哉枉也。我說：無意義的生，即等於死，無價值的死，則不如不生，我既投入革命軍的旗幟之下，應為救國救民而奮鬥，何況為桑梓剿匪，如果成功是為江西父老造福，萬一不幸，為剿匪而犧牲，做了革命先烈，贏得萬民敬佩，留給後人永久追念，我死是有價值的，馬革裹屍，正是男兒應有的壯志。

不久有江西省政府民政廳長王又庸先生來訪，說明熊主席欲請余出任泰和縣長。據王又庸說：江西各縣長多係文人，在此剿匪期間，文人難負剿匪艱危。且有縣長一聞匪風即逃，江西因此被匪淪陷十餘縣，又云委員長現在提倡七分政治，三分軍事，協同圍剿方可奏效云。

我答云：民國十五年，我任總司令部參謀時，攻進南昌，曾做過樂安縣長，失去革命軍人立功機會，致使自己落伍。並發誓從此不再做縣長，今日為救桑梓，又是校長批派，只得服從，不敢推諉。但是，我要求與匪鬥爭要有武力，方可發揮我個人的抱負，否則我仍回福建做我的團長。事隔一週王又庸先生來訪，說明熊主席對你的要求，慨然應允。旬日後江西省政府送來公文，卻是委狀，署理泰和縣長，兼泰和縣保安處長，兼江西保衛第一師團長，又兼委員長南昌行營軍法官。一肩如許要職，自知任重道遠，惟有兢兢而為。首先去電報福建，向劉和鼎師長辭職，並保薦第三營長葉象賢繼任我的團長職務，（因葉係軍校七期同學）。並說明：奉委員長命，要余返贛參加剿匪行列，而劉和鼎師長兼閩省剿匪指揮官覆電照准，我即趕返福州，辦理移交，甫抵灣口，始知本團奉命縮編為游擊大隊，任葉象賢為大隊長，謝瑞農為副大隊長，我在福州移交清楚，即返贛赴泰和履新。

七〇、做縣長安撫難民

民國廿二年，內子翁夢蘭，懷孕不能同行，留住張勳公館待產，我率領科祕人等前往泰和接事。此時泰和縣長蘇莊向我說明目前匪情狀況：出縣城五里之遙，即是匪區，泰和境內之贛江東岸，要佔泰和縣境四分之三地區全部赤化，彼此都有武裝士兵，隔河互相監視，有時隔河互相射擊，只有泰和西岸，上至馬家洲，下至吉安縣，沿公路兩側，駐有軍隊防守，比較沒有赤化，有時亦有小股共匪擾亂，致使人心惶惶，常感不安。這是小事，最感困擾的，是泰和縣境東岸淪陷之初，逃來難民，困居城內及沿溪渡，馬家洲等地，已有數年，隨帶財物都已用盡，生計維艱，於是不守秩序，發生越軌行為。他們為著生存，偷盜強取，無所不為，使各地居民自種稻谷青菜，均被難民強行取走做飯吃，風景樹木任意砍伐當柴燒，池塘養魚隨便撈取，業主無法制止，居民受其侵害，已到無法安居地步。在這種情勢下，土居民眾與客居難民，充滿了仇恨的氣氛，而引起相罵打架，打得頭破血流即來縣府驗傷依法互控，可說日有數次之多。有時難民麕集至某村強取，或砍伐樹木，激起當地人民公憤，集合壯丁，手持梭標，驅走強取之難民而引起械鬥，雙方都有傷亡，即來縣府互控。縣長如要依法嚴法，而難民驟然發出一片哭聲，大叫縣長你不能望著我們餓死。縣長也被同情之淚所激動，欲依法加罪，於心何忍。難民鬧事，是歷任縣長最感棘手無法處置之事。這批難民期待援救，需要迫切，政府既無救濟財源，地方治安必然受其影響，應予設法解決難民生活，免釀事端，實為迫切緊要之事。

我已負起了這副沉重的擔子，無所逃於天地之間，因此我一再提醒自己，我是江西人，應救父老於水深火熱之中，絕不容許有絲毫鬆弛。我懷著沉痛的心情，日夜苦思，我要將他們帶向光明的前途，不管任務如何險惡，途程如何遙遠，我感到使命之所在，要想出一套計劃治理泰和的腹案。發出請柬，召集泰和縣有名的縉紳二十餘人來縣府開會，我說明泰和治理腹案，請大家研究如果可行的話，需要列位與我合作。我將腹案報告如後：

第一件：目前泰和縣境最嚴重問題，是兩萬餘難民，沒有救濟，他們逃來數年帶來資產，業已吃盡當光，生活無著，已到無法生存，擾害社會治安，使大家無法安居樂業，而至同歸於盡的地步。

第二件：是本縣地區淪陷四分之三，所有財源、收入不敷縣府行政經費支出，焉有餘錢救濟難民，及供養團隊，我們如果沒有武力，如何與共匪鬥爭。

第三件：是泰和距共匪老巢井崗山、富田兩地很近，尤其現在共匪大本營在興國，均與泰和毗鄰，處境險惡，我們大家住此，好像生活在火山的邊沿。我們要想法自衛，自衛即要興辦保衛團與義勇隊，必需一筆財源。財政為庶政之母，無錢百事難舉，我想開闢財源，將食鹽改為公賣，按口計量出售，又可封鎖匪區食鹽，得來盈餘，供支保衛團經費，再抽一部經費，以工代賑，僱請難民建堡築路。（我的政策獲得在場仕紳贊成，這種事情不能由縣府來做，應該由你們全縣推舉公正紳仕若干人，組織財務委員會，主持食鹽公賣事宜，我想取之於公，用之於公，報請省府核准，縣府不過是監督地位。這次會議，獲得圓滿通過。我即備文向省府請示，亦蒙主席批准，我即轉令各區推舉財務委員二人，來縣府組織財務委員會，主持食鹽公賣事宜。）

第四件：我再召集難民推派代表，組織難民營理委員會，辦理本縣難民登記、編組編隊，先做縣城周圍碉堡，次做三都墟至縣城卅華里公路工程。婦女編成工作生產隊，僱請裁縫、工藝老師教導各種工藝技術，生產出品，每日由財務委員按值收購，運往鄰縣，蝕本均可出售。並在難民中挑選鄉級幹部，組織保甲訓練班，每期二百人，假蕭百萬大院，作為訓練校址，受訓三月，均由我親自講授保甲組織法與組織管理民眾法，以及情報常識，此外即軍事基本訓練，游擊戰術，第一期畢業學生，派往泰和東岸做坐探與交通工作。從此難民有了工作，雖然收入微薄，總可維持最低生存，暫安一時，沒有發生強取暗偷及械鬥之事。

七一、以毒攻毒收復失地

泰和縣難民建堡築路工作，快要完畢之際，我又擔心他們生活，若無良好的安排，又要擾亂社會秩序。正在煩悶寢食不安之際，我接派往匪區情報員寄回的報告，知道匪區狀況，瞭如指掌，我即想到利用難民生活維艱之際，迫其挺而走險，來做擾害匪區工作。我即召集難民委員會，全體委員來縣府開會，我說明建堡築路工程，即將完畢，你們難民生活，又將快臨絕境。我為大家著想，由我率領保衛團渡河，攻擊本縣河東地區。即是你們難民淪給共區的家鄉。你們挑選年富力強壯丁，手持梭標，身背匾擔，跟在我保衛團後面前進，俟我打進匪區村落後，由你們搶劫，見牛牽牛，見穀挑穀，可是搶來任何物資，不准私藏己有，都由你們委員會，作公正合理的配給每一個難民享受，得來槍支，亦交你們義勇隊使用。我與保衛團，不要分文的報酬。他們聽了我的話，他們都說縣長願為我們生存而去冒險，真是感激不盡。從此我這個縣長，成為打家劫舍的強盜頭子了。我的戰術，用的是以大吃小，集中兵力，突破弱點的戰術。每逢渡河搶劫之初，先要摸清匪區兵力已經他調，然後乘隙攻入，由我帶去難民搶劫，滿載而歸。得來牛馬糧食，都由難民委員會，作公正分配，維持難民生活，第一次得來步槍十七支，亦交由難民義勇隊使用。不出一月，難民委員會，又來請求我率團隊渡河。都說：再不過河，他們生活又成問題了。此時我接到情報，前次被搶村落，曾經該村蘇維埃政府，報請毛匪中央派兵保護。共匪曾派游擊隊來該村駐了一星期，昨日又開往固陂墟去了，我再計劃半夜過河搶劫另一個村落。結果又繳得匪槍卅餘支，亦交難民義勇隊。從此難民義勇隊，由梭標暫暫改用步槍了。他們有了步槍，勢力強大，以後不必要我親自去，他們自己可以去了。但是去得次數多了，匪區村落被我難民義勇隊擾不勝擾，他們知道共匪無力保障他們村莊安全，即派代表來縣府接洽投誠。我對投誠來歸代表，招待特別客氣。我說：你們覺醒來歸，我表示歡迎，選定日期集合全村男女老幼，我親自前往該村，每人發給食鹽一包（半斤）作為慰勞品。並要他們集體宣誓，脫離共匪以後，不准再有私通共匪，或窩藏共匪。如敢故違，十家聯保人同罪，並由每戶填寫聯保切結。宣誓後即由該村推舉保長、甲長，我即委派曾經受過訓的學生，為該村聯保主任。組織聯保辦公處，管理該村政治事務。將全村男女統要納入組織，其名稱為義勇隊，少年師及婦女工作隊等，都分別派有任務。擔任守堡放哨，盤查行人。並設有保學一個，名為掃去文盲，實則宣揚三民主義，及委員長言行，作為思想教育。並在村之四周，建築碉堡，裝設電話，並派我保衛團士兵守堡，保衛該村。該村村民，被我洗劫後，生活已感困難，我亦准許該村聯保主任，率領該村義勇隊，再去匪區村落搶劫。而鄰村被劫，不堪生存，亦派代表來府接洽投誠，我亦如法泡製。不到一年，以毒攻毒政策，竟將淪陷匪手之泰和東部地區，全部收復。難民都可回家，整頓舊時家園。

七二、疑兵計大獲勝利

民國二十三年春，共匪蕭克，率領共匪四團，由永新縣境之天河，竄來泰和縣之三都墟。其前衛部隊，已到馬家洲，翌日即佔領本縣西門城外一帶高山，形成包圍姿態。只有北門城外，通沿溪渡，至吉安馬路，並無共匪。當時泰和城內，人心惶惶，尤其縣府獄吏，向我請假擬往吉安。我說：縣府大小官吏，守土有責，我要大家與城共存亡，誰敢不遵命令而有私逃者，被我拿獲，即行槍決。務請大家安心工作，以振人心。好在城外周圍碉堡，業已完成，每堡派兵五人駐守，其餘保衛團在城牆上防守，我曾用長途電話報告吉安李雲杰軍長，請求派兵增援，李軍長說：共匪蕭克主力仍在貴縣三都墟，此地是吉安、永新、泰和三縣交界處。共匪動向尚未摸清，未便撤離各地防兵而增援泰和。請你暫取守勢，關閉城門，切斷交通。務使共匪無法知道城內墟實為要。因此依賴駐軍，已成泡影，只好自己為謀。查城外周圍新建碉堡，已有柒拾餘個，每處派兵五名，蓄存竹製手榴彈每堡二百個，水米鹹菜儲存十日量。城外守堡士兵約計一營，尚有兩營兵力，巡防城牆。並關閉城門，斷切內外交通，任何人不得擅自出入。其目的，以絕共匪偵探出入。次日商會會長來說：關閉城門，斷絕交通，城內居民沒有青菜吃，可否每日由沿溪渡菜販進城一次，因此我想起沿溪渡，尚有九十六師新兵一營，即派商會會長去沿溪渡，情商該營長，每日下午五時集合該營士兵，全副武裝，手執燈籠或火把，向泰和進軍，迂過城牆，即息滅燈籠暗自回營。使西門外高地，共匪哨兵，發覺每日均有援兵進城，作為疑兵之計。再由商會派人在沿溪渡，採購全城百姓需要菜量。每日雇人挑菜，隨同新兵、送至城腳，用繩子吊上城內，新兵營到達縣城後，亦不進城。休息後即掩旗息鼓，仍回沿溪渡，往返廿里。如此連走三日，共匪知我每日都有援軍進城，我判斷蕭克不敢來攻。新兵營長依我計劃施行三日，共匪仍在西門外高地派有哨兵，未見撤走，亦無來攻模樣。我叫商會會長籌款慰勞新兵營，每人發給膠鞋一雙，牙膏一條牙刷一支，每人發給銀圓一元作為加菜之用。在此數日，情況危迫，我是不休、不眠，殫智竭慮，維護安全。有時半夜親自巡視城牆守兵有無疏忽，常感陷於無兵援助，不知共匪何時撤走。三日後共匪亦未來攻，亦不撤走，始終是膠著狀態。全城民眾，恐懼心理未除，深為憂慮。第五日接獲情報，馬家洲，及西門外高地共匪撤回三都墟。第六日情報，共匪仍在三都墟，每日五時均在大操場操練，蕭克匪首有時集合訓話，似無開走企圖，奈何。我將上項匪情報告吉安李軍長，擬自率團隊去攻三都墟，並請李軍長接洽空軍派飛機二架，隨帶炸彈，於明早五時半，飛臨三都墟轟炸共匪，我擬乘匪亂之際攻之如何，如果可以的話，請再來電話告訴我。李軍長答覆可以。二小時後，李軍長果有電話來說：空軍業已洽妥，明晨五時半，準有二架飛機去炸三都墟，並規定我的士兵左臂要纏白布，並製白旗數面，如遇飛機，將白旗左右搖動三次即可，以資識別，而免誤炸等語。余當即下達命令集結保衛團，義勇隊及附近聯保辦公處所轄義勇隊，總計人數約有二千，步槍只有一千五百餘支。其餘義勇隊手持梭標或大刀，集合於舊縣府空地上，我先訓話，說明：我們手持梭標大刀，跟我去勦匪，好像我這個縣長，不盡人情，驅使你們去送死。不過請你們不要怕，我不會要你們去肉搏，打硬仗。只要你們替我佔領山頭，散開來作為疑兵，使共匪知道某處山頭有人，不敢向這個方向逃跑，達到這個目的，即成功一半了。其次回來時，保證你們都有戰利品，每人都可撈一支步槍回來。只要大家聽我的指揮，不可亂了步驟，於是算好時間，半夜一時出發，大家要肅靜。四時抵三都墟郊外山地後面，共匪哨兵尚未發覺，余即派我自己的衛士二人率領手槍隊手持大刀偷進，先去扼殺共匪哨兵，再去消滅排哨守兵後，再派義勇隊佔領幾處山頭。屆時要聽我的命令，搖旗吶喊，或吹衝鋒號音，虛張聲勢，作為疑兵。其次有槍團隊，分三路待攻前進。布署完畢，天已大亮，即聞共匪號兵吹起床號音，不久已見共匪部隊向操場集結中，忽聞飛機聲音來臨，匪兵亂動，似有疏散模樣。而飛機業已臨頭轟炸，我俯視操場，只見匪兵到處亂竄，我部隊即開始向匪軍射擊。我乘匪軍混亂之際，親自率領保衛團隊，及義勇隊，先用密集火力射擊後再分路衝殺，向山下猛撲；狂呼大叫衝殺，跡近瘋狂。刀槍齊施，一場混戰，殺得匪軍鬼哭神嚎，屍骸遍地。其餘匪軍，只顧逃命毫無鬥志。匪部均向福安縣逃竄，尚有很多匪軍躲避飛機轟炸，藏匿民家，時放冷槍，均被搜出繳械。也有頑強抵抗者，我士兵向之喊話：如果再不出來投誠，我們即燒房子，士兵叫得聲嘶力竭，匪兵仍不出來投降。於是叫人跑上隔屋，向匪軍射擊，我亦大聲叫道：我是泰和縣長，向你們保證，棄械投誠，決對保障你們安全。匪兵始敢出來繳械，可是他們已嚇得心驚膽戰，混身欷欷發抖。我進前安慰他們，我決不殘殺俘虜，你們放心，不必害怕。是日兩架飛機因距離吉安飛機場很近，炸畢飛返機場裝上炸彈，再來轟炸，往返即有六次之多，炸得共匪悲呼慘叫，屍骸遍地，血流成渠。只見操場上被飛機炸死的屍首，血肉模糊，約有百餘具，躺在血泊中重傷者，悲慘呻吟，奄奄一息，是日大獲全勝，奪獲步槍三百餘支，我的徒手義勇隊，每人各有步槍一支，勝利回城。所有民眾，歡天喜地，燃放鞭砲，迎接部隊凱旋，人人興奮，在熱烈掌聲與鞭爆聲中回到縣府，尤其我妻喜極流淚。我說：我衛士搶殺一名女匪幹，我妻說：何故殺之，我將殺之經過告訴她云：

三都墟某姓大戶人家，買了一個使女，年已及笄，行為不端，主婦管理嚴格，也許有虐待行為。此女逃向匪區已有半年，不料這次勾結蕭匪進攻三都墟。該女引匪竟將該大戶家之主婦捉來，當眾公審。行刑之時，該女又用大紙爆插入主婦陰道之內，然後點火爆炸，主婦死得很慘。引起全墟民眾，看了非常公憤，這次蕭匪敗逃，此女竟被民眾拿獲，要求縣長當眾槍決。我順從全體民眾要求，即命衛士拔出手槍當眾殺之，大快人心。如果解回依法審問，再報上級核准始可行刑，手續就麻煩了。我妻聞了此話亦云：惡人必得惡報。這是我有生以來，親命衛士殺人第一次。

七三、解除吉安縣城危

我到泰和接事之初，路經吉安縣。須拜訪頂頭上司王有蘭專員，及對駐防軍長李雲杰，作禮貌上之晉謁。是日蒙李軍長設宴招待。赴宴之際，余見軍長隔室有乒乓球檯，我忖李軍長愛好打球，在酒席筵前，我說：軍長的乒乓球，一定打得很好，於是軍部參謀長說：帥縣長，你怎麼知道？我說：我看見隔室健身房，設備有乒乓球檯。參謀長又說：軍長的球技，可說：打盡全軍無敵手；我說：飯後我來領教領教！席散，李軍長果然要我與他打乒乓球，我只得奉陪，兩人交手，李軍長的球技確實來得兇猛，我亦善於迎戰，觀戰來賓，連聲叫好。可說：棋逢敵手。從此李軍長，要我常來吉安陪他打球，我說有暇即來奉陪。從此以後，我每月至少要陪他一次，他說是先打電話邀請，徵得我有暇，派他自坐轎車來泰和接我，每次招待非常客氣，上等酒飯，我倆總要飲一瓶白蘭地始夠盡興。飯後仍派轎車送回泰和，從此軍部官兵，無人不知我是李軍長的上賓，我每到軍部，衛兵見我從不盤問即舉槍向我敬禮，我亦進出自如。

有一次我接到吉安縣溫惠疇縣長電話，（溫君現在臺灣）他說：請你速來救救我的百姓！我說你開什麼玩笑，他又說：不是開玩笑，是真事，這事非常嚴重，只有你來始能解決。我問他什麼事；他說：電話不便講，以免洩密，你要火速來吉安，不可遲延。遲延即要發生大戰。泰和距吉安六十華里，我借本縣裝鹽卡車趕往吉安，果見吉安城裡老百姓，肩挑行李，扶老攜幼紛紛向外逃避，確有嚴重事態發生模樣。我在他們千鈞一髮之際，車抵吉安縣府。溫縣長見到我來，特別高興。他見面即說：救星到了，我問究竟是什麼事呵？溫說：昨夜突來四個師，而本縣防軍李雲杰部，忽然嚴陣以待，在營房附近，堆置沙包、架設電網，不准新來部隊接近，否則即要開槍。新來幾位師長，要向李雲杰當面解釋，可是李軍長，不與他們接談，我打電話，李軍長不接電話，我幾次親到軍部，均不接見，無法進入。我想你與李軍長私交很好，請你來做個魯仲連，必能消除這場災禍。我問他新來部隊是那幾個師？他又說：第五師周輝元部，第十三師萬耀煌部，九十六師蕭致平部，九十八師郭思寅部。我說：蕭致平與周輝元是我老友，我要先去問他來此是何任務？溫縣長果然導我去見蕭致平，始知他們奉命渡河向興國進軍。蕭說：我想通知你準備渡河架橋材料，因避共匪竊聽長途電話或偷收電報，都不敢打電報給你。南昌行營，事先亦未通知李軍長，說明我們渡河進軍任務，以免洩密，增加渡河困難。因此李軍長發生誤會，在防地戒嚴，致使老百姓恐慌萬狀，這是不幸事件。我們四個師長去見李軍長，他又不見，打電話李又不接，無法解釋，據溫縣長說：你同李軍長私交很好，請你代表我向李軍長解釋，勸他不必戒嚴，以免驚動百姓。蕭師長是我老友，亦是泰和縣人，我相信蕭語，來此確為渡河勦匪，不是來此繳李軍長槍械。於是我即去軍部，果見軍部門前增加了衛兵，連圍牆上都站有武裝士兵，架有機關槍對準來路，並取射擊姿態，箭拔弩張，如臨大敵。幸好有一位排長在營門口，見了我即敬禮，迎我去見李軍長。我先不說來此任務做說客，仍照往常習慣與李軍長打球，打過球以後，照例飲酒吃飯，此時我問李軍長，今天貴部為何要戒嚴？李說：防人之心不可無。我問你防誰呵？李又說：昨夜突來四個師，我未接到南昌行營的電報，不知他們是何任務，昨夜我接聽好幾個部下電話報告，新來部隊要我部讓營房給他們駐，我部不讓，他們說了許多難聽的話。李飲了兩口酒然後又說：當年我在湖南做營長，在操場上無故被人繳了槍，我被毒蛇咬過一口，現在見到鱔魚都害怕。我說：你是怕他們來此繳你們的槍嗎？李沒有出聲，只顧吃菜。我又說：昨夜來此四個師長，內有周、蕭兩位師長，是我老友，前幾天蕭師長，派他弟弟回泰和通知我，說明共有四個師，要經泰和渡河進軍興國，要我祕密準備架橋材料，千萬不可洩密，以免共匪截擊增加渡河困難，李軍長聽到此處，突然兩眼睜大，對我說：是真的嗎？為何軍屬委員會，沒有電報通知我呢？我說：蕭師長來信都是派弟弟送的，都不敢打電報，是避免共匪竊聽貫技，以免洩密之故。軍事委員會沒有電報通知你，何嘗不怕洩密呢？我又說：我上次來此打球，你派參謀長到南昌行營，剛領到七九子彈十萬發。如果上級對你有疑問？又何必發給你這麼多子彈呢？請你不必多疑！李忽然大悟，似有後悔之慨。我說：你趕快解除戒嚴，挽救地方人心惶惶，再派代表赴南昌行營解說誤會，以免共匪造謠，說你叛變。李當即叫來參謀長，三人共同商議，參謀長認為我的看法是對的，都照我的話去做，首先電話各旅長，撤消戒嚴部隊，恢復平時狀態。並由參謀長漏夜趕往南昌去向行營面報誤會經過，以免弄假成真。是夜我辭出，即到蕭師長住處，說明解釋經過，蕭師長即電話通知各師長，誤會已由帥縣長解釋清楚，化險為夷，扭轉乾坤，李軍長業已撤除戒嚴，恢復秩序，請大家不必介意云！

七四、俘獲匪酋孔荷寵

我泰和縣境，河之東岸，自民國十九年淪陷迄今，已有數年。兵連禍結，鄉村原有文物，早被摧毀殆盡，面目全非。共匪組織農協，叫囂革命，殺地主、分田地、武裝群眾，建立蘇維埃政權，屠殺無辜。縣民紛紛逃來西岸之泰和縣城，沿溪渡、馬家洲一帶做難民，日久生活貧困，已到無法生存地步。於是偷盜強取，擾害治安，紛爭不已，使歷任縣長感到困擾。

我到泰和接任之初，想出以毒攻毒辦法。組織難民、訓練難民；在訓練期間，先是以工代賑，最後迫其向東岸發展。經數月之奮鬥，收復失地不少。忽由吉安開來四師兵力，統由卅六軍軍長周渾元指揮。軍抵吉安，又與當地防軍李雲杰部發生誤會，雙方戒嚴，已到一觸即發的嚴重階段。吉安縣長溫惠疇請我前往調解，扭轉乾坤，化險為夷。因此周軍長和幾位師長，對我發生良好觀感。不數日，各位師長甫抵泰和，我曾設宴歡迎。在酒席筵前，尤其是蕭致平師長，他是泰和東岸人，對於我治泰和情形，比他們特別瞭解。他向同來之軍、師長介紹我治泰和政績；說我到差不及一年，已將泰和東岸失地，收復不少，真是出乎意料之外。我說：我自吉安回縣後，即下令徵用馬家洲木商木排廿聯，昨由馬家洲流放，今晨已抵泰和，準備你們渡河架設浮橋之用。我保衛團全部開往東岸掩護你們渡河，絕對安全。

由次日第五師工兵營擔任架橋，不到半天工夫，浮橋業已成功。部隊開始渡河之日，有九十八師旅長方靖來訪。方旅長曾是我第三師第八團機關槍連連長。當時我任八團二營六連連長。後又在十一師卅一旅，方在關麟徵團擔任營長，我在旅部擔任少校參謀，因有兩次同事之誼，情感素洽。此次久別重逢，喜遇故交，挽留在縣府酒敘，方邀他的團長羅廣文同來縣府，目的想多瞭解匪情。我說：興國是共匪大本營，目前只有雜牌部隊游擊師在泰和地區，來對付我的游擊部隊。你們大軍前進，是不足怕的。共匪明日得知你們渡河情報，必調正規軍來阻撓你們前進。你們必須小心謹慎，切不可冒失，以免為匪所乘。羅廣文當時對於匪軍戰鬥力，頗存輕視心理，這是我從旁的觀察。他們渡河三天，九十八師就在沴村前面山地，與匪軍發生接觸。那時他們不知匪情虛實，只是一面戰鬥，一面前進，他們認為共匪只是以游擊師來阻撓他們的進路，故意糾纏。等到黃昏日落時候，共匪的大部隊，突向該師襲擊，羅團長負傷。幸好後續部隊趕到，始將共匪擊潰。共匪向興國邊界老隆方向返卻。他們經過此一戰役後，不敢速進。遵照委員長的指示，步步為營，穩紮穩打。劃定區域，由泰和至沙村四十華里，劃歸第十三師，師長是萬耀煌先生（現在臺灣），及第五師長，是周渾元自兼。這兩個師分段擔任建築馬路工程。並在馬路兩旁擇地建築碉堡。由沙村至興國邊界之高興圩老隆最前線，由九十八師擔任警戒，九十六師擔任建堡築路工程。此段皆是山地，南昌公路局，派來開山機數部，分段炸劈山石地，經數月艱苦工作，始克有成。在此築路期間，我保衛團士兵，因瞭解當地地形，和民情關係；我乃命令保衛團擔任築路線兩側地區之游擊與巡查，作為掩護築路軍兩側之安全。

有一天晚餐後，忽接沙村周軍長來長途電話，僅說：有要事面商，要我速去沙村。我當即帶了四個武裝衛士，乘馬漏夜趕往沙村。周軍長見面就說：恭喜你，得了一件大功。我說：我有何大功？周說：你的保衛團捉得匪首孔荷寵，經過詳情如下：

我保衛團第三營蕭連長，今晨在泰和與萬安之間山谷中，碰著三個人，偷偷摸摸、行跡可疑。即派兵將三人擒獲，當時蕭連長問他們時，他們只承認是共匪的師長、政委、書記。他們都在興國紅軍大學受訓期滿，擬由泰和縣與萬安縣邊區竄回贛西去，經貴縣保衛團拿獲，將其綑送縣府。路經沙村軍部門口，被我發覺，囑其解進軍部。我本想問問匪區情況，不料他說：我是值得八萬塊錢的孔荷寵，特來投誠，我明知他們投誠是假，現在只好讓他假戲真唱吧！他又說：學富兄，你看過太平天國的故事嗎？我答：知道。他又說：長毛有一位四眼狗李秀成，他被曾國藩捉到了，迫其招供。李秀成說：你們捉到長毛殺不得，如果你們要殘殺，是越殺越結，永無瓦解的日子。我問？軍長意見要如何處置。周說：我想利用孔荷寵，做一個招降的廣告，因孔是贛西地區共匪的總指揮，以他的身分來號召，瓦解共匪軍心必易；不過你有很大的損失。我答，我有什麼損失？他說如果准其自來投降，這筆獎金八萬元，你們就得不到了呵！我說：只要對於剿匪前途有益，什麼犧牲都可以。他又說：我今天請你來商量的，就是為此。不過你們今後要保守祕密，我明日即將孔荷寵護送南昌行營，晉謁蔣委員長，委其官職，易於號召。我說：你要暗中向委員長說明：孔荷寵是假投誠，使上級不可信任，要多派特工同志充其參謀副官，就便監視。周說：這個自然，請你放心好了。談畢，我仍漏夜趕回縣府，絕不談及此事。

不數日，果見報紙大字標題，匪首孔荷寵投誠，委員長派孔荷寵為宣慰使，派孔仍回泰和前線向匪軍喊話，目的在動搖共匪軍心，果有效驗。

其時大約是民國廿三年八九月間。泰和至興國馬路，經兵工建築，完成通車後，各師集中兵力，進攻興國，受阻於興國邊境，泰和營轄之老隆地區，我是泰和縣長，兼興國縣長，我帶了一批受過訓練的由興國難民組成之義勇隊，隨軍出發做嚮導與諜報工作，也是準備收復興國後，派充政治基層幹部。

各軍進攻老隆當面之敵，已有三日，尚無進展。我隨同蕭致平師長，在陣地上用望遠鏡看共匪陣地，並無一兵，而火力如此強大。只見山地冒煙與槍聲，我想共匪陣地的工事構築良好。我對蕭師長說：共匪所佔陣地山頭似已挖空了，如要硬攻，傷亡必重，我建議正面用佯攻，主力繞其側背，斷其接濟，共匪雖有堅固工事，亦無法久守。蕭說：我們就是擔任佯攻，已經另有部隊繞其側背去了。翌日早晨，蕭師長來說：共匪昨夜全線撤退，約我同去觀察共匪陣地中所築之工事。是日同去的人，有九十六師團長李彌（李現任雲南省府主席仍在臺灣）大家跑到共匪陣地，果見山頭被其挖空，後面交通壕，亦做得很好，大家都讚不絕口。

吾贛自民國十九年被共匪割據達十餘縣，共匪武裝部隊計有十二萬人，受其控制民眾達三百萬人。此乃中國近代史上，江西所發生的重要平亂戰爭，在此數次圍剿中，我們亦動用了武裝部隊近百萬人。動員民眾約一千二百萬有餘。當時所訂剿匪策略，是以拙制巧的辦法。三分軍事，是指穩紮穩打，步步為營，建堡築路，逐漸縮小包圍圈，然後再以優勢兵力殲滅之。七分政治是組織民眾，以組織管理民眾，運用民眾，來做封鎖匪區一切物資。尤其是食鹽與布疋，是匪區最需要之物。有時擔任運輸，宣傳，與諜報；協助軍隊建堡築路，架設電話，守堡放哨，總合軍事、政治、經濟，以及心理，無形構成了高度的總體戰。經過長久施為與戰鬥，最後在其縮小的包圍圈內，國軍運用壓倒優勢力量，終將共匪逐出江西。可惜，未將共匪全部殲滅，誠為憾事，致使共匪竄到荒僻的延安，卻貽下了今日無窮之患。

七五、一週之內升三級

民國二十三年，江西被共匪盤踞數年，此次大軍進剿，將共匪逐出贛境。地方雖然收復，可是業已破爛不堪，正宜亟謀建設。這時省府忽然命令，調我參加縣政人員訓練所第二期受訓。縣長職務，由祕書周中柱代拆代行。余率妻女到達南昌，寄居老友費子登家中。翌日親往令公廟縣訓所報到，編入第一區隊為學員。該隊是現任縣長六十餘人，也有準縣長十餘人，混合編成。其餘第二、三、四區隊，都是各縣區長編成，編隊時區隊長問？縣長中，如有軍警身分者，請舉手。當時舉手者，共有五人。余被選充班長，擔任助教。次日出操，班長出而帶隊叫口令，擔任各個教練時，已被教育長呂磊夫發覺余之口令，聲音宏亮，指揮適宜。第三日，我接奉正式命令，委我做區隊長，不到兩日，我又奉命升充縣長班隊長。我覺奇怪，事後探明，縣長班隊長一職，原定撫州專員周作夫充任（周作夫是周軍長的父親）。現在周專員來電說明年老不能受訓，請辭隊長職務，所以明令派我升充。於是同學中，如夏承剛等都來恭喜，說我一週之內連升三級，迫我請客。因學員均睡大寢室，此時我是隊長身分，有辦公室，及個人寢室，行動不受約束，非常自由。我雖做隊長，關於民、財、教、建、保、各種專門教官來上課，仍要前往聽課，記筆記，與各同學聽課完全相同。可是到了操場便唯我獨尊了。這群老年新兵，真不易帶，身體肥胖，不能跑步者多，總是要求我不要跑步。但是每次跑步，他們都是累得上氣不接下氣。每日早操時，操場四周，總是圍了很多太太小姐看操，我心裡明白，這些太太，一定是各位縣長的太太來看丈夫出操的。不是我故意跑步，使大家累得滿頭大汗，適逢操課表規定如此節目，真是巧事。而各位太太看得如此情景，恨在眉稍，痛在心頭，認為我故意使這班縣長為難。我就下令休息十分鐘，解散隊伍可自由活動。果然各位縣長都跑到自己的太太身邊訴苦了。於是我以和藹、謙遜的態度，告訴各位嫂夫人，剛才我是隊長的立場，是指揮的地位，進行操課表上所預定的節目，不要說我是有怪脾氣，故作威風。官場如戲場、操場如戰場，吾人處事，要公私分明，我現在以同學的立場，要向各位嫂夫人面前道歉了。此話一出，果見各位太太，改了她們的怒容，滿面春風的回答說：我常聽我們先生說：帥隊長很能幹，今晨跑來一見，覺得能光榮地見到你十分高興。我聽了這段說詞，知道已經化敵為友，改變了她們的仇視態度，恢復同學嫂夫人的友善了。

俗說：飢者易為食，渴者易為飲，涸轍之鯉以沫相噓。已經跑得滿頭大汗之學員，給他十分鐘的休息，又有太太在場慰勞，我想他們心中愉快，再也不會痛恨我了。

在受訓期間，有一次舉行演講比賽。題目是：「如何促進民生主義的實施。」我找了許多參考書看，暗中寫了一遍演講稿，每夜就寢之際默讀數次，準備參加演講。後來我想，我是隊長身分，假定講得不好，各同學都要笑我，豈不失了隊長身分，實不便報名參加。屆時帶了縣長班同學，進入大禮堂時，即有數位同學向我說：隊長，你要參加比賽呵！我搖搖頭，表示沒有準備，想不到頭一位是夏承剛演講完畢，即有人提議，請帥隊長參加演講。我說：沒有報名。教育長呂磊夫接著說：沒有關係，請上檯吧！而且大眾又在鼓掌，使我沒法推辭。就在熱烈掌聲中，硬著頭皮上檯，好在演講題目：早有了準備，胸有成竹地開講了。

我的演說詞如後：

主席、各位老師、各位同學，今天本班舉行演講比賽，我沒有報名參加，承蒙各位同學的愛護，臨時推薦我出來演講，因為沒有準備，恐怕講得不好，要請各位原諒。

今天演講題目，是「如何促進民生主義的實施。」這個題目，比較廣泛易講；我們民生主義政策，不只要講求如何發展生產，而且要講求合理分配和消費。不單是要維護大多數人的利益，更要實現自由和均富的民生主義的經濟制度。因此要有兩大目標，一是高度改善人類生活的水準，一是基於人類的尊嚴，每個人均有充分之生存權利。前者是「個個富」後者是「人人有」。這兩個目標，要從兩方面來解決，一方面要完成工業建設，一方面要在工業化的過程中，實施社會化的政策。使生產增加的利益，為全民所共享，也就是要做到合理分配。我主張要以分配社會化為原則，使經濟發展的利益，不為少數人所獨佔，為狡黠者所奪取。而能按照公平的原則，普遍分潤給一切參加生產的分子。對於生產事業，一方面要防止獨佔資本的發展，鼓勵私人投資，擴大民營工廠，一方面改進勞動條件，保障勞工利益，並進行工業民主制。任何企業，要使勞工參加經營，持有股權，俾生產的利益能為生產者所共享。凡非國防重要工業，或獨佔性之企業，一律鼓勵民營。本黨規劃一切政策方面，都要促進民生主義之工業化，其所遵循的基本原則，不論國家經營，與個人企業，均要實行資本大眾化，消費社會化。並尊重人民私有財產權，及恢復自由市場，保障人民置產，及經濟活動合法權利。個人工作報酬，歸個人自由享用，個人經營所得，歸個人自由支配，這不但是我們經濟發展的應有趨向。而且世界上的主要潮流，國家如不能順應人民之慾望，保護人民的生計，則政府即不能算盡到總理三民主義中最終目的民生主義的實現。

國父孫中山先生曾經說過：「只有少數人有錢，是假富，要多數人有錢，才是真富。」我們主張私有財產，我們尊重私有財產，但要普遍的「私有」「人人有」。絕不可少數人有「私有」而造成「獨佔獨享的經濟絕症」，我們反對將聖賢才智之士，與平庸愚劣之輩，放在同一水準線上，平均分配的「有」，但只允許「多有」「少有」，絕不允許「無」。不能消滅「無」，就不能戰勝共產黨的階級鬥爭，這是我們實施民生主義一個重要觀念。

「要在工業化過程中，施行社會化的政策，杜絕獨佔資本，使生產增加利益，為全民所共享。」惟有工業民主化、資本大眾化，才能做到消費社會化、享受合理化。股權普遍分散，是落後地區工業建設的主要政策，惟有這樣才能提高人民生活水準、加強員工工作意志，和提高工作效率。所以股權普遍分散，不僅是經濟性的扶弱濟貧，而且是政治性的長治久安，不僅分配公平合理，而且使生產效率提高，實為民生主義的經濟制度應有的特色。

我們不否認累進所得稅和遺產稅是均衡社會財富的重要措施，但是更重要的是最新的機器設備，最進步的科學管理，開展財富，創造財富，使貧者為小康，小康變為富有。平均現有財富是消極的，創造更多更大的財富，並使大家都能享受到這些財富，才是積極而有意義的。杜絕集中獨佔，貪現「人人有、個個富」的經濟制度。培養社會中的中產階級，也是民生主義的目標，應當予以充分實施。

美國總統的「民有、民治、民享」，孫中山先生把它引申而解釋做「國家為人民所共有，政治為人民所共管，利益為人民所共享」的全民政治。其中「利益為人民所共享」一項，實為民生主義經濟的真諦。完了，謝謝各位。

我在演講時，得到數次掌聲。夏承剛同學來說：你說，你沒有準備，怎會講得這樣好？我說：講題昨已知道，我雖沒有寫稿，可是我心中，想好了的腹稿，在臨睡之前，默念了幾次，今日上檯演講，幸無失態。不料評判結果，我得到第一名，獲奬狀一紙、鋼筆一枝、手錶一隻。有很多同學來道喜，從此我得到同學的欽敬。他們才知道我這個老兵，頭腦不簡單。他們恭維我是一位胸羅萬有的人物了。沒有幾天畢業，而省府發表我調署樂平縣長。魯繩月接任泰和縣長。結業後，趕回泰和辦移交，準備接任樂平。

七六、被人誣告蒙冤大白

民國廿年春，此時江西大股共匪，都隨朱毛竄走延安。而贛東方志敏匪首，仍在上饒、弋陽、德興，樂平等縣猖狂如舊。上級認我勦匪頗有辦法，省府明令將我調署樂平縣長。接事不久，忽接委員長南昌行營通知，要我到行營祕書處有事面詢。不知發生何事，使我心中忐忑不安。待我到達南昌行營，是祕書長楊永泰接見。我與楊祕書長素不相識，我猜想是公事了。楊問？你在泰和縣長任內，是否捉得匪首孔荷寵？我答：有的。楊說：能否將捉得孔荷寵經過情形見告？我即坦誠報告：匪首孔荷寵原是贛西一帶共匪的指揮官，奉調在興國匪中央紅軍大學受訓，結業後擬返贛西地區指揮共匪叛亂，道經泰和縣邊界，與萬安縣交界處之山谷中，適逢我保衛團第三營蕭連長，率領本連士兵巡邏此處，發覺三人有躲藏模樣，當即派兵圍捕。這時他知無法逃避，亦未抵抗被擒。當時該匪並未說出其姓名，只說做過共匪師長、政委、書記之類職務，他們自己承認，在興國紅軍大學受訓，結業後由此返回贛西，蕭連長亦未深究。解送縣府途中，經過沙村卅六軍軍部門前，被其軍長周渾元截去問話，目的想探聽匪區情況，不料孔荷寵見到周軍長親來問話，才說出：我是值得八萬塊錢獎金的孔荷寵，今日特來投誠的。

是日晚餐後，我在縣府接得周軍長的長途電話，要我漏夜趕往沙村軍部有要事面商，因泰和縣城至沙村尚有四十華里，我帶了四名武裝衛士，騎馬趕往沙村軍部，周軍長見面即說：恭喜，恭喜。我說：我有何喜？周說：共匪總指揮孔荷寵，確被貴縣保衛隊拿獲。據孔說：係自來投誠的，我明知他投誠是假，現在要假戲真唱，我想利用孔荷寵，做一個招降的廣告，可瓦解毛匪的軍心。我接著說：百分之百贊同。周說：可是你有很大的損失，你犧牲了八萬元的獎金。我說：為了爭取剿匪勝利，性命都可犧牲，何況身外之物的獎金，我絕對同意你的做法。周軍長要我保守祕密，此事距今半載，知者甚鮮，今日為何問起此事？楊說：難怪蕭連長控你吞沒了他們的獎金。我問行營是否曾發給獎金？楊答：沒有。我又說：請打電話問省政府發了獎金沒有。楊又說，我已問過沒有，這是蕭連長的誤會，也是你的冤枉。我說：當時我要求周軍長將孔荷寵假投誠的經過，要他報明委員長，絕對不可信任孔荷寵，這種情形，我想委員長是知道的。楊又說：你能深明大義，犧牲獎金，爭取剿匪勝利，是值得欽佩的，以後你要好好的幹，前途無量，如有為難之事可來找我，一定幫忙。我謝謝他，辭回樂平，我即寫了一封信，給泰和保衛團蕭連長解釋：周軍長向蔣委員長報告，說孔荷寵係自來投誠的，所以沒有獎金，請你勿信謠言，總有水落石出之日，便知我的人格，不是八萬元可以出賣的了。不久蕭連長，亦回信向我道歉。他信中說：我素來信仰縣長兼我們團長的人格偉大，不會吞沒我等獎金。不過傳說：蔣委員長公布捉得匪首都有獎金，孔荷寵是共匪贛西地區總指揮，獎金是規定八萬元，本連士兵信以為真，迫我向南昌行營控告。現奉行營批示，孔荷寵係自來投誠，未發獎金等情，已將批示公布全連士兵周知。我謹代表全連官兵向你道歉等語。若無蕭連長的控告，楊祕書長根本就不知道孔荷寵是我們捉來的真相，可見委員長行營保密做得很好。不到一年，楊永泰做了湖北省政府的主席，來電報向江西省主席指名借調我去湖北做勦匪區的縣長。真是我被人誣告了，更顯得我的聲名與政績。

七七、巧炸共匪與巧遇故交

民國二十四年五月間，我在樂平縣長任內忽接×區長電話報告，本區河邊降落飛機一架，請示縣長如何處理。我答：定是自己飛機發生了故障，強迫降落，可派兵妥為保護，我即刻親來處理。放下電話，因司機不在，我即自駕汽車，趕往飛機失事地址，果見一架雙座訓練機旁，站著一位漂亮青年，中尉階級的飛行員，聽他講話，好像湖南人。我問他姓名，因何降落此地？他很有禮貌的答話，我叫羅中揚，奉命駕機由南昌基地，飛往南京，到達此地，羅盤失靈，因此強迫降落。我問機械有無故障，能否繼續起飛？羅答，機械未壞，可以起飛。我說：請你起飛，順江而下約十華里，即見樂平縣城，郊外有我新建飛機場，可以降落，你再去電，報告南昌空軍基地，派人前來修理如何？羅答可以，我囑區長先打電話，通知縣府派兵至機場保護，果見羅再上飛機，發動螺旋槳，在高低不平的沙洲上起飛，並無困難，我內心欽佩他的飛行技術，余亦駕駛汽車趕回樂平機場時，飛機業已降落，而縣府派來士兵剛到，我囑士兵妥為保護外，即請羅中揚乘我汽車同返縣府午餐。

不久又接某區長電話報告：由德興縣境，竄來一股共匪，人槍約兩百之眾，現在兩縣交界處××大山谷中，我找到地圖與羅中揚商量，可否駕機飛往得興縣邊境搜索？羅說：誠恐汽油不夠。

我答：我有八十號汽油百餘桶，供你使用，羅答：可以，當即派人挑了四箱汽油前往機場，我帶了迫擊砲彈兩枚，親乘飛機前往搜索，果見共匪在大樹下休息，余將迫擊砲彈擲下炸之，只見共匪亂竄，雖機高地遠，無法追擊渙散之眾，而炸彈轟之，確寒敵膽，從此共匪不敢來矣。事隔三十年後，大陸淪陷來台，我任國防部高參，於民國四十八年，因限齡退役，奉王師凱命，參加競選台北市議員時，忽接空軍作戰司令陳有為將軍來柬，請余參加茶會，要我藉此發表政見。我與陳司令素不相識，此次雖然初見，待我特別客氣，頗含尊敬意味，使我感到詫異。陳司令對我說：你有一位老朋友，拜託我支援你高票當選，所以我今天召集本部住在古亭區各眷村村長與你見面，我問是哪位老朋友如此厚愛，使我感激莫名。陳說：是我們空軍警衛旅旅長羅中揚少將。我說：我不認識他呵！陳說：你想想看？我想了很久，仍是想不起。陳又說：你做過江西樂平縣長麼？我答做過。陳說：你在樂平縣長任內，有一架飛機失事，強迫降落在貴縣境內，我才恍然大悟說：有的。陳說：那架飛機駕駛人，就是今日空軍警衛旅長羅中揚少將，他是我同班同學，羅對我說：你這位老大哥，待他很好，招待親切，使他感激，因此他要求我支援你高票當選，以後他還要請你吃飯。我凝神傾聽他的話，頓時想起那年飛機失事情形，經我親切照料，留他住在縣府有三天之久，他始飛去。事隔二十五個年頭，居然他還不忘舊事，使我回味人生，好像有無窮的溫暖，給我這個不幸者的安慰很大。深感處世做人的道理，要多種好因，將來必得善果。

是年果然高票當選台北市第五屆市議員，不久有一位身穿長袍客人來訪，我見面不識，問他找誰？他說：我是空軍警衛旅長羅中揚，我才猛然驚喜表示歡迎，延之入內。我心裡非常感動地說：我自大陸失敗來台，當了十年高參，此次限齡退役，本可韜光養晦，不敢暴露鋒芒，不料奉了王師凱之命，要我參加台北市競選市議員。竟然會遇見老朋友，承你如此幫忙，使我得到高票當選，快極平生，人非草木，怎麼不使我感激你呢。羅說：以老大哥之學識，和道德文章來說，實是眾望所歸，應該高票當選。羅又說：我今天親來的目的，除專程道喜外，要請大哥大嫂到舍間吃頓便飯，藉此敘敘別後廿餘年的離情。我謙辭很久，他請得誠意，只好應允，次日我同內子翁夢蘭到他家中，果見羅夫人，親自做的好菜，在酒席筵前，羅中揚宣布他當年飛機失事情形，蒙我照料，親切如同家人，使他至為感激，今日略備水酒，以表謝忱。在座來賓之中有羅之同學某君，即席報告羅中揚當年失事之日，他是奉命駕機尋找羅中揚失事飛機的人，使他找了數日，均未找到。凡是羅同學的長官以及友好，都非常焦急，想不到被你這位老大哥招待他在縣府享福。在座來賓，聆聽此言，都哈哈大笑，事隔廿餘年，今日異地相逢，在餐檯上高談往事，實是快極平生。

七八、遊南京名勝記

民國二十五年春，忽奉江西省主席電令將我免職另有任用，使我莫名其妙。但久任樂平縣，亦非我衷心所願，移交後，赴省晉謁熊主席，始知湖北省主席楊永泰來電，指名借調。當時我向熊主席懇辭，理由是：我是軍人而做縣長，數年來，冒險赴難，率領團隊與共匪搏鬥，是為了拯救桑梓，總算有點成就，將大股共匪，逐出江西境外，逃竄陝邊延安。江西省內只有土共，目前大致俱已消滅，趁此時機可卸仔肩，願回軍中立功，創造自己前程，因此不願再做縣長。熊主席安慰我說：楊主席說：你有撥亂反治之才，他來電報向江西借調，你不但有面子，我亦有光榮。你要為我江西人爭面子，你就非去不可。我無話以對，沉默很久，不願對主席饒舌。悻然辭出，我無精打采，抵達家中。將湖北楊主席來電借調之事，告訴我妻。我妻亦說，你的同班同學，現在很多人都做了旅長，再過兩年，他們升到師長，你仍是一個縣長，那時回軍中你做什麼？以我建議，此時不幹縣長，仍回軍中，努力前程，尚為不晚。我說：樂平縣長業已交卸，現在是自由之身，主席管我不著，我可選擇自己的出路。妻說：古語云：求利於市，求官於京，我想回滬省親，便到南京碰碰機遇如何？我即贊成，次晨我倆搭火車去九江，乘輪赴京，寓中央飯店。即赴桃源新村拜訪桂永清，適逢桂已外出未回，我即留了一張名片致候，即返中央飯店。與妻商定，擬搭夜車赴滬。不料當夜桂永清即來電話，挽留我多住兩天，明日下午他要請我倆吃飯，有事可當面談談。我只好答應了，不久桂公館派人送來請柬，請我倆於明晚六時，到他家中餐敘。當夜去滬之議，只好作罷。次日帶著我妻，上午去遊總理陵墓，及明孝陵與莫愁湖。下午按時到達桂公館，桂太太與他的總隊部胡副官長亦在招待，並說明今晚何部長宴客，桂先生不能不去，不久他即回來。並介紹從德國學成歸國之湖北羅田人〇君，亦是桂永清留德時之老友，尤其是胡副官長，他代表桂永清殷勤招待（胡君在台），不久桂即回寓，再三道歉。肅客入席，酒過數行，頭菜是清燉熊掌，這是我有生以來，從未吃過的菜。不覺脫口說出，率真兄（即桂永清別號）今日之熊掌席，與當年在廣州長堤二毛錢三碗的稀飯，真有天淵之別呵？桂太太即問帥先生是怎麼一回事？桂永清對我眨眨眼睛，示意不要我說。我靈機一動，即說：桂大嫂，要聽這個故事，請你改日再備一席，專談此事，我即哈哈一笑了之。事後我覺後悔，不該在此種場合說出當年落魄遭遇之事，席散回到中央飯店，我妻再三問我，是怎麼一回事！

我說：民國十二年，我與桂永清同在廣東香山縣游擊總司令部共事，不幸我們部隊被人打垮了，桂永清與樂鈞天逃往廣州住在省辦事處，我隨隊伍退到張家邊大山之中。過了一週沒有給養，我奉團長鄒我齋之命，要我化裝潛往廣州，向朱培德祕密接洽收編任務，因此到達廣州之日，即赴我部駐省辦事處，巧遇樂鈞天與桂永清二人，樂對我說：這個辦事處，沒有經費，不能招待我們，我雖住此，都在外面吃飯。欒又說：你剛來，我請你去吃飯，於是我與桂永清跟著欒君走在後面，欒君走進長堤馬路一處攤吃飯，見到其中食客，都是拉車夫之流，站在長板凳上進食，這種地方不便進入，欒君天硬拉我倆進入。看見長板凳上，都是沾髒了的泥水，無法入坐。亦學他們蹲在板凳之上，各人喝了一碗魚生粥，吃了一些油條即出。走到馬路上，桂永清拍拍我的肩頭說道：老帥，以後我們做了總司令，不要忘記今天呵。因他有這麼一句豪語，今日又是我平生從未吃過的熊掌席，故而觸起往事，不覺脫口說出。我妻說：這種故事，若在無人之際，你與桂永清兩人談談是有趣的，你今日當著眾位客人談起此事，確不適宜。當時我看到桂永清臉都紅了，你是不應該談的呵。我說：好漢不怕出身低，何況我們都是為了革命，遭遇窮途，與拉車伕同在攤販吃魚生粥，也沒有什麼醜呵！

附記　遊總理陵墓記

我倆因桂永清請吃飯，昨夜決定今日同遊中山陵園，一早僱了一輛馬車，向中山門前進。我對妻說：民國十七年，我讀南京中央軍校附設軍官團時，常來孝陵衛打野外。此時中山陵墓正在建築中，等到民國十八年，工程完畢，是年六月一日奉安大典。我隨五十六師赴閩剿匪，未得瞻仰總理陵墓，誠為憾事，今日與妻同遊，得償素願。出中山門行六里，始抵墓園，墓園在鍾山東部，茅山南坡，左鄰明孝陵，右鄰靈谷寺，原計劃僅佔二千餘畝地，後始決定擴充紫金山全部，四萬五千八百餘畝，建設中山陵園。我倆坐在車中，眼觀八方美景，盡情欣賞陵園，步步引人入勝。車抵陵墓階前，我倆下車，佇立仰望，建築偉大，莊嚴潔樸。沿石級而上，計分十段，三三九級，而達太平台。自下面廣場寶鼎墓之，有蔣委員長手書「智、仁、勇，」三字。經一座三門的大牌坊，有國父手題「博愛」二字。再進陵墓之門，上有「天下為公」四個大字。至碑亭中立巨碑，上書，「中國國民黨，葬總理孫先生於此」由此而上即太平臺，臺前即祭堂，堂長九十尺，廣七十四尺，周圍植巨松、龍柏、盤槐，兩旁分立華表，另置石座兩處，上陳古銅寶鼎各一，堂門分為民族，民權，民生，三門。民生上嵌有國父手書「天地正氣」直額，入祭堂，中供國父全身大理石像，高十五尺，底邊闊七尺，四面刻有國父革命偉蹟，堂堂黑色柱十二根，黑色大理石護壁，四壁刻有國父手書建國大綱，及譚延闓先生手錄國父告誡黨員演說詞，蔣委員長與胡漢民先生丹書國父遺訓及遺囑。由祭堂北穿墓室，外門上額為「浩氣長存」四字，內門刻有「孫中山先生之墓」七字，因未逢開放日期而閉，墓室內形如覆釜，直徑五十四尺，高三三尺，園頂飾以黨徽，室中央為大理石礦——直徑十三尺，圍以高二尺九寸欄杆，中設長方形墓穴，為國父靈櫬奉安之所，上覆大理石刻總理臥像，與靈櫬內遺容一樣，墓室要逢節日開放，始可瞻仰靈櫬內遺容。我倆向國父行了三鞠躬禮後，始沿石級而下，在陵墓起端對面茶室休息，喝了茶點後，引妻再去明孝陵。

附記　再遊淩江燕子磯

我們遊了明孝陵與莫愁湖，再乘桂家汽車，前往燕子磯。距離南京市約二十華里。磯石兀立江上，旁無附屬，三面懸絕，危岸垂翼，宛如飛燕，勢欲飛去，故名燕子磯。余偕妻先遊磯祠，內祀漢壽亭侯，復循西至水雲、大觀、俯江諸亭，壁刻有「天空海闊」四字，乃明大司馬元明湛公所書，甚為雄偉。於此仰望白雲掃空，俯視晴波漾碧，勢極壯闊。再折向東，盤曲而上，有亭翼然，御碑亭石碑書有「燕子磯」三字，登臨其間，縱目觀看，丹崖翠壁，凌江欲飛。江山人物歷歷眼前，真感我國文化史蹟及天然勝景悠久美麗。走近臨江壁上，這是投江人選擇一躍的地方，雖然近處刻有「想一想」三個大字，為的是勸導決心前來投江的人，到此不妨再想一想，好懸崖勒馬，收效固然也有。我曾看到日報社會新聞欄內，文載一對青年情侶，在燕子磯投江殉情，他倆看到這三個字，想也不想，仍然不顧一切，朝向懸崖峭壁，望著洪濤駭浪，從磯頂一躍而下，剎時隨波逐流而逝。這也是想不透，看不清的下場，僅僅博得許多世人為之嘆息罷了。遊畢仍乘汽車返中央飯店，賞了司機二塊錢，寫了一張名片，致謝桂太太，次日仍乘火車赴滬。

七九、贛材楚用羅田縣

我由杭州回到南昌，晉謁熊主席敬聆借調我去湖北情形。

據熊主席云：鄂東現有共匪高敬廷部，約三千餘人，因現在的羅田縣長，不能配合剿匪需要，軍政不能合作，因此勞而無功。現聞羅田縣長，又與駐軍大鬧意見，彼此不能相容。湖北省楊主席認為你在泰和、樂平兩縣，表現良好，向我指名借用，這是我江西的光榮，所以我答應你去。此去目的在剿匪，不要以目前樂平大縣調任羅田小縣為吃虧了，只要你去半年，將鄂東高匪剿滅，楊主席說：即可升你做專員。如你不願久做政治工作，楊說：即向委員長面前保舉你做師長等語。我問鄂東防軍是誰？熊說：西北軍梁冠英部。我說：我與此部隊，毫無淵源，合作不會有良好表現。熊又說：事在人為，我相信你去必能成功。我無可奈何，只好允諾前往。

我攜眷到達漢口，住璇宮大飯店。翌日親到武昌晉謁楊主席。他沒有官僚習氣，講話非常隨便；他待我如同親人一般，一面批公文，一面與我講話。他說：「你在江西剿匪很有成績，使我非常敬佩，此次屈你來湖北參加剿匪工作，是為國家除害，是不分地域的，做官不論大小，只問所負使命是否重要？若能發揮你的天才，協助駐軍消滅共匪，對於國家的貢獻便是很有價值的。羅田縣雖小，位在鄂東大別山區，在豫、鄂、皖三省邊區剿匪戰略上，頗佔重要位置，只要你去半年，能將高匪撲滅，我即升你做專員，你如不願久做政治工作，我即保舉你做師長。」我說：「學富才疏，誠恐將來有負主席期望。」楊又說：「我願以全力支援，我相信你去，沒有做不好的。」辭別楊主席，再到祕書處，拜訪祕書陳企町先生，他很熱心，引導我去晉見祕書長盧濤，及省府各廳長。財政廳長賈仕毅先生說：「久聞大名，你在江西剿匪頗有表現，今日就羅田小縣，目的是剿匪，如需要我幫忙，我一定憑我職掌以內權力支援你。可是羅田縣，山多田少，沒有什麼出產，過去幾任縣長，錢糧難收，連政費都由省府津貼，如果你因勦匪需錢之處，你儘管打電報來索取，我會設法支援你的。」我說：「承蒙如此厚愛，除感謝之外，我是無話可說了。」辭出再訪民政廳長孟廣朋先生，他們事先都知道我是楊主席向江西借來的，待我都很客氣。連日繼續拜訪建設廳長劉壽朋，教育廳長程其采，兩位先生都是江西人，同鄉觀念極為濃厚。他們對我說：吾贛出了人才，有人求借，連我都光榮。遺憾的是羅田太窮，雖有長材，亦難施展，你能在窮困的環境中奮鬥，如能消滅高匪，更可顯見你的長材。我內心想，我去羅田目的是剿匪，與建設、教育，無重大的關係，除他們關照外，別無要求，隨即辭出。回到旅館，新聞記者來訪，次日武漢日報披露以「帥縣長，贛材楚用」為標題，內容是說：我任江西泰和縣長，及樂平縣長協助駐軍勦匪有功，推行七分政治勦匪，頗收奇效，此次借來鄂東剿匪，必能消滅高匪云。

我既決心去羅田接事，當即擬電拍往江西，調任樂平縣任內原班科祕人馬，速來漢口，同往羅田接任視事，下午同妻去遊中山公園。

這座公園，樹木蔥鬱，花草宜人，佔地極為廣闊。有一泓池水，可以划船，漢口竟有這樣好的公園，出乎我意料之外。夜晚同妻去遊明星球場，打小型高爾夫球戲，至深夜始回旅館。這幾日因侯江西科祕同仁來鄂，住在旅館無聊，陪妻渡過寬達數里的揚子江面，去遊覽武昌附近的風景名勝。抵岸後，首遊黃鶴樓，憑吊費文禕登仙歇駕的黃鶴樓，到了半山，所見只是幾間破屋，一棟洋樓以及尚未落成的張公祠。據說是紀念兩湖總督張之洞的，從高處眺望附近景色，覺得也很平常，看見武昌城外鐵路，觸動我的思潮。

回憶民國十五年，此城在北伐軍大群人潮包圍之際，被敵將陳嘉謨的大刀隊，砍殺扒城之革命軍，我們傷亡頗重，一時無法攻進此城。我曾建議將萍鄉煤車改裝鐵甲車，推進武昌城外，與城並高，作為攻城掩護。當蒙總司令蔣公採納，囑我速往長沙，徵集材料，運抵紙坊車站，裝製月餘，始得完工，奉命移交陳可鈺指揮官使用。移交後，我奉命趕往江西高安總部，參加進攻南昌戰役，沒有親眼看見鐵甲車使用時之效能。我感嘆著說：光陰過得真快，不覺將近十年矣。同妻在黃鶴樓一家菜館吃午飯，再遊珞珈山。珞珈山是國立武漢大學所在地，廣闊無比，布置亦佳，我有兩位好友在此任教，拜訪未遇，稍遊即返漢口。

八〇、泯除鬩牆之禍

我到羅田接任縣長之初，照例拜會駐軍廿五路總指揮官兼卅二師師長梁冠英，梁因奉命赴京未回，由戴藩周副師長接見，寒暄數語辭出，再拜訪各處主管，無非虛應故事而已。唯有政治部主任劉子清，是黃埔同學，蒙其殷勤招待，略談梁部歷史，使我稍知梗概。其後逐日拜訪當地仕紳，適有余先生密告，卅二師內部近來發生兵變，形勢十分緊張，駐在城內軍隊，每日都在城上戒嚴，以防軍變模樣，我得此消息，派人察其布防情形，確有其事，心裡大為驚異。我想如不設法消弭，萬一釀成事實，古語雲：兩軍相爭，必有一敗，成者為王，敗者為寇，無非增添共匪勢力，豈不是舊有共匪尚未消滅，大批新匪又將造成，內心非常焦急之際，忽報老友呂佐周來見。他是江西上饒人，黃埔軍校第一期同學，是我在廣州時的老友。他的名片上官銜是卅二師×旅中校政訓官。回想我倆自廣州別後，即未聚首，今日在此見面，覺得欣喜。呂說：「我駐平湖，今日冒險深入危境，請你替我保守祕密，否則萬一發生不幸，後果不堪設想。」我初聽此言，非常驚奇。我說：「你是卅二師政訓工作人員有何危險？」呂說：「我旅兩團部隊，現已集結平湖，與駐在羅田縣城卅二師師部所屬部隊，雙方均在戒備，形勢十分緊張，衝突大有一觸即發之勢，我如被師部發覺，他們認我來此刺探軍情，豈不要遭毒手？」我當即關上房門，只有我們兩人，才開始以下的一段對話：

呂說：「昨天我在平湖（距羅田縣城四十華里）始聽老百姓說：你前幾天到達羅田接任視事，今天我即決心冒險進城來找你替我們解決目前的難題。」

我問：「梁部因何鬧到劍拔弩張，衝突大有一觸即發之勢？」

呂說：「起因是本部各旅團，均派有少校以上軍官在南京高等教育班受訓，其時與同學閒談之際，得悉其他各師部隊待遇相同，獨有卅二師官兵待遇最低，都認梁師長仍是西北軍的作風，尅扣軍餉。他們因此憤慨集議，推舉獨立旅鄭廷英領銜聯合各旅、團、營長列名控告師長梁冠英尅扣軍餉，領導錯誤等十條罪狀。」

蔣委員長接到此項控告後，即電召梁冠英赴京面詢真相。聞說：梁冠英當面答辯頗有道理。梁說：他向中央只領到卅二師全部經費，他兼廿五路總指揮官，設有總指揮部，官兵經費，中央並未發給，均在卅二師經費內勻支。因此卅二師官兵餉項，當然不能按照中央規定數量發給。蔣委員長明白其中真相，囑梁回部妥為處理。而列名控告梁冠英之人，懼怕梁回部報復，因此人人自危，逼得他們挺而走險，不久獨立旅旅長鄭廷楨通電脫離梁冠英之領導，仍願服從中央。此項電報經過安慶，被梁扣留，委員長無從得知。獨立旅官兵係叛梁個人，並未叛變中央，而梁又向蔣委員長報告：獨立旅長鄭廷楨叛變。委員長當時囑梁回部，指揮卅二師官兵制服獨立旅，並電告安徽衛立煌派兵監視。此時鄭旅長得悉此中情況，即用快郵代電通知卅二師各旅團營長，其內容是說：當時聯名控梁，是得到大家簽名同意，非我一人所為，如果你們要聽梁命打我，那末我將你們簽字同意書公諸報端，你們又豈能逃脫梁之魔掌。卅二師各旅團營長，接到此項快郵代電後，彼此猜忌，不知誰是擁梁，誰是控梁，人心惶惑，不知所措，因此官兵情緒惡劣，尷尬已到無以復加。

此時奉命回部處理叛部之梁冠英，走到安慶途中，得此不幸消息，不敢回部，徘徊安慶，進退兩難。在此梁冠英最窘迫之際，而羅田駐軍則因梁不敢回部，群龍無首，徬徨無依，每日戒備自衛，如臨大敵，造成羅田險象環生，軍民人心惶惶，大家日處愁城。」

我問：「戴副師長不能繼續領導嗎？」

呂答：「他是老粗，無此能力。」

我問：「貴部自梁走後，誰能繼承領導？」

呂說：「我們旅長王修身，可以領導？」

我說：「其他各旅長，能否服他？」

呂答：「他們私交都好，我覺毫無問題。」

我問：「控告梁冠英，你們旅長，是否列名？」

呂答：「無。」

我問：「王修身對中央，是否忠實？」

呂答：「我與王修身共事有年，我敢擔保他，對國家、對蔣委員長，必能忠實，我知你（指我）善於風鑑，請你同我去平湖，與王旅長當面談談便知。」

我說：「現在羅田城廓戒備森嚴，如何去法？」

呂答：「我領你走，由縣府後山，繞過警戒部隊，走十分鐘山路，既有旅長汽車在馬路旁候我回去。」

我說：「事不遲疑，待我交代科祕幾句話，我同你走。」

於是我帶了一名便衣衛士，自己也帶了一支手槍，隨呂走了十分鐘，果見馬路旁，停了一部黑色轎車，車中有呂之衛士。呂囑他上山到哨棚去打電話，報告王旅長，說我同帥縣長回來了。我們乘車，駛了廿分鐘，車抵平湖，王修身旅長親來迎接。進入旅司令部後，王已備有午飯，與我同吃，午飯後，我與王旅長，以及呂佐周三人，關上房門，開始我們的談話如後：

王修身首先開口說：「帥縣長，是我們的救星，使我們大家有了一條生路，我是衷心感激！」

我說：「這是一種誤會，事情就容易解決，如果你們另有企圖，那麼我就不敢問津。」

王說：「我敢保證大家，都是赤誠服從中央，沒有絲毫勉強，可惜中央不曉得呵！」

我答：「我願為你們去南京，向中央解釋誤會，不難撥開雲霧，而見青天。」

呂說：「我知道帥縣長，在北伐時，做過蔣總司令的參謀，認識中央大員頗多，他替我們去南京，轉陳我們的下情，我相信必能上達天聽。」

我說：「你們鬧到這個地步，主要怕梁冠英回部報復，如果梁不回來，誰能領導這個部隊？」

呂說：「請王旅長獻出各部隊長私人來函，請師縣長一閱便知。」王旅長遂提出一大包信電，都是擁護王修身做師長之函電。我說：「我去南京，為你們向中央解說誤會，需時總在半月以上，在此期間，你們各部隊給養，是否會發生問題？」

王答：「我與師部暗中彼此雖有戒備，表面上尚未破裂，關於本部給養，我想師部不敢不發。」我說：「萬一師部不發你們給養，可到縣府來借，務請暗中聯繫各部隊，安定人心，維持地方秩序。千萬不可輕舉妄動，以免被人藉口攻擊，他們可向中央報告你們確是叛變中央，那時我雖口似蓮花，亦無法挽回你們大家厄運。」

王答：「謹遵台命，我一定照辦。」

我說：「我們談話，就此結束，仍請派車送我回縣府。」他們送我上車，仍由呂佐周陪我送返縣府後，我即電報省府請假。不等回電，翌日動身赴漢口，晉謁省主席，不料楊主席赴京參加四中全會，由省府祕書長盧滇生代見。

我說：主席借我來剿共匪，剛才接事，高匪尚未進剿，現在大股土匪，快要製造成功，盧祕書長聽了我的話，頗為驚異的問我為什麼？我即將呂佐周的話，與王修身見面談話經過，據實以告。盧說：這事頗為嚴重，明晨你乘飛機赴京，到首都大飯店面報楊主席。我說：請祕書長今晚去電說明我乘飛機赴京有要事面報。盧說：「當然，當然。」

我們談話結束，辭回漢口。洽購赴京飛機票，言定明晨五時要到飛機場，並購麵包點心等食物，準備明晨早點，翌晨五時趕到飛機場候機室，只有一座臨時搭蓋的茅棚，內有木板長凳數條，已有數人在此等候飛機，不料等到十一時，飛機仍未到來，大家旅客飢腸轆轆，我即解開提包，取出麵包點心食物，只顧自吃。在我旁邊有一位客人，對我面帶笑容說：這個機場雖大，可惜沒有販賣點心食物之人，使我餓得饑腸轆轆，甚是難受。我聽他口音，判定他是湖南人，我將麵包點心食物，分享這位素不相識的客人。後來互通名姓，始知他是湖南省政府委員兼明政廳長凌璋先生。由一片麵包，交了一位朋友，到了南京我們同住中央飯店，他居然要請我吃飯，這是閒話，言歸正傳。我在中央大飯店開好房間後，即往首都大飯店，晉謁楊主席，報告梁冠英內部破裂前因後果，如任梁冠英回部，他們懼怕梁會報復，被逼鋌而走險，後果不堪設想，小匪尚未肅清，大匪又將造成，將來鄂東與安徽、河南三省邊匪，永無寧靖之日了，懇請主席建議蔣委員長將梁冠英調任軍事委員會參議，囑其不必再去羅田。該師長一缺，可委該師旅長王修身升充，責成王修身安撫人心，辦理善後。並取消二五路總指揮部，剩餘經費仍歸卅二師，恢復中央制定薪給。楊主席認為我的意見很好，備極贊成。他即打電話到委員長侍從室，請錢大鈞主任，約好時間晉見委員長。楊囑我回去旅館休息，明日再來聽消息吧？我回到中央飯店，凌廳長果真請我到一湖南館子吃晚飯。

那時楊主席參加四中全會晚上應酬很忙，我候了三天，始見到楊主席，他笑逐顏開地說：「連日奔走，總算圓滿解決，道戾氣為祥和，可是你仍要保守祕密，以免節外生枝。此地無事，你可回去。」我回到羅田，為了安定人心，我對王修身說：總算不虛此行，圓滿達成任務，王修身旅長聞訊，歡喜若狂，後聞中央密令偉立煌在豫、鄂、皖的三省邊區，布署重兵，暗中監視卅二師。此種布署妥善後，始敢明令發表，調梁冠英為軍事參議院中將參議，王修身代理卅二師師長，取消廿五路總指揮，所餘官兵編入卅二師。總算解決了梁部叛亂，化干戈為玉帛。從此豫、鄂、皖三省人民，不致遭受叛兵蹂躪之苦。

王修身奉命代理卅二師師長後對我表示：擬保舉我做卅二師副師長。我說：總指揮部取消了，編餘將官，你都無法安插，保我做副師長，難免引起物議，導致不祥。經我再三辭謝，他即聘我為該師少將參議，掛個虛名，有助合作剿匪，我始接受。此後王師長，對我言聽計從，以後剿匪合作無間，頗收成效。

不久楊主席在武昌被刺殞命，消息傳到羅田，使我驚痛無似。從此失去知遇長官，自覺前途頗為黯淡，可說羅田之行，勞而無功矣，其不灰心者幾稀。

八一、算命靈不解其故

在二十世紀的太空時代，人們均在飽受科學的薰陶之際，我來談論算命靈，似乎是一件可笑無稽的事。我寫這個真實故事，便是先談後驗，我們以科學或理智，都尋不出適當的解答，使我不能不相信命運的安排。我曾聽沈剛伯先生談過，中國自古代發明甲子算命以來，永遠留在人間無法磨滅，使人不解其故。

我這個奇幻的故事，不是我隨便編撰的，尚有身歷其境的王修身師長，現在退役住在台中。又前陸軍總部政治部主任劉子清先生，現住台北安東街。他們兩位都不信迷信，可是對於這個真實故事，他亦無法解答，讀者如有不信，可問王、劉兩人，便知不是捏造的了。

民國廿五年農曆七月底，余陪同卅二師師長王修身、獨立旅長鄭廷貞、政治部主任劉子清，由羅田赴漢口，晉謁湖北主席楊永泰，我妻亦要同往。此次晉見目的，是王師長要當面叩謝楊主席，解救了卅二師之危。楊主席翌日派人送來請柬，宴請王師長、鄭旅長、劉主任，余亦被邀作陪。在酒席筵前，楊主席談笑風生。他說：「你們軍人終年都在前線，非常辛勞，此次來漢口，我要帥縣長代表我陪你們在漢口多玩幾天，輕鬆輕鬆。」散席後，由武昌回漢口途中，鄭旅長向我開玩笑，他說：你是奉命代表主席陪我們玩的，王師長家住漢口，劉主任家住武昌，獨有我是光棍，我喜歡女人，你要陪我進舞廳嫖娼妓，我答：我與太太同來，無法陪你這個。

是日我回到旅館，妻說：「前面房間，住了一位算命先生，茶房都說他算命最靈。」我妻硬要我去算命，於是同去領教。進門果見這位先生，不像江湖術士，身材魁偉，蓄有八字鬍鬚，衣著不俗，活像一位高級官吏。此人姓孟名浩然，我報上八字請他推算。他說我今年流年不好，八月遇匪警，最好不要出門，萬一要出門，你要帶著太太即可化解，否則不喪命，也要破大財。我說：明知八月要遇匪警能帶著太太，與匪作戰不便，逃亦艱難，豈不累贅？他說：這是八字相生相尅問題，你要帶著太太，必能化解，轉危為安，內中怎樣化解，我卻不知，我希望你相信我的話，日後必有靈驗。辭出以後，心中總是狐疑不定，認為江湖術士，故作驚人之態。此後我也不放在心上，每日仍向省府洽公，晚間陪妻到處遊樂。玩了四天，王師長請我倆到他家中吃飯，在酒席筵前，王師長說：明晚要回羅田，你們如有要事，務在明天結束，省府亦為我們準備大型小火輪一艘，送我們去蘭溪。是夜回到旅館，我縣府派來會計翁福昌在此等我，翁是我妻舅，我問來此何事？翁說：我來領取農民貸款五萬元，領條在此請你蓋章。翌日我同翁福昌，到農民銀行，領來每張五元現鈔五萬元，裝入皮箱帶回旅館，將款交翁保管，是夜我邀王師長、劉主任在蜀腴川菜館吃了晚餐後，同到明星球場打高爾夫球，玩到十一時，準備回旅館上船之際，不料我妻忽然嘔吐不止，我誠恐妻得霍亂病，當即車送仁濟醫院急診室，經醫生打針吃藥，總算止吐。王師長、劉主任均來醫院探視病況，認為不甚嚴重，催我倆出院上船同返羅田。我說：你們先走，我要待妻病愈再回羅田。王師長說：我師部派汽車及特務連，今晚已到達蘭溪候接，不能改期，嫂夫人病無嚴重性，可以同走，到了羅田，我派軍醫為你夫人繼續治病。不然，讓嫂夫人留此就醫，待其病愈再回如何？我忽然想起孟浩然算命先生說我八月遇匪警，我問今天是農曆何日，劉主任說：今天是八月初一，我將算命先生說我八月匪警，在八月最好不出門，萬一要出門，即要帶著太太身邊，可以化解，否則不喪生命，也要破財之事告知王、劉兩位好友。劉子清說：要我不必相信江湖術士之語，我妻說：最怕病癒獨返羅田，誠恐中途遇匪，無此膽量獨行。王師長又說：嫂夫人病癒獨回，我當然再派車子迎接，有兵護送。我妻說，我還是同你們回羅田吧，於是領了藥水帶在身邊服用，大家一齊出院，車至碼頭上了小火輪，妻舅翁福昌，早將旅館行李搬上小火輪候我上船。我們上了小火輪，不料是夜江面大風大雨，浪如潮湧，輪船簸動甚烈，我妻又在船上嘔吐不止，徹夜未眠。

翌晨五時，天剛大亮，船靠蘭溪左岸，即有三十二師特務連手槍兵，約有三十餘人，乘了兩部大卡車，尚有二部轎車，昨夜抵此候接，我妻因嘔吐肚空，飢餓難挨，要求吃稀飯。師長要我妻忍耐兩小時，回到羅田再吃，以免眾人等候。我妻說：我周身無力，兩眼發花，全身都不舒服，要求吃了稀飯再走。王師長總算開明，尊重女權，依了我妻請求，當即命他副官叫開蘭溪飯館之門，囑其煮稀飯。並命大家都在蘭溪吃了早點再走。待眾人吃好早點，已近七時上車，我與王師長，共乘一車，王師長坐在前排與司機同坐，我扶病妻同坐後排。第二部轎車，是劉主任、魏祕書及縣府會計翁福昌提著五萬元現鈔同坐一車，（此時鄭旅長乘長江輪由安慶回太湖防地）第三部、第四部卡車，都是卅二師特務連手槍兵，押後護送，由蘭溪至希水縣公路，約卅華里，此路是沿河岸建築，路面很狹，可說汽車單行道，來往錯車，必須小心始能通過。此河由英山、羅由、蘄城等流水匯集，經希水流蘭溪而入長江，河寬約二百餘公尺，水深及膝，我乘轎車走在前面，向希水縣城前進，我們汽車，距希水十五里之處，發現河中尚有百餘人，頭頂衣服及步槍向左岸徒涉前進，而已徒涉到達河之對岸，正在穿衣服槍兵約有數百人。王師長坐在車中回頭向我說：前面不知是那個部隊，剛由這裡涉過河，幸好完畢沒有阻礙，否則渡河官兵擁塞此處，堵塞我們不能前進，那真糟糕。我們汽車衝過不久，躲過兩個山頭，即聞後面似有槍聲，待我們車抵希水縣城，不知何故城門緊閉，我即下車，向城樓上大叫開門，城樓上守兵，是湖北保安團營長黃曉甫，是我軍校同學。他在城樓上認得是我，當即開門，待我進城停車，黃營長趕來問我，你們怎麼來的？我說：坐汽車來的呵，黃又說：前面有共匪高俊亭部，正在渡河，你們怎能通過？我說：我們看見有部隊向左岸徒涉剛巧完畢，不知是匪，我們衝過徒涉後點不久就聞有槍聲，也許是卅二師衛隊與共匪打起來了。

黃又說：昨夜我營電話不通，今晨派電話兵查線，在前方十五里之處××地，即發現共匪高俊亭部，正在那裡徒涉渡河，我兵即趕回報告，我剛將隊伍布防完畢，想不到你們來了。我說：我們尚有三輛汽車未到，請你關照守城官兵，不要誤會，仍要他們進來，不久劉主任驕車進來了，我看見翁福昌及皮箱，知道人財無恙！我始放心。劉主任說；徒涉共匪在河左岸向我們開槍射擊，我們如不在蘭溪吃稀飯就碰上了，馬路又狹，車子無法掉頭，我等都要被俘，真是好險啊。王師長說：這位算命先生真靈，我們都要感謝嫂夫人之化解，否則我們這批人的性命都有危險。此時我太太跳下車來，精神真好，沒有病態，妻說：真奇怪，我沒有亂吃東西，昨夜怎會得病，現在不是很好嗎。我說：今晨在蘭溪，沒有兩碗稀飯下肚，才沒有這樣好的精神呢！

黃營長看見我們卡車到了，又去問卅二師官兵與戰鬥經過，據卅二師排長說：匪在河對岸，向我車射擊，我亦在車上向匪還擊。因我們任務是保衛師長，我們只好且戰且走。黃營長要挽留我們在希水吃午飯，經我們再三辭謝，上車繼續向羅田前進。中午始抵羅田，隊縣府同仁講及今日遇險經過，我的劉祕書說：萬事不由人計較，一生都是命安排。我這個真實故事與一般牽強附會的謠傳，大相逕庭，足證古老神奇的算命甲子仍有研究的價值。

八二、建亭祝壽留紀念

民國二十五年十月卅一日欣逢蔣委員長五秩大慶，我與駐軍卅二師王師長商洽，籌備慶祝。我想在羅田做一件有意義之事，王問：怎樣做法？我說：羅田縣城裡，有一座小山，這座小山，坐於城的中心位置，擬在山頂最高處，建築三層樓八角亭一座，亭頂安置警鐘，如遇火警，或將來中、日戰事發生，可以擊鐘示警，全城皆知。該山改名中山公園，種植花木，軍民均可遊憩。該亭取名中正亭，請你出名書寫中正亭三字，兩邊祝壽聯，由我書寫，可留永久記念。王師長極為贊許，請我籌備，我倆商洽聘請羅田軍民十一人，為籌備委員。開會結果，公推王師長為主任委員，推我為總幹事，負責勸募經費，在漢口採購水泥鋼筋，運回羅田，興工建築，在委員長蔣公壽誕之日，舉行揭幕典禮。參加軍民約有千餘，盛況空前，由王師長主席致詞畢，即由我報告籌建經過。

我說：今日欣逢蔣委員長五秩大慶，羅田軍民，集資籌建中正亭，留作永久紀念，表示崇敬蔣委員長領導國民革命，東征北伐，統一中國，挽救了中華民族危亡，可說是勳勞蓋世。目前日本人，陷我東北，又侵冀東，勾引滿清廢帝溥儀傀儡，組織東北偽政府，漢奸殷汝耕，又在冀東組織偽政府，中央絕不能讓日本人如此狂悖，豈會置國家疆土於不顧，我委員長蔣公，自九一八以來，即處心積慮，日以抗敵為懷，實非任何人所能及。其所以不願騰諸口說，良以地位所關，一言一動，輒為中外所注視，不得不蘊諸胸中，沉著將事。凡在帷幄大員，均所熟知。此時歐洲德國希特勒之突襲，尚無聯合力量，足以遏阻日本人之侵略，若我於此時遽行發動抗日戰事，不特內無準備，外無援助，而共黨餘孽未滅，徒然使其死灰復燃。國勢至此，必須舉國一致，服從中央決策，方可救亡圖存，絕對不能憑一時激動，倉卒宣戰，致遭失敗。軍旅之事，必先充分準備，審慎周詳，謀定而後動，此種苦心，不為國人所諒解，因此全國學生麇集南京，向中央政府請願，要求政府出兵抗日，以救國之熱心，成了危國之行為，幸我蔣委員長，忍辱負重，把握決策，和平不到絕望之時，絕不放棄和平，犧牲不到最後關頭，決不輕言犧牲，他的決策，設有一著之誤，即將淪國家於萬劫不復。可見委員長之偉大，與國民安危之關係，其重要性在此。因此我在中正亭，擬了一聯，上文為：「立地頂天，蓋世勳勞樹眾望」，下文為：「居高臨下，兆民憂樂繫一身。」詞畢散會，羅田百姓，家家均燃鞭炮，表示慶祝蔣委員長五秩大慶，狀極熱鬧。是夜王師長備有酒席，宴請該師處長以上同仁，我以參議身分，恭逢盛會。飯後，備有晚會，由卅二師政訓處主任劉子清主辦，京戲節目，有捉放曹，劉主任事前曾來商請我飾演陳宮，劉自飾呂伯奢，師部副官處長方少石飾演曹操。我因縣長身分，不便在本縣唱戲，劉主任說：今日是你我校長，蔣公五秩大慶，我輩同學，應效法老萊子，彩衣之舞，為校長祝壽，與民同樂，有何不可。我因久不唱戲，戲詞不熟，難免掉板忘詞，被人取笑，經我再三拒絕作罷，不料在師部酒席筵前，他們有計劃要我喝酒，待我似有醉意之時散席，王師長要我陪他去看晚會，並說：請縣長在開幕之時講幾句話，王師長要我講幾句話，當然不便拒絕，陪同師長到達戲場後臺，不料戴副師長、劉主任、方處長俱在後臺逼我化裝，始知受騙來此，無法逃脫。他們替我化妝，在後臺臨時彩排，上戲之時，劉子清飾呂伯奢，不慌不忙出臺，唱畢坐在前臺，等我與曹操出臺之時，王師長親拉門簾，催我出臺亮相，臺下觀眾同聲叫好，繼而哈哈大笑，使我心中發慌，忐忑不安，無地自容，逃回後臺，臺下觀眾，更是笑聲如雷，我在後臺，又被王師長、戴副師長二人，一推一拉迫我出臺，我實在無奈，允再出臺；要求將汽燈用黑布遮住前面，使我看不見臺下觀眾，始敢出臺，於是依我照辦。我二次出臺，因看不見觀眾，如入無人之境，我始沉著演唱。可是，常忘唱詞，幸有戲老師，手提茶壺，常在身邊輕聲提示戲詞，勉強應付過去。今夜晚會觀眾，完全看我笑話，也是大家同樂而已。

八三、西安事變全民擔憂

民國二十五年十二月十三日余在羅田縣府辦公室，忽然祕書劉培德手持報紙前來報告云：縣長大事不好。我說：何事驚慌？劉說：據報載西安事變蔣委員長在臨潼，聞警即微服上山，後經叛軍白鳳翔部尋回，當由楊虎臣接赴西安，獻衣奉食，尚稱優厚，陳參謀長與邵委員元冲在西安招待所，邵欲起避，當被戕害。陳誠將軍、錢主任大鈞在楊寓與其餘諸公均平安。邵力子夫人跳牆彈傷，蔣孝先陣亡等事。使我震驚，當即召集本府科祕開會商討如何安定羅田軍民人心及加強治安問題，並請大家想一良策，建議中央，拯救領袖脫離險境。據劉祕書說：張、楊此舉必有背景，始敢劫持統帥，以蔣公之安全，為政治上的要挾，昔項羽囚太公，漢高祖不屈，而太公卒還，清廷囚鄭父，成功不屈，而鄭父竟死；此中關鍵，固須審慎，然千秋後世，終必讚果斷而貶屈服，應請中央，不可曲從；要維持國家綱紀，而示張、楊以力，蔣公倘在，或可安全；如示張楊以弱，蔣公雖在，或竟不能返。

鄒科長說：對於劉祕書之揣測，雖不否認，但不信張、楊之通電，將會發生若何效力；且謂關於抗日，凡是文武公務人員，都知蔣公早具決心，張楊此舉，如真正以抗日為範圍，與蔣公心意相同；則在國策上，只有時間上之出入，而非性質上之枘鑿，此中已饒有說服之餘地，況張氏既有保證蔣公之安全，自須先探蔣公之虛實，再定萬全之決策，如即張撻伐，無論內戰蔓延，輿情先背，而坐弱國力，益以外患，國將不國，遑論綱紀。兩人激辯甚久，余即拍電文如下：「南京桃園新村×號，桂永清學長賜鑒：陝變發生，舉國憤恨，請建議中央，神速施以壓力，孤其勢，怵之以力，動之以情，或可收兵不血刃而救校長之危。」此後每日注意報紙，看西安事變之發展。報載中央決議：蔣院長滯陝期間，軍事雖由馮玉祥副委員長及常務委員負其責，而統帥權則推軍政部長何應欽執掌，政治則推財政部長孔祥熙兼代行政院長秉承蔣院長既定方針，繼續努力，一面則將張學良先行褫職，交軍事委員會議處。

軍事方面，我七十九軍長樊松甫原駐洛陽，西安事變之初，知潼關乃入陝要地，為陝西東部咽喉，在軍事上固必爭之地，即命其二十八師董師長所部，集中潼關，對西警戒，並率七十九師二三七旅續進，仍以七十軍主力警衛鞏縣與洛陽之線。可是潼關原駐東北軍，人槍千餘，砲十餘門，已被廿八師董師長收繳，皆為軍事上爭先之利。而楊虎臣在西安事變之初，亦命馮欽哉師移駐潼關，但被樊軍長知悉，即用電話與馮欽哉聯絡，勸其顧念國家，拒受逆命，固守原防，靜待解決，馮表同情並說：決不盲從楊虎臣作亂。又說：如東北軍勾引共匪南犯，決予痛剿，對楊虎臣陝軍因關係過深，未便反攻，如戰事果起，對於陝軍當設法收容，乞轉呈層峰。楊虎臣主力馮欽哉師，竟力主正義，旋乾轉坤，化戾為祥，余非常欣喜。十五日我廿八師集中華陰以第十師及第六師渡渭河北岸。威陽有我萬軍固守窺其北，潼關有我樊軍扼其東。叛軍人心渙散，餉械均缺，我方空軍又為叛軍所懼。故奉軍六十九師長楊隆源、一〇五師長劉多荃及第一旅旅長唐君堯各派其參謀長來潼關與我軍樊松甫聯絡，請中央設法調解免起戰端。由此可知西安事變不及三日張、楊內部軍心渙散，已可斷其毫無鬥志。如奉軍與陝軍自起疑懼，即有不戰而脫校長之危之望。

十七日張學良釋放蔣鼎文老師，於十八日回到南京攜有蔣公親筆函，囑敬公停止轟炸。故軍事壓力，已足使張、楊喪膽。

十九日宋子文以私人資格飛赴西安營救蔣公，廿二日暫行停止轟炸，但我軍之集中與攻擊準備仍在積極進行。張、楊軍力薄弱，遠非中央軍之敵，或可收兵不血刃，即有迅速敉平之效果。

張學良十八日來電色厲內荏。電文如下：南京何部長敬之兄勛鑒：篠祕電敬悉至感關懷。惟委座南歸，尚待商榷，在此時期最好避免軍事行動，弟部初未前進而貴部已西入潼關，肆意轟炸，果誰動干戈耶？誰起內戰耶？兄部如盡撤潼關以東，弟部自可停止移動，否則彼此軍人，誰有不明此中關鍵也哉。弟張學良叩巧戎機印

行政院職員周孝伯奉命赴潼關曾於十二月廿四日有下列報告：

（一）馮欽哉自中央免楊職令下後，態度漸明，已表明於事實者，孝義等縣本係欽哉防地，楊虎臣曾令東北軍接防，欽哉已加拒絕，現乃讓防於中央軍之第六師及廿八師，各該師已

於今日渡渭北。又澄城縣一度被共匪佔領，欽哉亦已派隊收復之。

（二）據我飛機偵察，養日（廿二）西安城內有飛機降落，城內要人到場歡迎，據測係周恩來入陝。

（三）據報西安城內曾開民眾大會，議決十項要點，如：中央軍退出潼關、全數開綏抗日、改組政府驅遂親日派、召集全屆代表在西安開抗日救國預備會等是。

（四）我軍先頭部隊已推進赤水二公里。何部長有令飭廿六日前停止攻擊，但前方將領憤慨，有迫不及待之勢。

由此報告觀之，中央當時士氣之旺盛，與張、楊內部之窮蹙已可概見。廿二日端納與蔣老師銘三。二次由陝西回洛陽。端衲攜有蔣公手諭，謂宥日（廿六）可離西安，要何部長敬公令飭前線停止軍事行動。此種急轉直下之勢，實由政治與情感相輔而成，中央以及各省要人，均去電曉以大義，動以情感，泯大難於俄頃，挽國家於萬劫。西安事變，起於十二月十三日，迄於是月廿六日由張學良親自護送蔣委員長、宋子文、蔣夫人一同乘機回南京。各地聞此喜訊，家家均懸國旗，燃放鞭砲，大事慶祝，萬眾歡騰，如癡如狂，又恢復了太平盛世的熱鬧風光。是日羅田駐軍卅二師王師長備有酒菜，請我參加慶祝宴會，我因校長蒙難兩週期間，焦慮萬狀，今日一旦脫險歸來，心情愉快，興高采烈，多飲幾杯，使我大醉而返。

此次西安事變，前後歷時兩週，而關係至鉅，不僅及當時校長本身之安危，而其整個遠東，乃至世界局面，亦皆受其影響。

八年抗戰，與今日共匪竊據大陸，亦實於是役種其因。言念及此，確有無限悲痛。

八四、「七七」事變、抗戰開始

中、日戰事爆發之時，余仍在湖南羅田做縣長，關心國事，每日披閱報章。據報載：中、日大戰，起於民國二十六年七月七日午夜十一時，駐豐台之日軍一部，在宛平城外蘆溝橋附近進行夜間演習，忽籍口有日兵失踪，由日本武官松井率隊強欲進入宛平搜查，經我駐軍第二十九軍三十七師二一九團吉星文之一營加以拒絕。日軍隨即開砲轟擊宛平縣城之東、西兩門外，當時我軍並未抵抗，惟日軍砲轟越來越烈，已自示威行動轉為正式戰爭狀態，我軍方始還擊，雙方互有傷亡，並在蘆溝橋北相持。

七月八日，雙方商定為避免衝突，同時將相持之部隊分向永定河東、西兩岸撤退。宛平防務，由我河北保安隊接管。惟日軍又堅持我軍不得在長辛店、蘆溝橋駐防，經我方予以拒絕，與此同時，日軍大舉進犯北平之戰略已定，並正作如下之部署：

（一）關東軍之鈴木、酒井兩旅團，正經由熱河向北平挺進。

（二）日駐朝鮮之川岸師團，正全師入關向北平以南地區前進。

（三）華北駐屯軍河邊旅團，正向北平以東地區前進。

（四）由日本國內增援來華之第五師團，將配合海軍進攻天津。

日軍於事變翌日即在北平地區動員，六日之間，集中於此地區內之日兵已逾兩萬名，後援部隊猶在兼程趕來。我蔣委員長時在江西廬山牯嶺，獲悉日軍挑釁之報告後，當即決定應戰，準備動員，命孫連仲部兩師及龐炳勛之一師馳赴石家莊、保定一帶應戰。並召集全國各界領袖齊集廬山舉行會議，同時電令宋哲元、秦德純以不屈服亦不擴大之方針，於遭受襲擊時就地抵抗。我外交部則於七月八日向日本公使川越茂提出抗議，但川越茂已於事變前一日避往上海，旋赴青島。

七月十日，日本不履行諾言撤兵，又向我軍挑釁，次日蘆溝橋戰線延長，我外交部為日軍挑釁事後發表嚴正聲明，十二日復向日外務省提出書面抗議，十三日永定門外戰事激烈，日機偵察北平，援軍相繼抵達。七月十七日我蔣委員長聲明不惜任何代價尋求和平，堅持最低限度立場，並表示蘆溝橋為我最後關頭，中國不需要戰爭，係因被迫而自衛。同日外交部照會日本政府，以蔣委員長所提之條件要求日本：

（一）日承認在華北發動敵對行為之責任。

（二）日本正式道歉。

（三）日本支付賠償。並保證今後不得再有類似之情事發生。

七月十八日，蔣委員長在廬山談話會席上，發表重要演說，闡明蘆溝橋事件中國之立場，正告日本，我國堅持下列四項原則：

（一）任何解決方案，不得侵害中國主權與領土之完整。

（二）冀、察行政組織不容作不合法之改變。

（三）中央政府所派地方官吏，不能任人要求撤換。

（四）第二十九軍現在所駐地區，不能受任何約束。

當時，我平、津駐軍第二十九軍宋哲元部，原期仍以外交折衝解決蘆溝橋事件，軍事部署完全處於被動，初期作戰，至為不利。該軍主力在南苑駐地英勇抵抗，犧牲慘重，為保全戰力，應付長期抗戰，遂於三十日棄守天津，八月四日退出北平。

八五、「八一三」淞滬血戰

民國二十六年八月十三日，上海繼蘆溝橋七七事變，而爆發全面抗戰的序幕時，我仍任湖北羅田縣長兼陸軍卅二師參議，本師奉命開往上海抗戰三月撤回羅田。據本師同仁告訴我，上海血戰時幾件有趣的故事，記錄於後：

（一）淞滬大戰之起因，雖為日軍有計劃的挑釁，是因為日本浪人無端闖入我軍虹口機場，衛兵喝令制止不聽，因而釀成命案，戰火由是燃起。當時日軍係以虹口的公大紗廠作為作戰指揮中心，由日本本土開來大批海軍陸戰隊，及兩個師團之兵力，在上海匯山碼頭，使用兵艦上熾烈的排砲和空軍的掩護，拚命實施其「敵前強行登陸」。

此時，我方因為事出倉卒，未有準備，在上海一帶的駐軍，只剩兩個師，那便是王敬久少將的八十七師，和孫元良少將的八十八師。戰火一啟，這兩個步兵師，便由張治中臨時以第五軍軍長名義指揮應戰。我軍實力既如此薄弱，除了咬緊牙關硬拚以外，其處境的危殆，可想而知，幾天之後，由全國各地調來的作戰部隊，亦已先後由水陸紛紛開抵上海，最先抵達的部隊是屬於財政部緝私署的張君嵩和孫立人的稅警團，以及一部分憲兵。隨後，陳誠的十八軍、胡宗南的第一軍、廣東張發奎的第四軍、葉肇的一五八師、王修身的卅二師，劉和鼎的五十六師、彭霖生的獨立旅、四川劉湘的二十四軍、楊森的二十軍，和雲南部隊。所有部隊，共約七十萬人一開到上海便立即投入戰場，連休息的時間都沒有。在作戰的一個月內，展開了極其慘烈的上海保衛戰，在整個血戰中，最初以滙山碼頭、虹口、北四川路、軍工路、蘊藻濱、蘇州河等地的戰況最為慘烈。嗣以日軍登陸成功，我軍被敵優勢火力壓制下，局部轉移陣地，相繼改在滬北、上海北站、羅店、陳家行、劉家行之線，繼續展開血肉橫飛的拉鋸戰。其中又以羅店的爭奪最為慘烈。按羅店在小南翔以北，是上海郊區一個很小的村鎮，周圍一帶，有很多竹園和樹林，以及縱錯交叉的小河濱，在軍事上來說，是有利於逐步阻擊的地形，所以當敵軍以疾風之勢，挾其飛機、大砲、坦克等犀利武器攻向羅店之際，我軍雖蜷伏於臨時而簡陋的散兵壕，在無法抬頭的極端劣勢下，猶能表現堅強的戰鬥力，何況那時士氣旺盛，同仇敵愾之心，遮蓋了本身裝備窳劣的弱點，發揮了寸土必爭的英勇精神，而至於極。是役我軍固然積屍遍野，而敵軍亦死亡枕藉，血流成河。

（二）敵人作戰三部曲，我以死屍作屏障：自羅店戰役之後，敵軍嘗試了犧牲繆重的創痛，從此在戰場上的戰術，便大大加以修改了。每攻我一個據點，就進行的所謂三部曲：最先，派飛機偵察、轟炸、掃射；其次，熾烈的砲兵轟擊開始；再其次，用坦克領先，步兵緊隨車後跟進。這樣一來，敵軍真是收到了良好效果，減少了不少犧牲。可是，我軍也針對敵人的詭計，採了新對策，儘管敵軍奏其三部曲，而我軍則靜伏不動，苦挨著敵機飛走了，敵砲轟過了，坦克也在頭上隆隆地駛過去了，我們的守軍立即起身和敵人短兵相接，肉搏格殺起來，這時最能發揮殺敵效果的，便是大刀，如同秋風掃落葉以的把敵人殺得人頭滾滾，鬼哭神號。敵軍攻我陳家行陣地時，是在羅店爭奪戰的同時。陳家行在羅店左前翼，也是上海郊區的一個小鎮。當我軍臨時工事被敵砲火摧毀之後，被迫將我們戰死袍澤的屍體疊起來，權作屏障和射擊的依托，據劉家行方面的友軍說：劉家行之線的我軍，也同樣把袍澤的屍體暫作工事掩體了。

（三）八一三戰事開始以來，頭一個將級犧牲者，為防守上海鄰縣寶山和瀏陽的獨立旅長黃梅興少將，當上海血戰開始不久，敵人為了消除我軍對其右翼威脅，特派遣一部海軍陸戰隊攻我寶山瀏陽。當時，在這個地區防衛的是黃梅興獨立旅，黃旅長正在陣地一座高地上用望遠鏡瞭望敵情時，恰中了敵軍的砲彈，當即屍體粉碎，死難之慘，令人不忍卒睹。這也是抗戰中，為國壯烈成仁的第一個將級部隊長。

（四）地面舖油豆，狙擊有效果。再說到滙山碼頭之線的敵軍，日以繼夜的利用敵艦火力掩護向我上海強行登陸，但終不得逞。可是，這裡也是葬送我軍生命的大熔爐。一營一團的弟兄，一剎那間，就被敵人砲火吞噬了，以整個上海戰場來說，以此地消滅我軍的元氣為最重。還有，在匯山碼頭登陸戰中，有一宗極有趣的事：因為那些企圖在匯山碼頭登陸的敵軍俱是穿著膠鞋或皮鞋的，我軍為了加強狙擊，即向上海商民徵購了大批黃豆、黑豆、生油、桐油等，把匯山碼頭一帶，以及附近橫街小巷，都淋上厚厚的油，或是舖滿黃豆、黑豆，那些乘隙衝上岸的敵兵，一經踏上馬路，個個立足不住，四腳朝天，好像滾地瓜，我軍也就得以從容將之殲滅。據說，這個防衛辦法，還是前敵總指揮官陳誠將軍親自想出來的。

（五）川軍出師，未捷先死：四川軍隊首先抵達上海的是劉湘的一個軍。他們全係四川老鄉，滿口「啥子」「老子」。或者是因為平時處慣了風物不太開通的內陸，一旦開拔到十里洋場的上海來，一切都覺得新奇。他們是由水路運到南京，再由南京步行來上海的。在南翔、崑山休息時，看見停在車站的火車，都爭先恐後趨前看個出神，有的伸手去摸車頭，恰巧摸中火爐部分，手掌則被灼傷得哎唷的呼痛，有的難為情地忍痛攢進人叢中走開了，有的卻不服氣，對著車頭破口大罵：「你咬老子，豈有此理，龜兒子！」這樣的事，可真令人笑破肚皮。該軍在休息中，南翔車站有一連人，給敵機發現了，低飛掃射，以是由連長喝令士兵們躲入站長室、候車室、卻不叫他散開臥倒，結果敵機投下一顆小炸彈，全連登時血肉模糊，統統死光！說也奇怪，卻有一個上等兵，安然無恙，連一點小傷都沒有受到，這支川軍部隊，續向上海行進。本來，他們已經接近戰地，應該是採取戰備行軍的，那知道他們卻排列著整齊的行軍縱隊，高高打起軍旗，號兵在前，大吹喇叭，一如慶祝國慶遊行一般。不料，迎頭飛來五架敵機，把他們炸得人仰馬翻，幾至全軍盡歿，真是「出師未捷身先死」了！

（六）兵屍不倒，敵軍膽寒；當陳家行之線，敵我展開血戰時，在陳家行左側有一座小竹林。小林前面是幅水田，敵軍在這竹林裡設置有機槍陣地，吐著兇猛的網狀火力束壓制我軍的攻勢，我軍在這裡的戰鬥部隊，是屬於廣東軍彭霖生的獨立旅，彭旅長看見這種情況，便決心要消滅它。立命一個加強連，利用夜晚由水田衝鋒過去，企圖撲滅敵軍的機槍陣地，可是，這幅水田，竟是泥深過膝，官兵衝下去，都無法拔腳再衝，因此在敵人火網之下，動彈不得，竟全連陣亡了，但是人雖被射死，卻倒不下去，這晚月色微明，敵軍隱約看見我軍個個並未倒下，以為是打不死的神兵，便急急抬著機槍，向後倉皇逃遁。跟著我軍也就佔領了這座竹林。還有，當右翼軍總司令張發奎上將（以後改守浦東地區），率同參謀人員抵達嘉定附近一個高地時，正用望遠鏡向四方瞭望敵情，忽然由敵方飛來一顆七點五的山砲彈，剛巧落在張總司令的面前約莫三碼的地方，張氏眼明腳快，趨前迅將這個砲彈踢落山坑，瞬即隆然一聲爆炸了，否則，張總司令又作了第二個黃梅興將軍了！

（七）冒死送旗，憶女童軍。由於白天敵機活動得厲害，我軍只有在陣地裡蜷伏不動，就連後勤業務，也形同中止。因此，白天往往沒有飯吃，有時連水也喝不到一滴（滬戰進入尾聲時，各界慰勞品已無法供應到轉進的陣地裡來了）即使晚上也不敢造飯。因為造飯有火光和炊煙冒出來，敵砲和敵機就來射擊轟炸了，所以我軍的給養，都是在蘇州造好，由火車於晚間運來前方。但有時火車被炸了，或鐵軌、橋樑被毀，給養則無法運到，故此常常三四日都吃不到飯，饑渴交迫的痛苦，我們是經常要捱受的。

大家都知道，我軍因敵軍在浙江海岸的金山衛登陸，迂迴包抄而攻略上海，遂不得不作戰略上撤出上海。當大軍逐步向蘇州方面轉進時，掩護撤退殿後部隊，是由八十八師一個團由團附謝晉元中校擔任指揮。結果，大軍退出了，而該團卻退不出來，被敵軍包圍在四行倉庫的堅牢建築物裡面。此時有一位上海女童軍楊惠敏小姐，自動冒險送去一幅青天白日滿地紅的國旗插在四行倉庫的屋頂飄揚。這位女童軍，那時芳齡才十八歲，個子生得高高的，但甚清瘦，皮膚略帶紅色。抗戰中期，她已由桂林、貴陽輾轉來到戰首都重慶，聞說楊女士現在台北做了臺灣大學教授朱重明的夫人。

八六、抗戰爆發戰力比較

日本侵華，為自明治維新以後之一貫國策。民國十六年四月，日本出現政友會內閣，以田中義一大將任首相兼外相。是年六月，在大連召集駐華各領事舉行東方會議，商討對華侵略方針。翌月二十五日，田中義一致函宮內大臣一木喜德，請其代奏積極侵略政策之祕本，嗣後即成為日本對外侵略之最高綱領，亦即世所著稱之「田中奏摺」，其主要內容如次：

（一）日本認為中國統一對日不利，尤不希望中國在國民黨革命勢力之下統一，因此必須以武力阻礙中國統一之實現。

（二）欲征服中國，必先征服滿、蒙；欲征服世界，必先征服中國。

（三）以美國為敵，認為美國限制日本在華之勢力，因此，欲制中國，必以打倒美國為先決問題。

民國十七年我北伐成功，十八年元旦東北易幟，完成統一。日本挑撥分化，蠶食中國之迷夢卒成泡影。侵華心理愈亟，復以民國二十四、五、六年間我國埋首建設，進步神速。蔣委員長業已建立鞏固之中央政權，渠本人亦成為全民擁戴之唯一最高領袖。益使日本軍閥焦灼不安，唯恐我國倘有較多之時間繼續發展，日本永無征服中國之望。乃乘世界經濟恐慌，英、美、法無暇東顧，日本軍閥遂在財閥之全力支持下，悍然挑起中、日大戰。

民國廿六年七月七日，日軍在河北宛平城外蘆溝橋燃起戰火之初，中、日雙方之作戰兵力比較，概如下述：

甲、日方

陸軍

1.現役官兵三十八萬人。預備役官兵七十三萬八千人。後備役官兵八十七萬九千人。第一補充兵役九十萬五千人。

合計：四百四十八萬一千人。

2.戰時可動員兵額二千七百八十餘萬人。

3.戰爭初期日軍之編制：常備師團十七個，已祕密編成之師團四個，每一師團員額二萬二千人。馬五千八百餘匹，步騎槍九千五百支，輕重機槍六百餘挺。各色火砲一〇八門、戰車二十四輛。

海軍

1. 總噸位一百九十餘萬噸，居世界第三位。
2. 另有世界最大戰艦大和號、武藏號在祕密建造中。

空軍

飛機二千七百架，分屬陸軍、海軍。

乙、我方

陸軍

1. 總兵力：二百餘萬人。
2. 編制：步兵一八二個師，四十六個獨立旅。騎兵九個師，六個獨立旅。砲兵四個旅，二十個獨立團。
3. 配備：每師官兵一萬零九百二十二人。步騎槍三千八百餘支，輕重機槍三百二十八挺。各色火砲與迫擊砲四十六門，擲彈筒二百四十三具。

海軍

1. 新舊艦艇六十艘，其中噸位最大者三千噸，最小者三百噸，魚雷決艇十二艘。
2. 總噸位五萬九千零三十四噸。

空軍

各色飛機六百架，可供作戰之用者三百零五架，餘均為教練機及運輸機。

兵員補充

我國國軍向採募兵制，二十五年起開始施行徵兵，二十六年大戰爆發後，為應事實之需要，改採徵募併行制。

由於上列比較，可知我國國軍在裝配方面，不逮日軍遠甚，尤其海軍艦艇，與空軍飛機架數，與日軍不啻天淵之別。此外，則我國重工業之建設幾等於零，鋼鐵、石油生產奇缺，兵工廠只能製造各類型輕武器，尤以我國幅員廣大，地域遼闊，必需相當兵力維護各地之治安。因此在抗戰初期能予投諸第一線之兵力，領全國之力亦僅得八十個步兵師，九個獨立旅，及九個騎兵師，兩個砲兵旅，又十六個砲兵獨立團，而日方則於大戰初期使用兵力已達七十萬人以上，數量與我相距不遠。

八七、日軍屠殺南京城

民國二十六年十一月五日，日第十軍在杭州灣登陸，抄我上海守軍之腹背。八日，上海守軍退保青浦防線，九日蔣委員長以初期抗戰達成任務，下令上海守軍全面撤退。十二日上海淪陷，十三日日艦十五艘進入長江，我軍在京滬沿線節節抵抗。十二月六日，日軍兵分四路，犯我首都南京，於九日下總攻擊令，並向我政府提出最後通牒。十三日南京失陷，蔣委員長發表通電，聲明繼續抗戰。同日，日軍在南京展開瘋狂屠殺，我軍民慘遭殺戮者，達十餘萬人。並且姦淫擄掠，極盡野蠻殘暴之能事，為日本歷史留下永遠不可磨滅之污點。對於文明世界，尤其為一大諷刺。

民國二十六年十二月十四日，蔣委員長抵達武昌，旋於次日發表「我軍退出南京告國民書」，號召全民抗戰到底。

二十六年十二月二十一日，日裕仁天皇批准日對華新政策，繼續進行侵略。二十二日，日方央德國駐華大使陶德曼斡旋和平，陶氏曾晉謁蔣委員長，轉達日方所提出之條件，要點如次；

（一）承認偽滿洲國。

（二）在必要地區成立不設防地帶。

（三）在上述地帶成立特殊政權。
（四）中國與反共集團合作。
（五）中日「滿」三國締結經濟協定。
（六）修改關稅稅則。
（七）中國賠償日方之「損失。」
（八）附則兩項。

1. 談判進行時不停戰。
2. 須由我國派員赴日方指定地點，直接交涉。

是項條件，當經蔣委員長斷然予以拒絕，日本謀和不成，乃於民國二十七年一月十六日發表「不以國民政府交涉為對手」之聲明，開始利用漢奸敗類成立偽組織，而加以操縱運用，調整「日、支新關係」。

蔣委員長為貫徹其領導全民，抗戰到底，爭取最後勝利之決心。乃自民國二十七年元旦起，辭卸所有政權，俾集中心力，應付抗戰軍事，於是；二十七年一月一日舉行之中國國民黨中央常務委員會決議，對中樞機構及人事，作如下之重大調整：

（一）行政院長蔣中正辭職，選任孔祥熙為行政院長，張群為副院長。
（二）海軍部裁撤，歸併海軍總司令部。

（三）實業部改經濟部。

（四）交通、鐵道兩部合併為交通部。

（五）教育部長王世杰辭職，特任陳立夫為教育部長。

（六）鐵道部長張嘉璈、交通部長俞飛鵬辭職，特任張嘉璈為交通部長。

（七）特任翁文灝為經濟部長。

蔣委員長專心致力於抗日軍事，立即著手改組最高統帥部，調整戰鬥序列，並釐訂今後作戰方針。同時，厲行整肅風紀，清除各級將領中之不忠實，不可靠分子，免其妨礙抗戰。並且呼籲全國無條件團結，一致對外。對可能有所作為之異己分子畀以重任。二十七年一月二十四日，槍決企圖保全私有武力，違抗命令，擅自撤退，以致日軍不戰而獲濟南、青島之山東省政府主席兼第三集團軍總司令韓復榘於漢口。判處九名貽誤軍機之高級軍官死刑。元月十五日任閻錫山為軍事委員會委員。二十五日任李宗仁為安徽省政府主席，將南京以北之國軍，悉由李宗仁統率。稍後並任命白崇禧為軍令部長，在此以前馮玉祥早在軍事委員會擔任要職，桂系之黃紹竑亦被任命為浙江省主席。

八八、京滬淪陷、台兒莊大捷

京、滬失陷後之抗戰方針，經蔣委員長釐訂為確保徐州，誘致日軍主力集中於津浦鐵路方面，俾以爭取時間，整備戰力，掩護我軍事交通之中心武漢。嗣即乘日軍華北華中兩方面未盡協調之際，抽調豫北、晉南之精銳國軍轉用魯南，改隸第五戰區指揮系統。當日軍第十師團磯谷廉介部攻佔我滕縣後，以其一部佔領韓莊，並以其主力瀨谷旅團沿台（兒莊）棗（莊）支線挺進，企圖一舉攫取重要據點，作進犯徐州之起點。我孫連仲部適時抵達，立予迎頭痛擊，是時湯恩伯之王仲廉軍正與日軍在嶧縣附近相持，乃以第一〇一師張軫部接替關麟徵軍運河南岸防務，令關軍向嶧縣以東地區進出，會同王仲廉軍攻擊當面之敵。自二十七年三月二十四日至四月三日，磯谷師團主力都被孫連仲部吸引在台兒莊附近，經十日之激烈戰鬥，台兒莊守軍池峰城師誓與陣地共存亡，雖台兒莊被日軍攻佔四分之三，亦不稍退。日軍集結台兒莊一帶已達三、四萬人，臨沂方面之日軍板垣師團，為救台兒莊日軍之危，星夜轉用於向城、愛曲，力拊我湯恩伯部隊之背。三月三十一日，我關麟徵軍、周嵒軍、奮力擊潰板垣師團，回師完成對磯谷師團之大包圍，裡應外合，經六日夜之鏖戰，磯谷師團幾於全部就殲。我軍殲滅日軍板垣磯谷兩個師團主力達三萬餘人，是為「台兒莊大捷」。捷報傳出，舉國振奮歡騰，熱烈慶祝。蔣委員長電勗全國軍民：「聞勝勿驕，聞敗勿餒，奮鬥到底，爭取最後勝利。」但日軍已接受其有史以來在陣地戰上之唯一嚴重挫敗，皇軍天下無敵之謬說業告粉碎。

台兒莊之役日軍慘敗，使日本大本營為之震動，乃重新部署，集結華北、華中之兵力，向津浦路南北兩端增援，夾擊徐州附近由李宗仁所統轄之國軍主力，並以其第十四師團由豫北進陷蘭封、羅王、遮斷隴海鐵路。四月十二日蔣委員長親蒞鄭州，指導豫東兵團擊破日軍第十四團，蘭封、羅王，失而復得。歸、汴間隴海鐵路因而打通，並誘致日軍於當面，使徐州大軍安全突圍，五月十九日徐州守軍迫敵付出重大代價後，順利轉進。徐州會戰結束，日軍之次重要目標，為隴海、平漢兩線相會點之武漢門戶——鄭州。

八九、遊武漢三鎮名勝記

民國廿六年十二月十三日南京撤守，戰局緊張，國脈如絲，心情十分沉重。自覺我是軍人，應該參加抗戰行列，共赴國難，不能再做縣長，決定辭去羅田縣長的職務，不久奉湖北省政府民政廳令准，遣缺派葉啟賢（軍校同學）接任。葉是羅田人，環境熟悉，人地相宜，可打游擊，我正督促所屬，辦理移交，忽接我妻由漢口打來長途電話云：抗日戰事緊張，江西人心惶惶，父親墳地業已做好，我帶蘿娜小女獨居奉新鄉間，有點膽怯，昨抵漢口，現住交通旅館，請你派人接我去羅田等語。我答：我已辭去羅田縣長，正在辦理移交，妳不必來羅田，可在漢口租屋暫住，明日我先派人來漢口照料，余俟此間交代辦理清楚，即返漢口。

我在羅田辦理移交，將銀錢印信，均已交清，只留第二科吳科長及科員數人，留在羅田難理例行移交公文，其餘人員隨我返回漢口。我將隨來人員遣散完畢，同妻暫住漢口等候羅田移交清楚，始敢離漢口。在此候交之際，我曾去電，報告江西省政府，說明辭去羅田縣長，寫了一封信給一九七師師長，好友丁炳權，又寫了一封信給信陽警備司令王修身，說明業已辭去羅田縣長職務，志願參加戰鬥行列。不久即接到江西省政府電報，要我速回江西接任廣昌縣長，丁炳權亦來電云：

弟已接任長沙警備司令，請兄即日來長沙一遊。信陽王修身亦來信，要我去信陽，接任信陽警備部參謀長。各處函電爭取我去工作，使我不知所措，我意願去信陽幫助好友王修身，我妻硬要我去長沙幫助丁炳權，我熬她不過，只說：一俟羅田縣政府移交辦理完後，再定行止。在此無事之際，我帶妳遊歷武漢三鎮名勝古蹟如何？我妻贊成。

次晨一早吃完飯，同妻乘輪渡江，先到黃鶴樓，樓建在武昌蛇山頂端，儼然昂起的蛇頭，配上樓前的孔明燈，有如蛇頭發生的炯炯目光。黃鶴樓頭，背山面水，見長江被日光照射，好像條銀帶，江流浩翰，帆檣如林，氣魄真是偉大。唐崔灝詩：「昔人已乘黃鶴去，此地空留黃鶴樓，黃鶴一去不復返，白雲千載空悠悠，……。」唐李白聯「水天一色，風月無邊。」有此詩，有此聯，此時此地，此景，相得益彰。樓前石階，左右柱上刻有一聯：「爽氣西來雪霧，撥開天地淨；大江東去波濤，洗盡古今愁。」令人興起懷古的幽情。尚有顯真樓側禹碑亭，奧略樓後抱膝亭，克強先生銅像，呂祖閣邊碑銘，還有大漢陳友諒墓，已經是淒涼的野草叢生，這就是黃鶴樓全景。中午我倆在黃鶴樓一家餐館吃飯後，午間佇立樓頭，日正當中——長空萬里，天際一碧如洗，清清徐徐，此時江上，白浪翻湧，掀起一般雄邁之氣。我說：民國十七年，我在武昌南湖練兵，夜晚常來觀景，垂暮之時，長江變成一個溫柔、寧靜的銀色世界，遠望漢口，燈火煇煌，這夜色又多麼迷人，如在子夜佇立樓頭，夜色深沉，人語俱寂，江上輪渡已停，惟有小舟撥水移行，款乃聲聲，這樣淒清的韻律，又譜出大都市的另一風情。是日遊盡歸來，晚間同妻遊明星球場，次日再遊漢陽。

漢陽位於漢口之南，武昌之西，襟江帶水，為省垣屏障，北有龜山，上有禹廟和東吳魯肅墓，東面江濱，有晴川閣，蓮花湖，鸚鵡洲，歸元寺，都是著名勝地。晴川閣突出長江，登臨閣上，南瞰長江，東眺溪水，足以賞心悅目，閣有一聯：「山勢西分巫峽雨，江流東壓海門潮。」氣勢豪放。蓮花湖，滿湖紅蓮，清芬宜人。鸚鵡洲，有禰衡墓，禰衡擊鼓罵曹，曹用借刀殺人詭計，將禰遣歸黃祖，黃宴客，有獻鸚鵡者，乃命禰作賦，禰拒而辱罵黃，遂遭毒手。禰屍葬此，故名鸚鵡洲，在龜山腳下，面對滾滾江流，氣勢甚為磅礴。歸元寺，山門裡池內，養的全是烏龜，大小肥瘦——狎遊水面，向不避人，真是奇觀，寺有接引殿，大雄寶殿，藏經樓，羅漢堂，五百羅漢，有坐、有臥、有立、有笑、有怒……種種形態，無一相同，種種表情，無不畢肖，遊人按自己年齡數至一羅漢前，覘其形狀，以卜休咎，亦甚有趣。這就是漢陽風景名勝，我妻的腳酸腿軟，吵著要回去。我說：先找一家緬陽館子吃魚麵，嘗嘗湖北口味，歇歇腳，再回漢口，休息兩天，再遊珞珈山。

珞珈山，距武昌市區數十里，山麓東湖，水極清澈。夏日翠荷紅蓮，遊艇沙島，盡收眼底，使人悠悠神往。武漢大學，位於山麓平原，負山面水，別有天地，校本部門首，石獅並列，到處舖著碧綠青草，間雜種著很多花木，教員都是花園洋房住宅，學生整齊清潔宿舍，辦公室，教室，各式各樣，異常壯觀，圖書館，尤富古意，入內閱覽書報，一無聲息，大可啟發靈性。特別值得稱道的，是女生宿舍，有潔淨樸素的外表，富麗華美的內部，遊人戲稱之為皇宮，校旁東湖，水波澄清，武漢民眾，多來此游泳，尤其在夕陽西下，釵光鬢影，笑語清歌，紛呈湖上，鬧中別有情趣。其實武大之美，不只在校舍的本身，而尤其在校舍相襯的湖山，由東湖向南，有卓刀泉，泉水清冽味甘，傳為三國關雲長行軍至此，兵馬口渴，思飲無水，公插刀入地，泉水湧出，故名卓刀泉。並在泉井旁，立祠祀公，廟祝則藉泉水泡茶，享客以維開支。我妻精神未見疲倦，回家時，還津津樂道。

九〇、共匪混入抗戰行列

中樞自南京遷居武漢後，二十七年三月二十九日，舉行中國國民黨臨時全國代表大會，決議下列重要案件：

（一）制訂「抗戰建國綱領」，為全國一致信守準則。

（二）推舉蔣委員長為本黨（國民黨）總裁，在制度上明確規定為全黨之領袖，俾此革命集團有穩定之中心。

（三）結束國防參議會，另設國民參政會，為戰時民意最高機關。

（四）設立三民主義青年團，而將預備黨員撤消。

二十七年七月七日，第二屆國民參政會在漢口舉行第一次會議，同月十五日閉幕。通過宣言，略謂：「同人等深知在此國家民族興亡榮辱之交，惟有整個民族，精神團結堅苦奮鬥。故於本月十二日。以全場一致鄭重決議，擁護本年四月中國國民黨全國代表大會所制定之抗戰建國綱領，作為國民政府抗戰時期施政方針，共同在最高統帥蔣委員長領導之下，努力奮鬥，以爭取最後勝利，而達成建國之成功。」

中共匪黨方面，則曾於七七事變，全面抗戰發展開後，發表共赴國難宣言，向國民政府提出如下之四點諾言：

（一）孫中山先生的三民主義，為中國今日所必需，本黨（共產黨）願為其徹底實現而奮鬥。

（二）取消一切推翻國民黨政權的暴動政策及赤化運動，停止以暴動沒收地主土地的政策。

（三）取消現在的蘇維埃政府，實行民權政治，以期全國政權之統一。

（四）取消紅軍名義及番號，改編為國民革命軍，受國民政府軍事委員會之統轄，並待命出動，擔任抗日前線之職責。

軍事委員會嗣於民國二十六年八月二十二日，發布收編投誠共軍之命令。先任朱德、彭德懷為第八路軍正副總指揮，共轄三個師。並指定編入第二戰區序列，開赴晉北作戰，後改稱第十八集團軍，仍歸第二戰區司令長官閻錫山指揮。二十六年九月平型關之戰前夕，十八集團軍自陝北出發，毛澤東於行前向其部眾透露共黨利用抗戰之陰謀，要點如次：

（一）中、日戰爭是中共發展的絕好機會，「我們的決策是七分發展，三分應付國民政府，一分抗日。」

（二）此一決策應分以下三個階段實施；

第一階段：與國民黨妥協，以求生存發展。

第二階段：與國民黨取得力量平衡，而與之相持。

第三階段：深入華中各地，建立華中根據地，向國民黨反攻。

十八路軍進入山西後，基於上述決策之要求，假抗戰之名，行擴充之實。平型關作戰時，閻錫山下令十八集團軍向日軍後方挺進，忻口會戰時並編為右翼集團軍，並配屬七十三師及一〇一師，但共軍始終虛張聲勢，從未殺敵致果。二十六年十一月九日太原失守，國軍南撤，十八集團軍遂開始在五台山區、太行山區，大規模建立其游擊根據地，發展組織，奠定其在華北成長之基礎。

此外，共黨在江南各地之零星部隊，亦由軍事委員會於二十六年十月十二日收編，成立新編第四軍，以葉挺為軍長，項英副之。

平津失陷後，日方又重施故技，二十六年十二月在北平成立偽組織，二十七年三月，日方復於南京成立所謂「維新政府」。以漢奸梁鴻志，溫宗堯為主角，我外交部隊分別發表聲明，嚴予指斥外，並於二十七年八月十五日，公布「懲治漢奸條例」，以使忠奸有別，制止人民參加漢奸政權。

九一、掃除長沙傷兵之亂

我辭去羅田縣長，志在參加抗戰行列，共赴國難，已蒙省府批准，現在移交辦理清楚，依我妻要求，束裝前往湖南。到達長沙，暫住天然居旅館，我去晉見長沙警備司令丁炳權，適逢外出未晤，我留了一張名片，寫明住址，仍回旅館。不久丁司令親來旅館與我長談，丁云：數日未見回電，今辰又去電報，催你速來。我說：催我來做何事？丁云：警備司令部業務，不是純軍事性的，大部分有政治性的，我警備司令部有一個職務，要懂得軍事而曉得政治的人才，擔任這個職位，我想了很久，非你莫屬。我說：承你誇獎，我有何能，怎敢就此重任，我來此遊遊長沙即去信陽。丁云：你去信陽何幹？我說：卅二師王修身亦兼信陽警備司令，來信要我去幫助他。丁云：信陽小地方，殺鷄焉用牛刀，長沙是省會警備司令部，關係複雜，非要文武兼備，智勇雙全的人才，始能應付裕如，你的大才要有大用，不要埋沒在信陽那個小地方，無論如何，請你要幫助我，在長沙才能發揮你的天才。我問：究竟給我何事？丁說：目前你暫接副官處長，待你將警備業務全般情形了解後，再接參謀長。我說：有生以來，未做副官，怎能做得副官處長？這個職位我不敢接。想不到丁司令起向我妻三鞠躬說：大嫂！大嫂！學富兄的事情，要請大嫂替我勸駕，留在長沙幫忙。我妻亦說：士為知己者死，女為悅己者容，丁大哥如此愛才，你就答應下來吧！我知道丁炳權耳軟，易為小人搬唆。於是我很嚴肅地說：你如能依我三件事，我就答應。丁說：我們是多年老友，你儘管說。我說：副官處長，這個職位雖小，他是個司令部的當家和尚，如果得不到主管的信任，是做不好的。丁說：我絕對信任你。第二件既蒙信任我，請你給我權力，無權就辦不好事。丁說：當然可以。我說：第三件假如你身邊隨從有違紀事件，我亦要嚴辦。丁說：三個條件，絕對接受。我說：你要一諾千金，我就刎頸不辭。丁走之後次日即送來委狀，我同妻上街，趕做一套軍服，準備接任警備司令部副官處長。

長沙警備司令部副官處組織，總務科下轄文書、庶務、警備科下轄憲兵一營、步兵一營，擔任城外四周警戒以及巡查任務；偵防科下轄特務大隊、檢查組、交際科接待過往長官車票運輸事宜；由此觀其組織，長沙省會治安業務，全由副官處負責執行。

我到差後，最感棘手之事，莫過傷兵擾亂治安。抗戰失利，南京撤守，傷兵都集中長沙小吳門外，軍政部第九、第十兩個大醫院，即有二千餘人，其餘各軍小型醫院不知有多少，其中傷愈官兵，都不願歸隊，留住院中，終日無事，以亡命徒的姿態，擾亂秩序，為害地方。白吃、白喝、白看戲、滋事打架，無日無之，鬧得長沙秩序大亂，老百姓一見傷兵，畏之如虎，避之猶恐不及。因而使各行各業，全都不安生理，這種混亂情形，前任副官處長無能處理，任其滋事，無怪丁司令官，一再電催我來接此艱難任務。我既接事，不敢畏難，只有大刀闊斧去做，經我思考，認為還是

「治亂世，用重典」，否則無法維持省會治安。我的做法先禮後兵，以免貽人口舌，說我「不告而誅」。我決定先張貼布告，嚴禁傷兵擾民，內容說得嚴厲，如敢故違，輕則棍責，重則槍斃，集體滋事，格殺無論。簽請丁司令畫行，石印千張，貼在長沙通衢大道、戲院、菜館、酒樓、飯店，以及公共場所。同時擬好整頓戲院辦法，召集長少所有戲院老闆，及傷兵醫院院長等，來部開會，依照我擬定辦法，由戲院提出百分之卅座位戲票，先本部統一分配，再送各醫院轉發傷兵輪流看戲，並加蓋「此票如非傷兵不得使用」，其餘無票傷兵，不得進場，如敢故違，本部即要嚴拿法辦，雙方認為滿意散會。

施行之日，有一家京戲院，快要上戲之時，這邊老百姓排隊買票，那邊成群傷兵，悍不畏法，無票硬要進場看霸王戲，不聽憲兵勸告，即在戲院門前，大吵大罵。我便衣特工人員猝不及防，被其用鐵棍打傷，實在無法制止。我接到電話報告鬧事情形，即集中憲兵一連，說明：你們趕去鬧事現場，向天開槍，驚走傷兵，只捉誠心鬧事之人，當場責打軍棍，使他吃點苦頭，放其回院宣傳，藉此以儆效尤。憲兵連長，依我指示，如法泡製，果見效果，從此戲院秩序良好，無人再敢鬧事。獨有火車站傷兵，仍在抽頭放賭，遍地擠滿了傷兵，途為之塞，無法通行，實不雅觀，決定掃蕩之日，先派特工人員化裝傷兵，滲入賭場，認清為首之人，以待憲兵包圍開槍驚走傷兵之際，即席擒拿包庇賭博之人，其中不但有太保型之傷兵，且又地痞，捉來之後，每人責打軍棍，打得他們皮破血流，並告誡云：下次如敢再賭，被我捉到，即就地槍斃，絕不姑寬。

以後車站秩序良好。

九二、誤炸大世界的慘劇

民國廿六年九月間，我內兄翁福昌，由上海逃來長沙，對我說：上月十四日，上海中日戰事爆發後，形勢顯得格外緊張。我空軍首次出動轟炸停泊黃埔江，即離外白渡橋不遠處的日本海軍旗艦「出雲號」。在外灘附近的居民，都目睹我空軍冒著熾烈的高射砲火，俯衝投彈，黃埔江水柱衝天，日軍所發的砲彈，且曾擊中南京路的匯中飯店，那時相距千餘碼的先施公司玻璃窗，悉為震碎。

是日下午我內兄翁福昌走到跑馬廳國際飯店門前，突然一聲巨響，震耳欲聾，炸聲的來處似乎很近，可以判斷是來自虹口，或閘北戰區的炮聲，內兄在十分緊張中聽到路人說：愛多亞路大世界門前落了炸彈，內兄匆匆乘車趕去，想看一個究竟，車子一入大世界附近，情形已一片混亂，車輛也被禁止通行，內兄下車一直步行過去，直到大世界門前，人間的一幅從來所未有的慘景，已呈現在眼前，一枚五百磅的炸彈，正好掉在大世界正門前八、九尺的馬路上，地面造成了一個深四、五尺，周圍盈丈的大穴；馬路中心的電桿的中間，本有一個特製的警察亭子，站在裡面的是一名指揮交通的印度巡捕，此時俯在矮矮的鐵欄上，半個身子斜懸在外面，腦殼已去掉半個了。那裡本是一條繁的通道，平時汽車長龍似的一輛接一輛的通過，行人也整天絡繹如織，此時禍從天降，誰也沒有一絲準備，但看到成百輛的汽車癱瘓在那裡，已經燒得只留下一個剝落的車身，裡面盡是焦炭似的屍體。車上的玻璃屑，更是碎滿了四周的地面。路上更陳滿縱橫狼藉肢體不全的死屍。無頭，斷臂，折足，破腹的，而且一個挨著一個，凝結而帶紫色的血，染紅了這一帶的路面。最慘的景象，是血肉橫飛的結果，一星星是人肉，粘滿了附近的牆壁，此時工部局已在進行清理工作，幾輛大卡車停在路側，工人已無法把支離破碎的屍體好好地搬運，索性用大鐵鏟抄起來，拋往卡車。一條腿，一個頭，半隻身，也分不出這個頭，是屬於那一具屍體的了，所有殘肢斷骸，都運至後面的龍門路兩側的人行道上，就露天排列著，數不清有多少，也看不出是人形。認屍的家屬已蜂擁而來，哭聲震天，悲慘、淒厲、恐怖、驚駭的情形，這是內兄平生所僅見的，終身難忘的一大慘劇。

九三、在長沙偵擒諜影

民國二十七年六月間，長沙傷兵鬧事，經我兩次掃蕩，比較寧靜。誠恐漢奸收買流氓地痞，做其諜報活動，必須嚴密防範，經我詳細思考，決在長沙省會每一階層，每一地區共場所，派出坐探，作為眼線。凡有不利國家舉動，有礙抗戰行為者，看其情節輕重，與利害關係，而決定處理辦法。有的該拔除，有的該防範，有的可故縱，有的可收賣。其餘不起作用的殘枝敗葉，不會妨地方治安，我就不必睬他了。

我曾面諭本部特務大隊劉隊長，要在茶樓酒館，戲院舞廳、妓戶、堂班、報童、郵差，以及交際女郎中挑選二百餘人、加以短期訓練。我曾親自訓話：勉勵各位愛國同志，我們是黃帝子孫，要保民族命脈，大眾生命財產。抗戰必須勝利，我們的民族才能延續下去。為了達成抗戰勝利，定要大漢民族男女老幼，人人奮鬥，個個拚命，更要靠我們的智慧，各展所長，揭發漢奸的陰謀，破壞敵軍的行動，消滅日本軍隊，才能挽救民族的危機。我們要以一份的人才，幹出兩份的成就，那才是優異的表現。現在你們所領的待遇，數目很小，如果你們送來有價值的情報，其獎金可就大了，三五仟元不等，甚至兩三萬元亦有可能。全靠你們的智慧，努力去發掘敵人的漢奸與共產黨的陰謀。如有發覺，細密偵查，火速呈報。訓練完畢，各回崗位，並派出工作同志，分區領導活動。

有一次，敵機空襲長沙，警報尚未解除，我工作同志接到報告，收得無線電報聲音，經其測探，好像由長沙對河水陸洲方向發出。在此警報尚未解除之際，發覺有無線電報聲音，值得可疑，查水陸洲，有花園洋房數十幢，俱是大官、財閥、外商集居之所，並無貧民房屋。經我反覆考慮結果，派我工作同志攜帶報務偵測器，每日乘木船在河裡上下游行偵測，此時我家亦住在水陸洲唐生智別墅中，花園很大，餘屋亦多，即叫工作同志，晚間住進我家，就近偵測。數日後，測得結果，由德國顏料商人韓禮森家中發出來的無線電報，據報韓頗富有，家中常開舞會。據我判斷，德日已有同盟，日人利用德商做情報，很有可能。家中經常有舞會，無非利用這個機會做掩護，實在是諜報集合交換情報之處所。我即派工作同志，偽裝商人，與韓接近，必須先找關係人介紹，不可毛遂自荐，以免動疑。經他們查出長沙顏料商人鄧若霖（此人現已來臺灣）與德商韓禮森交易有年，情感頗洽，鄧亦年少好玩，更喜跳舞，易於接近。我經友人介紹與鄧交誼，先在我家開舞會，請鄧夫婦參加，其餘舞客，多半是本部工作同志偽裝客人，均經我介紹與鄧認識，從此我工作同志，由鄧介紹接近德商。偵察了一個時期，獲悉韓與某交際花同居，生有一女，準備滿月之際，舉行盛大舞會。又悉韓禮森與本部掛名的副司令唐生明亦有交誼，余即往小吳門唐生明公館，與唐副司令商決破案方法。請唐介紹我去韓禮森公館參加舞會，藉此與韓認識，翌日我與唐副司令，均備了一份厚禮，作為彌月之敬。韓果送來請柬，定×月×日×時在他家晚宴後舉行盛大舞會，此時我與唐說明，舞會之際，我派有工作同志十餘人，事先混進韓宅參加舞會，今日晚宴務請唐副司令夫人（徐來，原是電影明星），今日要親自參加，預定餐畢舞會之際，我與唐生明輪流纏住韓禮森太太跳舞，唐夫人徐來與我內子，纏住韓德森跳舞，拖延時間，以便工作同志，趁機潛入韓禮森寢室搜查，不料是日果有收獲，經工作同志偷開廚鎖，查出報機及密碼，證據確實，當即將其拘捕，押送上級處理，後來省主席，認為本部工作良好，發下獎金五千元。

九四、傷兵造亂冒險解圍

民國二十七年我升長沙警備司令部代參謀長後，有一天下午八時左右我接到一個電話云：傷兵三百多人打進△△街警察分局，奪去步槍十餘支，請我派兵援救。我當即集合士兵一連，對他們說明任務，你們速往△△街肇事地址彈壓傷兵鬧事，只許開弓，不許放箭，必要時槍朝天放，能奪回步槍更好，萬一不行，壓迫傷兵回院，不准再在街上鬧事。我的隊伍出門不久，又接電話報告云，現在鬧事傷兵又闖入劉建緒部留守處，劫去步槍百餘支，與我警備部隊在小吳門發生對抗云。我聞驚耗即增派步兵一營馳援，不料傷兵愈來愈多，有第九第十兩院傷兵全體出動約兩千餘人，我們警備部隊陸續增加達一旅，由萬旅長指揮將傷兵包圍三日之久。我們士兵槍朝天放，無非驚嚇他們不准出來鬧事，可是，傷兵反抗射擊，認真瞄準，使我官兵傷亡多人，誠為遺憾。我們處此環境，打亦不能，退亦不得，毫無解決辦法。丁司令焦急異常心中憂鬱召集本部處長以上人員開會，在會場上要我報告鬧事經過，我即席報告云：傷兵鬧事正是△街華燈初上之時，有軍政部一位中校級軍官，騎了一輛自行車，在△街行走，不慎撞到了行路便衣的傷兵，當時該傷兵衣、褲擦破，而且腿部流血。傷兵當時要求軍官賠償衣褲，彼此滋鬧之際，有一位警察前來排解，譏諷傷兵故意訛人，並將傷兵拉開，放走了軍官，如此排解悖乎情理，更使傷兵怨恨。傷兵回至醫院，激動傷兵三百多人，手持木棍、鐵條各色武器去打△街警察分局洩忿，使問題頓形嚴重。我接到報告，便對傷兵鬧事情形作謹慎處理，以防事態擴大。我曾派我警備士兵一連，前往援救，出發之際，曾對官兵訓話云：傷兵是民族英雄值得尊敬，你們開往肇事地點彈壓，不可殺傷他們，必要時槍朝天放，不料星星之火，蔓延兩院官兵出而對抗。我們警備部隊亦已陸續出動步兵兩團至小吳門外，本部豈肯忍心犧牲這批傷兵，我們官兵都是槍朝天放，可是傷兵無知，昧著良心，認真向我警備部隊瞄準射擊，我們死傷多人，真是不幸。這次肇事起因，以我推測，初由警察排解不公，出言不慎，引起傷兵怨恨，犯了眾怒，惹出很大麻煩。其次恐有漢奸從中煽動，否則兩院傷兵不會傾巢來犯，今日鬧成如此龐大風潮，影響治安，匪夷前思，誠屬痛心。

丁司令說：你的推測，很有可能，現在要請大家想一個良好辦法，不傷害官兵，而能解決鬧事風潮。良久無人說話，大家保持緘默。我說：我們現在陷入進退維谷窘境，傷兵雖然不被我們打死，恐怕也要餓死，我有一個挺而走險的辦法，恐無細心膽大之人，敢去執行我的辦法。丁司令說：請你說出來大家研究。我說：要不流血，而能解決鬧事風潮，只有「釜底抽薪」的辦法。（一）派本部特務隊工作同志，偽裝傷兵，滲透九十兩醫院，先與院長說明解決鬧事風潮辦法請院長與我們合作，始有效果。發給我們傷兵證及傷兵服裝，以便工作同志化裝滲透！（二）用院長名義召集傷兵開會，由院長報告本院被警備部隊包圍已有三天，現在柴、米、油、鹽無法上街購買，再不解除包圍，我們大家必得餓死，問題很嚴重，請大家來解決。（三）此際偽裝傷兵的同志，藉械上台演講：說話盡量抓住群眾心理以安定人心為原則，使大家不害怕，事情易於解決。否則人人自危，不反抗的人其心亦得反抗。那就無法解決了。

舉例說：「各位同志，我們與警備部，本無深仇大恨，這次肇事原因都是警察處理不公，我們要求警察局長，向我們道歉，賠償衣、褲，並請院長向警備司令部，保證傷兵不再鬧事，請警備部撤除對我們的包圍部隊，使得自由採購米、菜，解決飢餓問題。」（這種話傷兵一定聽得進）此際台下混在傷兵群中工作同志，要及時響應，大呼贊成，起了帶頭作用，我想全體傷兵，無不依附此議。此時請他們推舉代表五人手持白旗向包圍部隊喊話，准其通過來部談判，此時，我警備部只有一個條件，請他們將奪去槍支繳還原機關，我們也答應他們一切要求，不究既往，立即解圍，也請他們答應不再鬧事，問題不就解決了嗎？

丁司令說：肇事的人如果不辦，將來效尤怎麼得了？我說：第一步安定人心要緊，使他們好好休養，壞人總是少數，我們特工同志仍要混在傷兵醫院繼續工作，祕密偵察，如有漢奸買通傷兵存心搗亂，調查確實，必須設法引誘出院個別拘捕，交軍法處審判。

丁司令聽了我的辦法，連說：很好！很好！丁說：這種工作最好請你親自出馬，你有臨機應變天才，必能圓滿達成任務。我說：我有兩次親領憲兵掃蕩戲院及火車站賭場，均曾棍責傷兵，我去恐被認出，如同羊入虎口，他們趁機報復，不被打死，也得重傷。

丁司令聽了我的話，很有顧慮，可是一時派不出這種人選，大家沉默不言，既不推薦別人擔任此項工作，又想不出其他辦法，我心裡卻忍不住再說：願去冒險。丁司令說：使不得，你去挨打，於事無補。我說：另有辦法，偽裝傷官，冒險潛往，萬一認出，我想通了，我有對付辦法。不過有驚無險，亦能達成任務。丁司令仍不放心我去，經過再三請求始允。是夜挑選特務工作同志數人化裝傷兵混進醫院，先與院長密商來意，並取回傷兵證及傷兵服裝多件，我召集特工同志二十餘人來我辦公室，授以妙計，囑其化妝傷兵，陸續混進兩院。先行布置偵查為首是那些人。暗中監視至第六日，正是夜深沉，星月暗淡之際，我便親自進院，只見傷兵亂哄哄，大家非常緊張，沒有注意我已進了院長室，我與院長密探很久，請院長出面召集兩院傷兵在醫院空地，擺了數張方桌，拼起來，等於一座臨時講台，院長上台報告：本院被圍六日，明早即無米菜，風潮倘不趕快解決，大家既要挨餓了。

我在眾目睽睽下，上了講台，不料竟被傷兵認出，只聞他們疾呼叫打，洶湧逼近，人聲鼎沸，山搖地動，真是嚇人，我很鎮定大聲呼叫；各位同志，請你們聽我說幾句話，我是一個人來的，跑不脫，飛不了，待我將話說完，你們要打，要喫，悉聽尊便！

傷兵群中有我的偽裝傷兵，大聲疾呼，各位同志，聽他講些什麼再打，其他偽傷兵同志，同聲響應！叫好！大家鎮靜，傷兵果然鎮靜下來，不過虎視眈眈，望著我說話。

我說：由於一個無知的警察處事不公，引起這樣大的糾紛，我們丁司令，已將省會公安局長，叫去罵了一頓，說他們警察沒有受教育，處事不公，胡亂說話，丁司令非常憤慨，但是警備司令部，有維持地方治安之責，警察局被你們打毀了，不能不派兵維持地方秩序。我曾當面交代，傷兵同志，是我們的民族英雄，功在黨國，我們要尊敬他們，要好好勸告他們回院，千萬不可傷他，逼不得已，槍朝天放，無非嚇嚇他們回院，不可再在大街鬧事，試問這幾天來，你們與我包圍部隊，對抗了六日，你們的人有無死傷，我敢說沒有，可是我的警備部隊，被你們認真瞄準，傷我官兵十餘人。現在這包圍你們的部隊已有兩個兵團，武器精良，如果真要剷除你們，早已打進來了，試問你們兩院傷兵人數雖有二千，可是武器只有步槍百餘支，試問螳臂豈能擋車嗎？我們又豈肯忍心，讓你們做犧牲品，如果不設法解決糾紛，相持下去，沒有了期，你們兩院官兵吃飯就成了問題，不被打死，也要餓死，問題更加嚴重了，我來確是一番好心，自告奮勇，前來解圍。丁司令說，你去不得，恐怕傷兵打你。我說：只要傷兵明瞭我是一番好心來救他們，我想傷兵是有良心的，不會亂打來救他們的人，丁司令又說：好！我讓你去，如果你被傷兵打死了，我即指揮部隊縮小包圍圈，要將打你的傷兵統統捉來槍斃為你報仇。同志們！你我共同的敵人，是日本鬼子，我們不要為了這點誤會，來自相殘殺，請你們大家想想該不該打我？傷兵群中有我偽裝傷兵的工作同志，大聲呼叫，不能打，我們大家要吃飯，要養傷，誰敢叫打，他就是漢奸，也就是我們共同的敵人，我們大家一致對付他，打死他。其他偽裝傷兵即時響應，好，不能打，請帥參謀長說說，和解條件。我說，我曾請求丁司令不究既往。丁司令說：只要院長擔保以後不再鬧事，並將奪去槍支繳還原機關，就沒事了，我們即將包圍部隊撤回，恢復兩院官兵自由，這個條件你們能答應嗎？台下傷兵群眾一致贊成，真是化戾氣為和祥，心中正在高興之際，又有一個傷兵說話了，他說：如果我們將槍支繳出以後，警備司令部仍要來醫院拿人抵罪，怎麼辦？我說你如不信，我願留院做人質，如果騙你們繳了槍，以後仍要拿人，你可打死我，如何？大家無言以對。我又說：警備部如果真要拿人，你們這幾支槍豈能擋得住嗎？他們再無言反對我的和解條件，即行解散並將奪去的步槍一支不少地集中起來，我也不去追究，這樣才能安定人心。

當夜將槍集中還回警備部隊轉發原機關，部隊並已撤回原防，可是我的偽裝傷兵，仍留院偵察，一週後報來被漢奸收買者共有十二人之多，我指示他們引誘個別出院拘捕，而傷兵醫院少了十二個人，除了院長知道外，其餘傷兵皆神不知鬼不覺。這十二人便被本部軍法處審判後槍決了。

九五、長沙大火誤盡蒼生

民國二十七年十月抗日戰事不利，日本軍隊，有由江西進襲湖南模樣。我國軍一九七師師長丁炳權，奉命率部開往湖南、江西、湖北邊區之「九宮山」防守。丁兼長沙警備司令當然辭職，上峰委派黃埔一期同學酆悌接任。我即辭職，接任一九七師通訊處主任之職，我通訊處，住長沙小吳門外，通訊處組織有報務員兩人辦事員數人，司機傳令兵共十餘人。我洽領棉軍衣每日派車趕送「九宮山」防地。十一月十三日下午八時，據報本師大卡車在中途被省府保安處徵用，我得此訊頗感愕然，趕往保安處，只見省府各廳官員，焦灼之情，宛如熱鍋上的螞蟻，一時風急雲湧，收拾行李，大有逃命之概，我要找到保安處處長徐權問個明白，究為何事扣我卡車。待我找到徐處長只見他有點慌張失措模樣，我問省府官員今日漏夜辦公，不知何事？徐說：剛才接到密報，汨羅江大橋今晚發現敵踪，省府準備撤退，當時我鎮定神情說：汨羅江距此很遠，若無火車，怎樣預料敵人今晚可達長沙？依們官兵在大街之上亂扣車子，致使長沙人心惶惶自亂秩序。又說：本師官兵處在天寒地凍之際，急需棉軍衣禦寒，我的車子要趕運棉衣赴前線，不能徵用，務請發還。徐處長說：各廳處都來向我要車子，搶運公文撤退衡陽，我無法應付只好派兵強迫使用。徐處長被我逼得，無奈只好派人尋找本師卡車放回，讓我乘車回通訊處。

是日半夜，余在睡夢中，被衛士叫醒，要我起來，看看長沙城內發生大火，火光燭天，紅遍城內。火頭雖然數處，未聞槍砲聲音，我猜想不是敵人放火，即穿衣乘車進城察看，走到半途，竟被哨兵攔阻不准進城，回到通訊處眼看城內大火燒到天明，火頭始滅。

翌晨，我又乘哈雷機車進城察看，長沙所有繁盛街道，燒得遍地瓦礫。再到省府，誰料省府空無一人。再到公安局找文局長，不料文局長亦不在，我再到火車站探聽，始知昨夜省府官員乘火車向衡陽撤退之前，決定焦土抗戰，下令保安團長徐焜派兵到處放火。我內心埋怨保安處長徐權，昨夜省府撤退，為何不通知我，幸好敵人未來，否則我要被俘，現在敵人未來，竟將長沙燒得一乾二淨，糟蹋人民生命財產，造成無可補償之罪震惡與過失，鑄成大錯，對於湘民怎樣交代，我不勝感慨繫之的了。

長沙自昨天夜裡大火燒成焦土一片，人民心裡顯得空前緊張，充滿了驚懼的神情，如同戰事即要發生，勢必直接陷於敵人鋒鏑，幾乎凡有能力離家存身者，都拋棄了一切，大家都攜帶細軟，一律倉皇奔避，馬路上人潮湧塞，形成一幅流民圖，因此長沙城內，乃有十室九空之象。

我一個通訊處，處此尷尬局面，留此無益，也就決心撤退衡陽，當向火車站長洽商，撥我車廂二輛，裝運棉軍衣、電台、武器、彈藥、派人隨車押運衡陽，我自己仍乘哈雷機車攜帶衛士一名，再繞長沙一週，不但未見敵人，城內的民眾也很少碰面，竟成一座空城了，令人毫無留連意念，始向衡陽道上前進。我的哈雷機車聲音很大，上空敵機跟蹤追我掃射竟未聽到槍聲，忽見逃難人群中，紛紛躲避，他們對我以手指向空中，我抬頭看去，始發覺敵機在我上空，向我開槍掃射，我即棄車跑進道旁人家躲避，不料敵機轟炸，幸未命中，房屋受到很大震動，天花板和牆壁的石灰泥塊紛紛墜落，挨到敵機去遠了，我立刻再乘機車向衡陽道上前進。

是日下午到達衡陽，碰見省府大小官員及保安處處長徐權，跑回長沙，我問他為何又回去。徐答：「敵人未來，主席要我們回去，我們只好回去了。」我開玩笑似的說：「未聞敵人槍聲，竟自撤退縱火燒屋，不顧人命、財產，鑄成大錯。」徐答：「這是張主席所定焦土抗戰策略」。我說：「今日敵人未來，何以自圓其說。」

後來上峰追究責任，竟將警備司令酆悌，保安團長徐焜，公安局長文仲孚三人槍斃，以了此案。他們是奉命行事而被槍決真是寃枉，上峰為何不槍斃主席張治中？使我不解其故。其為輕重不分，本末倒置，恰證實了法治等於兒戲。後來湘人蜚短流長，冷嘲熱諷，寫了一幅輓聯譏誚張主席云；上聯「兩大方案一把火」，下聯「三個人頭萬古寃」橫額四個大字「慞惶失措」。

我因一九七師留守物資，已裝火車運送衡陽，不便同他們再回長沙，我別了徐權，途中巧遇軍政常務次長室祕書張貢先生。我隨張祕書抵達衡陽晉見張定璠次長，蒙其賜見，垂詢長沙大火經過，後又囑我辭去一九七師通訊處主任速來重慶接任軍政部採購馬騾組少將主任之職，使我喜出望外。

翌晨張次長起程赴川，全部房屋讓給我使用，我將通訊處安置後，去電辭職。丁師長不願我走，經我幾次電訊往返，始允派人接替。我交代後，攜眷赴廣西桂林。找了十幾家旅館，都無房間，都是長沙大火之後，逃難來桂林，以及中央各級人員遷川，路過桂林，因無交通工具疏散，滯留桂林，致使桂林所有旅館人滿為患。我倆正在街頭焦慮之際，巧遇老友劉子清夫人，得知我倆找不到旅館，她說：桂永清老太爺與我租住一個院子，桂老太爺明晨乘車赴川，房子即可空出，你倆今晚委屈在我客廳暫睡一晚，明晨即可搬入如何？於是我隨劉夫人到水東街見到一所四合院子，內住數家主人，都與我相識，拜見桂老太爺說明來意，桂老太爺慨然應允，並將應用家具都送給我用，今晚暫住劉家客廳。想起長沙大火之前，妹夫及胞妹龍鳳疏散先到沅陵，我侄介民仍留益陽初中讀書，年少無知敵軍如果佔領長沙與我隔絕，不知何時能夠復合，戰火離慨，骨肉拆散，恐怕終生不能相見。想到此處，五內俱焚，因此徹夜不能入睡。信步走入庭院，抬頭望見一彎明月，想起南宋建炎年間，金虜凌城擄了徽、欽二帝北去，其時民間懼怕韃虜追趕，兵火之際，百姓東逃西躲，不知拆散了幾多骨肉。往往父子夫妻不復相見，其中又有幾個散而復合，今日抗戰，長沙大火百姓流離，正合著古時吳歌云：

月子彎彎照幾州？幾家歡樂幾家愁；
幾家夫婦同羅帳！幾家飄散在他州！

九六、抗戰二期全面游擊

自民國二十七年十月二十六日，武漢三鎮陷敵，到民國三十四年八月十四日，日本正式投降，八年抗戰終獲最後勝利，是為抗戰第二期。

抗戰第二期開始時，敵我雙方的態勢，敵軍在華一年零三個月的攻勢，業已佔領我國廣大平原重要點線。華北敵軍進至綏包太原和安陽。華中敵軍進至岳陽、杭州，華南敵軍則進駐廈門和廣州，其所佔的點線既多，戰場相形擴大，戰略側面處處暴露，兵力分散，防守困難，可以說是從淩厲攻勢反陷於四面楚歌的挨打局面。

我最高統帥部鑒於一期抗戰期間，國軍野戰軍損失綦重，而佔據廣大平原點線的敵軍，其機動性暨現代化裝備仍然遠勝於我，並針對其運輸補給線之延長。因而釐訂戰略，用正規軍配合地方團隊，深入敵後。廣泛發動游擊戰，截擊敵後交通，摧破敵軍對我之封鎖，孤立並摧毀其據點，使敵軍後方變成前方，經常蒙受無從避免的消耗損失。同時，不再與敵軍從事平原決戰，改以有力部隊扼守正面，各部隊主力則予分區控制整訓。

第二期抗戰中游擊作戰的原則，以各戰區司令長官的指揮為中心，在每一戰區內劃定若干游擊區，配置相當數量的游擊基地部隊，指定其任務，除此之外，並另組一或兩個野戰兵團，每一野戰兵團的兵力約在三五個師之間，由司令長官直接指揮，布置於重要交通地點，依戰局之轉移，隨時決定攻守與出擊。

在上列所述游擊作戰原則下，我大本營在二十八年初，就已經在一、二、三、五，四個戰區內，作了如下的部署。

第一戰區

第一游擊區

以冀北保安隊司令石友三的一個師兵力（第一旅陳光然，第二旅吳振聲）及保安隊為基幹，向平漢、津浦兩線北段及運河北端之敵游擊。

第二游擊區

以冀南保安隊司令孫殿英及第五十三軍萬福麟（下轄一一六師周福成、一三〇師朱鴻勛、九十一師馮占海）兩部為基幹，向平漢線之敵游擊。

第一野戰兵團

以宋哲元之五十九軍為基幹（欠張自忠三十八師。其餘各部為三十七師馮治安、一三二師王長海、一四三師劉汝明、第九騎兵師鄭大章、第十三騎兵旅姚景山。）部署在博愛、修武一帶，阻止敵軍由長治、晉城進擊孟津。

第二野戰兵團

以第七十七軍馮治安部新編第六師高樹勛為基幹，部署於正面陣地兼及新鄉、道口一帶，阻止敵軍沿平漢線南進。

第三野戰兵團

以湯恩伯的第三十一集團軍、和馮占海的第九十一師為基幹，湯集團的編制如下：第三十一集團軍總司令，湯恩伯。第十三軍長張軫、第二十三師長歐陽棻、第八十九師長張雪中、第三十五師長王勁哉、第九十八軍長張剛、第八十二師長羅啟疆、第一九三師長李宗鑑、第一九五師長梁愷。部署於河南許昌、郾城一帶，以策應第一戰區作戰為主，相機策應第五戰區。

第四野戰兵團

以第二十集團軍商震所部，配以第九集團軍吳奇偉麾下第四軍歐震、第五十九師張德能，還有湯恩伯集團十三軍張珍的二十三師歐陽棻，部署在開封、鄭州一帶。第二十集團軍商震所部的編制如次：第二十集團軍總司令商震、第三十軍宋肯堂（後改隸三戰區）、第一三九師李兆鍈、第一四一師唐永良、第一四二師傅立平、稅警旅蔣冗珂、第十八軍黃維、第十一師彭善、第十、六師何平、第六十師陳沛。

第二戰區

第一游擊區

以李家鈺的四十七軍，和陳長捷的六十一軍為基幹，向正太路及平漢路之敵游擊。

第二游擊區

以第十軍王靖國部下轄自兼之第七十師及段樹華之七十二師和方元猷的獨立第二旅為基幹，向同蒲路游擊。

第三游擊區

向正太、同蒲及平漢路游擊。

第四游擊區

向同蒲路、偏關、大同、綏遠之敵游擊。

野戰軍

以主力部署在臨汾附近，阻止敵軍沿同蒲路向南進犯。

第三戰區

第一游擊區

以劉建緒集團之第七十軍李覺所部為基幹，向浙贛路西側，及杭甬路之敵游擊。

第二游擊區

以唐式遵、潘文華所部的六個師及七十三軍王東原部的三個師為基幹，向浙贛鐵路及京贛鐵路以東地區之敵游擊。

第三游擊區

以浙江省主席黃紹竑所部之保安隊為基幹，向浙贛公路之敵游擊。

野戰軍

第一野戰兵團總司令　羅卓英
第十九集團軍總司令羅卓英
第七十九軍　夏楚中
第一一八師　王嚴
第七十六師　王凌雲
第九十八師　王甲本
第四十九軍　劉多荃
第一〇五師　王鐵漢
預備第九師　張言傳
第三十二軍　宋肯堂
第一三九師　李兆瑛

第一四一師　唐永良

第一四二師　傅立平

第二野戰兵團，以第四軍吳奇偉部三個師、二十八軍陶廣所部三個師，沿浙贛路，位置於諸暨、金華一帶，與敵相持。

第五戰區

第一游擊區

以二十四集團軍韓德勤之一部，暨五個保安團為基幹，向隴海、津浦線之敵游擊。

第二游擊區

以二十二集團軍鄧錫侯部、第三軍團龐炳勛及沈鴻烈部，其兵力部署計為：

第四十一軍　孫震

第一二二師　王銘章

第一二四師　王士俊

第四十五軍　陳鼎勛

第一二五師　陳鼎勛（兼）

第一二七師　陳離
第三軍團　龐炳勛
第四十軍　龐炳勛（兼）
第三十九師　馬法五
山東游擊
山東游擊總司令　沈鴻烈
在這個第二游擊區裡，總兵力約達六個師，任務是向膠濟、津浦、隴海路之敵游擊。

第三游擊區

以第三集團軍總司令孫桐萱之一部為基幹，向津浦、隴海之敵游擊。

第四游擊區

以安徽、河南兩省之保安隊組成，向津浦、隴海線之敵游擊。

野戰軍

第一野戰兵團

以第十一集團軍李品仙部、第三十一軍韋雲淞所轄之第一三一師覃連芳、一三五師蘇祖馨、一三八師莫德宏編成，部署於蚌埠附近。

第二野戰兵團

以五十一軍于學忠部的兩個師、一一三師周光烈、一一四師牟中珩編成，部署在徐州附近。

第三野戰兵團

以六十八軍劉汝明之一一九師李金田、一四三師李曾志、及第一一七軍團張自忠部，五十九軍兼軍長張自忠所屬之三十八師黃維綱編成，兵力三個師，部署於商邱、考城、蘭封一帶，阻止沿隴海路西進之敵，並擔任黃河南岸之守備。

第四野戰兵團

以第二十一集團軍廖磊部為第四野戰兵團，部署於六安、合肥之間，其指揮系統如次：

第二十一集團軍總司令　廖磊

第七軍　周祖晃

第一七〇師　徐啟明

第一七一師　楊復昌

第一七二師　程樹芬

第四十八軍　廖磊（兼）

第一七四師　王贊斌

第一七六師　區壽年

抗戰第二期游擊作戰之最大特徵，係我強大國軍配合地方武力，已在從北到南的廣大戰區內建立無數游擊基地。不但經常保持主動出擊，令敵軍孤立於點線之間往返赴援，疲於奔命。而且尤能屢屢擊潰敵軍全力進犯之強大攻勢，反證我游擊大軍已在敵後地區，建立無比堅強的戰略據點。

三百萬日軍在中國戰場陷於泥淖，使日本大本營及日軍當局為之焦灼痛苦萬分。中國游擊大軍之日趨壯大，加強襲擊，已使敵方憬悟長此以往，必將使日軍在中國戰場全面崩潰，進而導致其國家之危亡。因此，當歐洲大戰一起，日本大本營已有日軍退出中國戰場，集中力量席捲太平洋各地，與德義軸心國在中東會師，瓜分全球之擬議，就在這個時候，世界近代史上一項最大的國際陰謀，開始在蘇聯與日本之間加速進行。

九七、國際共黨間諜的傑作

據日本前外相，戰後代表日本在米蘇里艦上簽署和約的重光葵所著：「昭和之動亂」第七篇「日德義軸心」中透露：蘇聯駐在日本東京的蘇魯幹間諜團供出渠等曾以微波無線電直接向史達林報告：該團任務在於擴大中、日事件，對內則挑撥日本海軍之矛盾，刺激三菱財閥（日本海軍支持者）的海洋進出，與日本陸軍支持者三井財閥的大陸侵略論，令其發生磨擦，使日本陷於全面混亂，以達成『共產革命』之最後目標。

在擴大中、日事件方面，蘇魯幹間諜團積極從事協助日軍掙脫泥淖，阻止中國游擊隊的活動，俾日軍不至於退出中國戰場，而與德、義兩國東西兩路夾擊蘇聯。

間諜團向日方透露共產國際第七次大會中。有關中共今後行動的決議。並令日共向日本軍方提示中共的：「友軍工作策略」，「中共所接受蘇聯之訓令」以及「中共共赴國難宣言」等機密文件，證明中共參加抗戰，目的只在發展實力，爭奪政權，其實無意從事抗日之舉。

日共所提供的情報，使陷於焦頭爛額困境之日本軍力大喜過望，因為根據所有情報顯示，利用中共解除中國游擊隊的威脅，確係在當時可收速效的不二途徑，於是日本軍方為使在華日軍早日起死回生，獲得行動自由，乃通過日共，和中共祕密勾結，首將山西境內的十八集團軍第一二〇師賀龍所部，由山西進入河北。

進入河北的共軍在日軍卵翼之下，以「聯合戰線」，「全民抗戰」為號召，布置陷阱，製造謠言，誣陷各游擊隊首領通敵不穩，即將成為漢奸，然後再呼「抗日鋤奸」，全力清除異己，甚至不惜圍攻我抗日民軍。如共軍賀龍、呂正操、趙成金之圍攻博野民軍張蔭梧部，自博野為始，共軍相繼襲擊冀縣、小店、北邑、北馬庄，武靖、安次、贊皇、元氏、趙縣、隆平、武安等地抗日保安團隊。我游擊隊首領喬明禮、丁樹本、張錫九、尚中萊、楊玉崑、趙天清等，不及一年，即被共軍遂個消滅。

由抗日民軍而抗日保警團隊、國軍游擊部隊，共軍甘為虎作倀，逐個擊破，實力日見擴充，乃又在日軍之掩護與支援下擅自建立所謂：「冀魯豫軍區」，向中央要求三個軍、六個師及五個補充團的番號，以及糧餉械彈，再以匪酋劉伯誠、徐向前攻打我河北、山東省政府，襲擊我正規軍編成的第五十三游擊支隊，一改為「山東縱隊，滷下蘇北地區。在山西尤煽動薄一波、韓鈞等十餘個團叛變，賣身投靠，建立其所謂：「晉冀察綏邊區政府」公然叛國。

民國二十八年八月，蔣委員長召見共黨代表周恩來、共軍代表葉劍英，告誡渠等：「為黨為國應遵守信諾，故當及早回頭，同心抗日，帶罪立功以行自贖。」但中共受共產國際驅使，與日軍合作已成定局，遂悍然以徐向前，賀龍、呂正操、楊勇、楊季峰等部，正式攻擊河北境內我正規軍野戰兵團鹿鍾麟、孫良誠、高樹勛、朱懷冰部。又以日軍與共軍聯合作戰，攻我晉西騎一軍趙承綬、晉南之王靖國、山東之沈鴻烈，尤趁我江蘇省主席韓德勤率都與敵激戰時，由中共新四軍自江南偷渡長江，襲擊國軍側背，與日軍互成犄角，大破國軍於黃橋，韓德勤部變生肘腋，幾至全軍覆滅。

由於共匪全面破壞中國抗戰，使三百萬日軍自中國泥淖中拔足而出，漸次恢復其行動自由。從此日本軍方即徘徊於南進乎，北進歟？擴大瘋狂侵略的歧途，日軍倘若北進，與德國東西夾擊蘇聯，蘇聯處境自極危殆，因此蘇聯復與中共全力破壞日、美談判。蘇魯幹間諜團，亦以此一目標為其中心任務。重光葵所著：「昭和之動亂」第七篇尤謂：「第三國際為牽制日本，使日本力量消耗於中國問題上，因此早在周密的部署下，誘導中、日間的衝突，使其逐漸擴大。使日本的北進，漸漸轉為南進。最後使日本與美國直接發生衝突，藉以保障其『共黨祖國』之安全。於此，凡在中國的共產黨第五縱隊，在這個方針上協力一致，密切聯繫。日本不幸在軍閥的盲進，政治家的軟弱下，又加上第三國際間諜的有力活動，輿論亦以叫囂為能事，不再有冷靜與理智，日本是一直線的在向萬丈深淵中躍進！」重光葵的不勝感慨，當然是因為駐華日軍經由中共「合作」之助，掙脫強大國軍游擊隊的掌握後，又不知不覺墜入第三國際共黨彀中，發動南進，挑起太平洋戰爭，終至全面覆敗，無條件投降。由此可見，中共對日本固然是甘為虎倀，日本對中共又何嘗不是與虎謀皮？我強大廣泛的游擊武力，在日軍和共匪的陰謀詭計之下由一路順風而著著失利，徒使親痛而仇快。並且種下中共趁勢擴張，戰後叛國，遂使大陸淪陷的慘禍，當年上了共匪大當的，正是中、日兩國。

九八、共匪在抗戰的夾縫中壯大

我們在抗戰八年過程中，全國軍民無不拋頭顱、灑熱血，為神聖抗戰而奮鬥；但共匪則包藏禍心，假借抗日為名，乘機壯大，到處襲擊國軍，破壞抗戰。茲將其事實經過，略舉數端，概述於後：

當我抗戰軍興，最高統帥以值此民族生死存亡之戰爭，認為凡我全國軍民男女，皆應有報國殺敵之機會，於是偈促陝北一隅之中國共產黨，即在國共合作宣言中提出四項諾言：「服從三民主義，停止赤化運動，取消蘇維埃政府、改編紅軍、受軍事委員會之統轄。」我政府鑑於共匪既能輸誠合作，共赴國難，乃於民國二十六年秋，將陝北之匪軍殘餘部隊，依其人槍數量，改編為十八集團軍，下轄三個師，歸第二戰區指揮，並規定開入晉北游擊。南京失陷後，中央又准葉挺、項英收集舊部，編成新四軍，下轄四個支隊，相當於一個師，歸第三戰區指揮，指定在江蘇、南京、無錫間地區游擊。

共軍成立後，因缺乏訓練，官兵素質低劣，軍紀又極散漫，戰鬥力極弱；而此時敵軍精強，統帥部為愛惜該部實力，故在抗戰初期，均不以共軍擔任重要戰場之正規戰鬥，原欲避免其在初期即遭重大損失與犧牲，而希望其先在小戰鬥之歷程中，逐漸養成強韌之戰力。詎料共匪竟藉此機會，避免作戰，保存實力，不但不認真執行規定之任務，抑且自由行動，不打敵人，專事襲擊友軍，以擴充其實力。迨至民國二十八年後，其實力逐漸增大，一面由晉北轉進蘇北，一面由江南打至江北，復竄擾鄂、皖等地，一意併吞我留置敵後之部隊及其根據地，不但抵消抗戰力量，而且幫助敵人加強淪陷區之統治。

共匪襲擊國軍破壞抗戰，最初係從地方團隊及游擊隊入手。迨勢力膨脹，即公然進襲我正規軍。僅自民國二十九年十一月起至三十年十月間止，統帥部據各戰區正式文電報告，總計被共匪擾亂襲擊而發生戰鬥之次數，共有三百九十五次之多，茲再將事態嚴重，而使抗戰形勢遭受極惡劣影響者，簡述於次：

民國二十七年，匪軍已擅自開入河北。是年十二月集中賀龍、趙成金、呂正操及東進青年縱隊等部，用圍攻襲擊方法，在博野、小店、北邑、冀縣、北馬莊、武靖、安次、贊皇、元氏、趙縣、隆平、武安、上焦氏、銷金市等地區，次第解決河北抗日民軍張蔭梧、喬明禮、丁樹本、張錫九、尚中業、楊玉崑、趙天清等部。於是中央在河北所編成之抗日軍，悉被摧殘，減輕華北敵軍後方所受之牽制。

二十八年。匪軍徐向前部竄至山東，到處圍攻地方團隊，如長青之第一區保安司令部、壽光之第十四區保安司令部，及魚台、鉅野、萊蕪、蒙陰等縣團隊，不被解決，即遭襲擊。九月以後，山東保安部隊被其解決者，計有博興保安第八旅、魯東第九梯隊、招遠保安第二十七旅，及邱縣、萊蕪、東北、嶧縣等保安隊，及鄆城區常備隊。此外各地之民眾自衛組織，被解除者不可勝數，山東省政府幾至無法行使職權。

二十八年冬，我軍發動冬季攻勢之際，在北戰場方面原期一舉殲滅晉南三角地帶內之日寇，而匪軍竟於此時勾結晉省新軍薄一波、韓鈞、戌勝伍等叛變達十餘團之眾，賀龍部且公開援助叛軍加以收編，致北戰場之主要攻勢計劃，完全被其破壞。

二十九年一月，匪軍所部在河北方面，又集中第一二九師、第一一五師，並分調徐向前、賀龍、呂正操、楊勇、楊秀峰等部，分途向冀南之國軍猛攻。三月中旬，冀、察戰區總司令兼河北省政府主席鹿鍾麟及孫良誠、朱懷冰、高樹勛等，均以被攻不已，更不忍同室操戈自相殘殺，乃忍痛退出冀、察。孫良誠、高樹勛等部向黃河以南魯西轉進，鹿鍾麟、朱懷冰等向晉東轉進。而匪軍仍復節節進逼，經統帥部迭電制止，然為時無幾，而孫、高兩部又復被其數度圍攻。此匪軍消滅河北省政府，使之不能行駛政權之暴行也。

二十九年六月間，河北匪軍所部又移兵南岸繼續對孫良誠、高樹勛部攻擊。激戰數旬，孫、高兩不得已退回黃河以北。該集團軍於佔領魯西之後，乃逐漸伸張其勢力，侵擾豫東、皖北，雖與擅自由工南渡過江北之新四軍互相呼應，向魯、蘇、皖、豫邊區節節進迫。致河北之敵，得以舒其喘息，從容在華北方面積極布置軍事，發展交通，建設經濟，開發資源，此不僅使敵軍運增強便利作戰，而且可搜括各地物資，充實軍需，其影響之大，實難行容。是為匪軍不專心對敵作戰，一意襲擊國軍，破壞抗戰之一明證。

二十九年八月，佔據魯西之匪軍，又分兵魯南，協同山東縱隊徐向前部，分頭向山東省政府所在地魯村進攻。魯主席沈鴻烈為避免衝突，率部後撤，魯村遂於十四日被其佔領。但彼等仍繼續進迫，經統帥部嚴令退出魯村，但未遵令。迨日寇向魯村進犯時，彼等又不戰而退，拱手讓敵，旋敵退去，彼等又復進佔。打擊山東省政府，使之無法行使其政權。

是年十月，共匪復移兵南下，而江南新四軍陳毅、管文蔚等部，則於七月擅自渡過江北、襲擊江蘇省政府主席韓得勤所屬陳泰運部。八月佔據泰興，九月陷泰州之姜堰，十月初旬乃聯合北線匪軍對韓得勤包圍攻擊。韓得勤部突受襲擊，第八十九軍軍長李守維以下殉職者不下數千人。此後韓部即陷於共匪與日軍之四麵包圍中。十一月二十九日，淮安、寶應之日寇向韓部進攻，共匪亦於同時向韓部猛攻，戰鬥達十日之久，雖經韓部拒止，但共匪及淮、寶一帶之日寇，仍環繞江蘇省政府所在地之興化外圍，截斷韓部補給線，企圖徹底消滅江蘇省政府。

此時統帥部以共匪自由行動，任意侵犯國軍，不打敵人，此種反游擊反抗戰之行為，如不加以防止，則影響抗戰前途至鉅。但為顧慮團結，愛惜國力起見，又不能不予寬容，乃根據匪軍參謀長葉劍英之先後請求，作成一提示案，允劃一極廣大之作戰地區、將十八集團軍，及新四軍悉數調赴該地區內，確實對敵作戰。並令於十一月底以前，將黃河以南之第十八集團軍及新四軍部隊，一律開赴黃河以北作戰。該電下達後，該軍不特無接受命令之誠意，而朱、彭、葉、項且以佳電呈覆，巧為辯飾。十二月八日，中央復以齊電勸諭，九日又下達展期命令：凡黃河以南之第十八集團軍部隊，限十二月三十一日以前移至黃河以北；在江南之新四軍，限十二月三十一日以前移至長江以北，三十年一月底以前，移至黃可以北作戰。

是年底，盤據金壇、丹徒、句容、郎溪、溧陽之新四軍，不僅不遵令北移，復於三十年一月四日，乘國軍第四十師南調換防之際，集中七個團的兵力，分三路圍攻，第四十師倉卒應戰，頗多損失。第三戰區長官顧祝同，為維持軍紀，乃下令制裁，自六日至十四日止，一週間，即將該叛變部隊全部解散。統帥部為整飭紀綱，於一月十七日下令取消新四軍番號，並將拿獲之該軍軍長葉挺革職，交軍法審判。

新四軍叛變事件處理後，中共即以「中國共產黨革命軍事委員會」之名義，擅委陳毅、張雲逸為新四軍正副軍長。並宣布新四軍為七個師，委粟裕、張雲逸等為師長。一面擴大宣傳「新四軍」功績，並在「陝、甘、寧邊區」各地召開「討何大會」妄肆攻擊。中共黨籍之參政員毛澤東，陳紹禹等，更提出十二項要求，作為出席二屆國民參政會的條件，藉以要挾中央。同時又在國內外加緊進行歪曲宣傳，混淆視聽，以掩飾其叛亂事跡。而日寇則更幸災樂禍，乘機大造謠言，挑撥中傷，企圖動搖我神聖抗戰，達成叛亂之目的。此時蔣委員長為表白政府苦心，使中外共同了解制裁新四軍純為整飭軍紀加強抗戰起見，特作沉痛之說明，藉以打擊敵人謠言，更期共黨幡然自新，立功補過，勿為國人所唾棄。

自此以後，我留置敵後部隊及民間抗日組織，均受匪軍之不斷侵襲，幾無立足之地。此時共軍一面繼續擴大武力，而對抗日軍事，則高唱應由「國共兩黨共同領導」，顯然聲明此後共軍之行動，即在名義上不再受統帥部之節制，一面則樹立非法政權，成立各地邊區，改變政制，發行偽幣、公債、印發印花、郵票、任意榨取民財，形成割據局面。但對邊區以外，則又煽惑人民抗丁抗糧，因此鄂境之潛山以及川、湘邊區之松桃等處無知人民，均於是時在共匪策動下發生暴動，騷擾地方。

民國卅二年九月，中國國民黨十一中全會宣布，抗戰結束一年後，召開國民大會，制定憲法，實施憲政。三屆二次國民參政會又決定：「對中共問題，採取政治方式解決。」面中共之反應，則以國民黨所決定之實施憲政時限，只是宣言騙人，仍然積極準備內戰，要求承認其邊區及敵後根據地的政權及一切武裝部隊，並恢復新四軍。同時又散布謠言，利用諸種關係向美方宣傳，指稱中國滇西遠征軍不將美援武器彈藥抗日，反而祕密轉運後方儲存，準備使用於內戰，企圖離間中、美軍事合作，因此引起史迪威將軍之誤會，美國輿論亦加責難。後經統帥部會同美方派員飛赴滇西向各部隊及兵站查照，結果並無其事。似此無中生有，不一而足。

九九、入緬遠征軍的戰果

民國三十一年元旦，蔣委員長向全國軍民和海外僑胞發表廣播演說；指出抗戰已進入新階段，勗勉國人加強動員，爭取勝利。也就在這萬眾騰歡的同一天，中、美、英、荷等二十六個國家，在華盛頓簽訂共同宣言，一致對軸心國聯合作戰，決不單獨與敵媾和。同日，二十六國推舉蔣委員長為二十國聯軍在中國戰區的最高統帥。所謂中國戰區，系包括中國本土，暨越南、泰國在內。元月二日，蔣委員長覆電美國總統羅斯福，應允就任中國戰區最高統帥。三日，同盟國宣布蔣委員長新職，新成立的中國戰區統帥部，將為同盟國在東亞大陸之最高戰略執行機構。當日軍在太平洋發動閃電攻勢，盟軍節節失利，太平洋風雲險惡之際，長沙三次大捷不僅顯現一縷曙光，尚且為太平洋戰場具有決定性作用的戰役之一。

然而日軍連續攻陷香港、新加坡，脅迫泰國投降後，更移師南下囊括荷屬印尼，另路日軍則循泰國部進窺緬甸。民國三十一年元月十六日，日軍進犯緬甸之米打，十九日即突破泰緬邊境進據泰寶伊。二十三日，日軍進抵平甸。於此同期，我精銳國軍應英國之請，且為確保我國大後方對外主要通道滇緬公路起見，大舉入緬增援。元月二日，軍事委員會宣布國軍開入緬甸協防，二十四日，我國遠征軍第六軍甘麗初部前鋒一個支隊團，業已開抵孟養。其後續部隊二個團則為英方所婉卻，駐紮滇、緬邊境待命。當時英國在緬部隊計有英、緬第一師，第十七師、奧軍第六十三旅暨裝甲第七旅，而日軍攻緬主力第五軍尚未登陸。三十一日，英軍撤出毛淡棉，放棄薩爾溫江以東之廣袤地區，沿薩爾溫江岸佈陣。

中國戰區最高統帥蔣委員長洞燭機先，判斷日軍大規模侵緬攻擊即將來臨。先期以駐雲南省的國軍精銳部隊第五軍杜聿明部，暨第六軍甘麗初部為基幹，編組中國遠征軍，三十年十二月十一日起以第六軍劉觀隆支隊相率入緬，接替英軍對泰北、越南邊境之防務。三十一年一月二十二日，美國總統羅斯福應蔣委員長之請，遴選其親信高級將領史迪威，擔任中國戰區盟軍參謀長。二十三日，英緬軍總司令胡敦致電蔣委員長，要求中國部隊增　緬甸。二十五日，泰國對英、美宣戰，二月二日美國宣布貸我五億美元。三日，英國亦宣布貸我五千萬英鎊。四日，蔣委員長偕夫人開始訪問印度之行，由王寵惠、張道藩、董顯光及英國駐華大使卡爾陪同，飛抵緬境臘戍，翌日續飛加爾各答。七日英國軍事代表團團長丹尼斯奉命聲明歡迎我遠征軍入緬作戰。十五日英軍開始自比林河撤退，次日，日軍即橫渡薩爾溫江。十七日雙方在比林河激戰，事實證明，駐緬英軍雖然兵力雄厚，但卻始終難以遏阻日軍之凌厲攻勢。

緬甸情況緊急，二月二十一日，中國戰區統帥蔣委員長，訪印竣事，返抵昆明。二十七日，蔣公在昆明接見英國聯絡參謀馬丁，商決我遠征軍進駐緬境戰略要地同古諸事宜。次日，蔣公即自昆明飛抵臘戍，三月二、三兩日，分別接見英軍總司令魏菲爾，緬甸總督史密斯，聽取緬甸一般形勢之報告，並對防務問題交換意見，部署仰光和庇古兩地防務。且召集入緬遠征軍高級長官訓話，詳示國軍入緬作戰應行注意事項，暨作戰指導與部署。四日，又召見空軍飛虎隊指揮官陳納德，商談空軍偵察，和在緬甸使用空軍作戰計劃，同日返抵昆明後，轉飛重慶。

自三十一年二月十六日起，仰光情況越趨危殆，英方乞援情詞迫切，電訊絡繹不絕。中國戰區盟軍統帥蔣委員長乃下令第五、第六兩軍相繼進入緬境。這兩支訓練精良，配備最優的國軍精銳，其主要將領為第五軍長杜聿明，下轄第九十六師余韶、二百師戴安瀾、新編第二十二師廖耀湘，暨新兵訓練處黃翔。另有裝甲兵、汽車兵、砲兵、工兵、輜重兵各一個團；第六軍軍長甘麗初，下轄第四十九師彭璧生、九十三師呂國銓、暫編第五十五師陳勉吾，和一個輜重兵團。三月中又抽調第六十六軍入緬助陣，主要將領為六十六軍軍長張軫，下轄新編第二十八師劉伯龍、二十九師馬維驥、三十八師孫立人，另有一輜重兵團。除此以外，還有一些後援和特種部隊，亦曾相繼入緬作戰。如第三十六師李志鵬、砲兵十八團第一營（配屬第五軍）、陸軍戰車防禦砲直屬第一營，和憲兵第二十團之一營，上列部隊均由遠征軍第一路司令長官羅卓英、副司令長官杜聿明指揮，直轄中國戰區總司令部之下。與我入緬遠征軍並肩作戰者，尚有英緬軍第一軍團斯立丹部。

嗣後我遠征軍，在緬北作戰，救了英軍七千多人。而日本國際情報社發行的世界畫報「大東亞戰爭號」上都指責英軍：「臨陣先逃，渝軍徒為其犧牲，狡滑劣根性，實堪切齒。」（說明：「渝

軍」即指我遠征軍）

當日本在太平洋上蠶食鯨吞，予取予求，幾幾乎就要造成獨霸的局面。二十五個同盟國家兵敗如山倒，也唯有早已苦戰四年有餘的中國，力挽狂瀾，獨支大廈，當時只有我中國能夠顯出對抗日本的力量。

中華民國遠征軍反攻緬北之役，為我國近代史上最光輝燦爛之一頁，全部作戰時間歷一年半，我遠征軍以嶄新的面目，昂揚之士氣，戰略戰術之靈活運用，所到之處，攻堅摧銳，確能保持戰無不勝，攻無不克的光榮紀錄。除策應英、印兵團順利規復重要據點曼德勒，並打通中、印公路外，尤其殺敵致果，造成空前戰績。經我軍所克復之緬北大小城鎮達五十餘處，無一處不經我軍血戰所得來，攻擊路線長達一千五百餘英里，率皆山巒起伏，險阻重重。克復日軍所佔領之土地逾五萬方英里，攻佔公路線六百四十六英里，鐵路線一百六十一英里，日軍傷亡自聯隊長以下高達三萬一千一百零九名，俘虜三百餘人，鹵獲敵軍步槍九千六百五十四支，各種火砲四百〇九門，飛機兩架，戰車二十六輛，汽車八百六十一輛，火車四百七十二節，戰馬六百六十匹，其他軍械物資、糧食輜重難以勝計。我軍師長戴安瀾不幸陣亡。

一〇〇、重慶是抗戰時的中心堡壘

抗戰八年，政府首都設在重慶，重慶有如自由女神手中的火炬，無遠勿屆，照著了光明和黑暗的分野，也照清了莊嚴和醜惡的面孔。點燃了每一個中國人心上希望的火種，也溫暖了萬千受難者的心靈，更堅定了每一中國人抗戰到底的意志。重慶，當時也像聖地耶路撒冷，男男女女，都以朝聖的心情，由海外，由淪陷區跋山涉水，冒著生命危險，都向重慶跑。有的甚至步行，走得雙腳皮破血流，也是心甘情願。他們原是抱定決心來流血流汗，來將整個人生貢獻給國家，投向祖國，來光復祖宗留下的錦繡河山。因此一般人的生活儘管苦，大家都甘之如飴，沒有抱怨，更沒有想到逃避，因此重慶一下子人口不知增加了多少倍。所幸政府施政方針正確，得到人民全力的支持，糧食年年豐收，從未短缺，抗戰八年，幸我領袖蔣委員長的福大，從來沒有遇到天災。

可是在抗戰的大後方地區，在金色陽光照耀下。並不是沒有暗影。嘉陵江和陽子江的大浪，浩浩蕩蕩，擁載著多少英雄豪傑。但嘉陵江和揚子江照樣有它的暗流和潛流，牽扯著主流前進。譬如那些發國難財的四川老軍閥仍想打歪主意，販賣精神思想毒物的……那些潛流暗影，總會被一種更大的光明力量壓下去，或消滅掉。這種力量是我英明領袖蔣委員長，有明辨是非的智慧，擇善固執的道德，和抗戰的勇氣，指導各級機構有正確的措施，始得全國人民的擁戴。尤其青年人始終守住自己的崗位，讀書、服務、救國，從未發生集體違法亂紀行為。

更可安慰的是，大家擠在這兒這麼多年，不但沒有把重慶地方吃窮，將社會搞亂，反而使地方富裕了，人民的生活改善了，社會的秩序井然了。日本炸了幾年，重慶的市容卻較初來時，更整齊美觀了，廢墟上各種不同形式的克難建築，陪襯著市中心書然獨立的精神堡壘，說明了一切。四川這塊土地，古來有「天府之國」的美名，論面積之大，人口之多，比之亞洲的日本、歐洲的法國，也相去不遠。再說物產豐富，卻較日本、法國還有過之。

講形勢，四圍崇山峻嶺，中間交錯著平原和邱陵地帶、長江自西而東，橫貫南部、嘉、岷、沱、瀘四大河流又自北而南，縱貫全境，水路縱橫，大小陸路又密如蛛網。

從戰國時代到秦漢，到唐宋，到元、明、清這塊土地，就被帝王將相，英雄豪傑爭相據用，演出歷史上許多幕壯烈的戲劇，這兩千多年的治亂興亡，內憂外患，簡直就是中國的縮影，一個代表地區。

四川的朋友曾經告訴過我一些「天下未亂蜀先亂，天下已治蜀後治」的局面如後：

國民革命軍在北伐成功以後，四川表面服從中央，軍政統一，而事實上四川軍閥，群雄割據，戰禍不息，雖然地大物博人眾，但是民生困厄，建設落後，實在出乎想像之外。

民國十八年國民政府奠都南京以後，大小軍閥林立。名義上他們也是國民革命軍第某某軍長，以及什麼督辦、省主席之類的名位，服從了中央；但事實上，擁兵自重，各不相讓，對於中央政令，陽奉陰違，在自己統治的地盤上，各自為權為利，胡作妄為。中央政府在形式上統一了中國，而面對著這個局勢是：外則列強壓境，特別是日本帝國主義侵略的野心和行動，更形暴露；內部又為了共產黨興兵作亂，逐漸猖獗，因之對於各省軍閥的割據，採取了懷柔政策。封疆列土，希望他們在中央政府領導下，共同來建國，共同去抵抗外來的侵略。

四川軍閥們就在這種大局之下「天高皇帝遠，猴子充霸王。」你爭我奪，誤國禍民。寧、漢分裂期間，四川軍閥們也有過短漸的分裂，劉文輝、鄧錫侯擁汪，劉湘、楊森等則擁護中央，國民政府統一安定後，四川軍閥們也順著平靜了下去，全都歸順了中央。

但是，四川的割據局面還是照常存在著。

民國二十年前後的局面是：劉文輝的二十四軍霸佔著四川西南大部分，田頌堯的二十九軍佔四川正北，鄧錫侯的二十八軍佔川北偏中，劉湘的二十一軍佔四川中東大部，楊森的二十軍佔川東，其他還有獨立師長如羅澤洲、李家鈺等，則在各軍之間的夾縫地帶分據幾縣或十幾縣。當年的四川、寧屬、雅屬還未劃給西康建省時，一共有一百四十七縣，有七千多萬人。各軍各師有的是土地盤據著。

民國二十三年在江西的共匪突圍西竄時期，四川的省主席已由劉湘取劉文輝而代之。其間經過一場川東聯軍西征打敗劉文輝的內戰。結果在二十四年初，劉湘經中央明令發表為四川省主席。劉文輝則屈就西康建省委員會委員長。那時正遇著共匪過境，從川、康邊境掠過，其中徐向前、賀龍兩部還短期盤據川北的通巴一帶，威脅成都，震動重慶。

劉湘和各部軍閥的部隊，並不能協力抵禦赤潮，不得已敦請中央派兵入川，驅除境內的共匪。中央先派賀國光率領的參謀團到重慶，隨著又派中央軍協防川省，掃蕩川北徐、賀兩部的共匪，才把川省的危局安定下去，也才把川省直接置於中央統治之下。

可是四川老百姓的災難並沒有立即解除，只是心理上較為安定。以為從此中央來了，一切可望好轉，民生可以改善。

那些年月裡，在軍閥的割據統治下，老百姓每年對「軍政府」所繳納的田糧，早已預收到民國好幾十年，而其他苛捐雜稅，名目繁多，層出不窮。

現在回想起來，真覺得四川太富了。以軍閥們那樣的窮搜濫括，而老百姓仍然渡著小康的局面。四川農地的大小地主不用說豐衣足食，就連自耕農和佃農，也無不衣著充足。一年到頭，每日三餐白米乾飯。最窮苦的區域，僅川北一小部分，要吃雜糧和大米合煮的稀飯。但是由天災造成的饑荒，可以說是從來沒有過，只是人禍相連，不大不小的內戰，和徵糧抽稅，老是糾纏著老百姓，永不得安息。

軍閥們搜括的民脂民膏，大部用來培植軍隊，藉以鞏固和發展自己的勢力。另一部則用來置自己的產業，蓄財富。四川省最大的地主，就是第二十四軍軍長劉文輝，他的產業在成都為其他大小縣內，也是鱗次櫛比。他的田產，在四川西南富庶之區，地連千里，每年收入可觀。

據說：抗戰前的成都局面，實在太不像話。省會是全省首善之區，有七十萬人口，是中國歷史上的名城，而且還是若干偏安割據的國度的首都。那最壞的十幾年中，全城竟由劉文輝、鄧錫侯和田頌堯三軍部隊共同佔據。劉的部隊佔據西南城廂，鄧的部隊佔據東城，田的部隊佔據北城，城區內竟成三分天下。兵士們常殺人越貨，或是械鬥，各有其勢力範圍。市民照樣向各軍交稅服役，各事其主。後來成都治安太壞，民怨沸騰，三位軍閥才協議組織「三軍聯合辦事處」，由劉文輝的副軍長向傳義出任辦事處長，組織聯合巡查隊，日夜周遊市區。向處長殺人不眨眼，鐵面無私，亂兵盜匪從此消聲歛跡，成都市內才恢復了安寧。

至於說到統治區內的建設，或是對民生有利有益的事，只有楊森和劉湘，在成、渝當政的時候，略有表現。但是說來怪可憐，從民國初年到抗戰爆發前的二十五年歲月中，除有少數地區，建設了公路、公園、馬路、圖書館、醫院、電燈之外，全川竟沒有一條鐵路。省會的成都竟沒有自來水和電話。因為沒有統一的政府，就沒有統一的建設，這是軍閥割據的害處。

一〇一、在重慶數遇敵機，險遭不測

民國廿七年冬，日軍佔領了我國沿海各省。中路日軍，掠我武漢而據宜昌，就此陷身泥淖，無法再越雷池一步。在沉滯膠著的戰況之下、侵略者為了企圖癱瘓我們的大後方，就在宜昌建築飛機場，向重慶作瘋狂轟炸。漸漸的連學校、民房、醫院、郊區、都成了目標。我曾數遇敵機轟炸，險遭不測，茲將故事分述於後：

（一）民國廿八年二月，即農歷正月，我初抵重慶，住重慶大樑子成渝大飯店，此時蘿女才五歲，正出天花，睡在床上，不能吹風。不料是日天氣晴明，旅館茶房來說，各位客人，紅球掛了，快有警報，請各位客人趕快去逃警報罷。我是初到四川，不知向何處逃。茶房說，距此很近的滄平街，有一個地下防空洞，勉強可躲。於是我用一條毛毯，將蘿女包好，只露口鼻在外，自己抱她跑警報，我妻手提一口小箱，跟在後面跑到滄平街，累得滿頭大汗，氣喘如牛。緊急警報響了，急速進洞，人已擠滿，力已用盡，仍要抱住小女進洞無法放下，使我累得好苦。又聽外面一片天崩地裂轟炸聲，和高射砲聲，蘿兒的哭聲，妻的泣聲。她說：如果旅館炸了，我們帶來行李都完了。聽了妻話，真不敢想像外面是個什麼樣的世界。我安慰她身外之物，何必掛齒。古語說：留得青山在，不愁沒柴燒。解除警報後，只見男女老幼，提箱帶包，背兒抱女，絡繹於途，幸聞旅館尚未被炸，想必行李依舊無恙，此時抱住蘿女業已週身無力，而又無車可僱。仍要抱住蘿兒跑回旅館，頗感路太遠了。尚未到達旅館，又聞警報聲音，忽見滿街男女老幼，又往回跑，再到滄平街防空洞口，只見人們擠在洞口，我亦將小女放在地上，使我兩臂休息片刻，緊急警報又來，大家都忙入洞內，我又抱著小女往洞內擠。大家都罵日本鬼子朝夕不停的疲勞轟炸，癱瘓了我們的工作，不久又聽得轟炸與高射砲聲，只聽他們說，好像被炸之區域在兩路口。解除警報後，好不容易抱著小女，使我疲乏已極的身子回到旅館，我妻說：住在此地，試想日夜不息地這樣逃呀躲的，這種日子怎樣過下去，要我火速找房子搬家。

（二）不數日我找到嘉陵江邊，江北兩路口川鹽銀行倉庫樓上，成立了軍政部採購馬騾組組部，業務部署就緒，決定派人分赴各省，設立分組主持採購馬騾業務，必需攜帶一部現款作各人旅費及開辦費，因我軍需，是初次共事，尚不放心。是日由我去重慶交通銀行，取出現鈔五萬元，此時所領鈔票都是十元一張新鈔，裝在帆布袋內，面積不大，我一人尚可提走。剛出銀行之門，即聞警報，此時無法跑回江北，只好隨眾逃跑，躲在小樑子馬路下，有一個石洞，可惜洞內積水深尺，為著救命，不顧新鞋與西褲，提著鈔票袋往裡擠，人擠滿了，空氣無法流通，窒息欲睡。該洞管理員大聲疾呼，要求大家坐下來，騰出空間來讓空氣流通，因為洞內積水深尺，如果坐下，臀部勢必浸入水中，只好蹲下。時間久了，兩腿酸麻，只有坐下來，等於坐水牢。我在萬般無奈中，將手提鈔票袋，放入水中墊坐了，是日敵機共有數批，更翻輪流來襲，待警報解除，已是三個鐘頭，我提回浸入水中的鈔票，因鈔票紙好，尚未溶化，乃能使用。

（三）遇到晴空萬里，月明如晝的好天氣，天空的紅球，日以繼夜，上上下下不知多少次，有時煙雨濛濛之際，那個日本鬼子的小心眼，也會來個出其不意的偷襲、突襲，使你猝不及防，防不勝防。還有無定期的疲勞轟炸，要是晴天，必有警報。總要隨帶妻女躲在嘉陵江邊防空洞內。我總是站在洞口，不肯深入，以免空氣窒息。不料是日敵機，果向此洞口前面沙灘上面（距洞約五十碼）投下炸彈，爆炸雖未傷人，可是炸聲震耳欲聾，我妻已嚇得發呆，蘿兒則哭聲不止。

（四）五月三日，我同好友程碩夫、白濟民三人，在倉前街一家餐館小喫，突聞警報，不知何處可躲。稍一遲疑，即聞緊急警報，余跑出餐館，又聞敵機嗡嗡之聲，及見警察口吹哨子，並搖手不准我走，我仍回餐館，只見程、白二人躲在餐桌下。並叫我也去躲。我說：如果敵彈命中，躲在桌下是無用的。正說間，突聞一聲巨響及連續轟炸之聲，震耳欲聾。忽見對面店鋪被炸，一時無法躲藏，我即臥地兩手閉耳，只見對面彈片橫飛，塵土四濺，濃煙蔽天，烈火冲霄。我這餐館，乃是舊時平房，亦被震塌一部，發覺屋瓦快要倒塌之際，我躲閃很快，幸未傷命，可是程、白二人，一時閃避不及，被倒塌屋瓦壓住。幸有桌子頂住，否則不被壓死，也要重傷。當時他倆人嚇呆了，我扶他出來，看見他倆滿臉塵灰，如同煤壙洞裡的壙工，不覺好笑。我替他倆彈去灰塵，走出餐館，只見數條馬路，陷於火海了。重慶城中精華地區，盡付一炬，生命財產損失，不可勝數。待我看見路旁被炸之人，即是適才向我搖手的警察，肢體破碎，血流如槳，其慘狀真是觸目驚心。想起沿途看見許多被炸的同胞，死傷枕藉，呻吟呼號之聲，更是時刻繚繞在耳，使我心中真有無限的悲憤。

（五）有一次在嚴重的轟炸後，聽說重慶大樑子一帶炸得最慘，我趕著去看剛由桂林來的一位朋友，他住在大梁子太平洋大飯店。我趕到那裡時，一眼望去，我的心直落到腳底，看見大樑子這條街，炸慘了。沿街擺滿了一具具的屍體，有好些人來認屍，我卻呆在一旁，動彈不得，突然聽到有人在耳旁嗡嗡說：學富兄，你也來了。我如夢初覺，轉過臉去，才發覺我的朋友尚在人間。喜極，我為他高興。我說：恭喜你，大難不死必有後福。他說：他聞警報，即隨大眾逃到滄平街躲入防空洞內，可是帶來行李，全部燒光了。我說：身外之物沒有關係，如果缺錢，由我替你購製。當時我拉他進館子吃飯，拿了一瓶茅台酒，我倆正吃得高興，又聞警報之聲，我那位朋友，帶我跑到滄平街地下防空洞去躲，又聽得轟炸之聲不絕於耳，震人心紘。警報解除後，看見熱鬧街頭火燒店屋，而馬路上到處鮮血，滿街都有男女老幼屍體。有的剩下半邊頭，有的失去下身，有的沒有手臂，還看見一個年輕的媽媽抱孩子死在一起。嬰兒的臉貼在母親雪白豐滿的雙乳中間，眼睛閉了，屍體沒有受傷，大概是震死的。

自從五月三日、四日大轟炸以後，政府積極疏散人口，機關學校紛紛下鄉。水陸要道，展開疏散行列，我們軍政部採購馬騾組，在倉促之間，決定隨同江北縣政府楊縣長，同日遷往江北兩路口，租了一棟雙間店面樓房，後面且有大院子，住家辦公，都很適用。在此住了一年，每次匯款，要到重慶，仍感不便，決心遷徙川東萬縣辦公。

一〇二、我在萬縣保衛陪都

我們馬騾組組部，由江北兩路口，遷來萬縣瓦廠路，租了一棟四合院子，屋後且有空地搭蓋馬房，能容百餘匹馬騾。安頓就緒，我因有黨員與團員身分，每次遷居，必向當地黨團辦理報到手續。不久青年團萬縣分團部書記張其學，另有任務，所遣書記一職，上級委我兼任，我曾幾次書面懇辭，均未獲准。張其學介紹王季常給我做助理書記，主辦內部一切事務。對外活動，仍要我自己承當。王很努力，展開工作頗有成就。譬如在宣傳方面，由我集資購了三部對開印刷機，創辦川東日報及商務印書館，對外營業。賺來的錢，津貼報館，每月仍要虧蝕五萬餘元。我又成立平劇社，首先集中武漢逃難來萬縣名票友二十餘人組職票房。後改為青年團平劇服務社，繼又成立青年話劇服務社，我親兼兩社社長。本社演員盧業高、吳家讓後來成了電影明星。凡是萬縣公益事宜或救濟事項，需要籌款，都由本團平劇或話劇社來公演，賺來票錢全部捐作救濟事業經費。另在服務方面，我創辦了一所職業學校，由我自兼校長，收容失業青年加以職業訓練，畢業後即可謀生。我又集資開了一家規模龐大的青年食堂，兼旅館，且祖萬縣熱鬧地區楊家街口三層樓房一棟，陳設華麗，座位雅潔，以及結婚禮堂，一應俱全，一樓小喫部，二樓房間部，三樓喜慶禮堂，生意興隆，純為服務，並不賺錢。關於體育方面，我集萬縣廿一個中學體育老師，成立了體育會，我當選該會理事長，經常舉辦各種體育比賽。因此青年團在萬縣各種活動做得有聲有色。後來黃埔同學會。四川省負責人黃仲翔聘我擔任黃埔同學會川東通訊處主任，每年召集在萬縣同學開懇親會一次藉資聯誼，此後交誼甚廣，凡是各機關以及黨團員如有喜慶都請我以來賓身分講幾句話，好在我演講不必起稿，見景生情，即可講出一篇理論來，而且熱情洋溢，頗受當時青年推重和愛戴。至民國卅年，我又奉命兼四川萬梁警備部副司令。可說是職多事多，應酬多。每日從六時起床乃至晚間十一時就寢前，每分鐘都要派用場，決不浪費這個寶貴的光陰。

一〇三、抗戰時期的徵兵

我國中央，原無兵役機構，雖中華民國約法中規定：「人民依法令，有服兵役之義務。」惟因軍閥割據，遲遲未能實現。迨北伐告成，奠都南京，我軍事委員會蔣委員長特飭由訓練總監何應欽將軍，草擬「徵兵制度方案」，作為主管機關制定兵役法規之一般準據。「九一八」事起，日寇侵我日亟，國民政府乃於民國二十二年（一九三三年）六月十七日公布兵役法，但因當時日本軍閥暗中反對我國施行徵兵，故僅先在首都試行國民軍訓，由訓練總監部國民軍訓練處主持，至於籌辦役政工作，則僅由軍務司內之少數職員兼辦。惟以策劃任務，至為艱鉅，經軍事委員會核定，於二十四年底，在軍務司內，專設兵役科，以策進行。民國二十五年三月一日，政府施行兵役法，復於同年九月，頒布徵兵令，分在蘇、浙、皖、贛、豫、鄂六省，試行徵兵，嗣因業務增繁，乃將兵役科，擴充為兵役司，內設四科（二十七年二月一日）增設四科。

京滬會戰後，政府由武漢遷往重慶。兵員補充業務愈繁，原有辦公人員，已感不足，爰於二十八年二月擴充兵役司為兵役署，以程澤潤為署長，當時如能依照法規辦理徵兵，百姓是沒有什麼痛苦的，但是下級徵兵機構，如縣以下之聯保辦公處，由徵兵變為抓壯丁，一群一群用繩索綑繫上道，吃不飽、睡不好，交給補充兵訓練處，已是鳩形鵠面，神情沮喪，就不能不算痛苦了。這正合：「草頭垂露含民淚，水峽流泉咽戍遲。」兩句詩了。

前方胡伯玉將軍回到萬縣，與我談及兵役雜理不善，他說：現在所補新兵，帶著老兵逃，使我的部下都感到新兵難帶。

當時我聽了他的話，頗感奇怪。我問：新兵怎能帶著老兵跑？他說：「現在所補新兵，多半不是來自農間真正農民，而都是兵販子。」我更奇怪，何以叫兵販子？他又說：「四川徵兵基層機構，就是聯保主任，他平素收養一批散兵遊勇，留在家中做工，一旦奉命徵兵，抽籤時，即舞弊，專門抽到大戶紳糧（即財主）子弟去當兵，紳糧就拜託聯保主任，願花十萬或二十萬塊錢，託聯保主任僱人冒名頂替，聯保主任拿三分之一的代價給他平時收容的散兵去頂替，一個光棍散兵，忽然得到頂替身價數萬元，何樂而不為，所以這批冒名頂替的新兵，到得部隊中，使老兵知道此中實情，為了都想發財，老兵跟著新兵逃到後方去，替人當兵，這種徵兵若不改善，在前方抗戰部隊受此影響，實在危險。

後來有一批新兵在重慶，被押送新兵部隊虐待，關在黑屋子裡，沒有茶水喝，飯也吃不飽，鳩形鵠面，瘦骨嶙峋，如同囚犯無異。事被蔣緯國先生知道了，報告蔣委員長親來察看，大為震怒，就下令將兵役署長程澤潤捉去審問，是日程澤潤正在公館大擺筵席，請了許多賓客慶祝五秩華誕之際，忽然壽星程澤潤被捉送軍法處而不知身犯何罪，事隔數日，即被槍決了。

今日臺灣徵兵，人人守法，個個願往，確是辦得很好。

一〇四、共患難易共富貴難

我同一位廣東好友閒談，談及國父孫中山先生的革命幹部人才，濟濟多士，少長咸集。而以胡漢民、汪精衛二人最著稱於時。中山先生逝世後，他二人交互在中國近代政治上所發生的影響亦最大。

在民國十四年以前，胡、汪可稱為刎頸之交，幼同里、長同學，而且同為革命戰士，他倆都是在日本大學的法政速成科求學時，才與國父中山先生相識，接受革命洗禮的。迨同盟會成立，二人分任總書記與評議部長之職，又為《民報》主要撰述人，當時與梁啟超的《新民叢報》筆戰最力，文采甚盛。所以，胡漢民自傳中說是：「入同盟會以來，余與精衛共事至多，相親逾骨肉」，「余與精衛在黨中，常避領袖之名，而任事則無所擇。」一九〇五年冬天，日本政府頒布取締中國留學生入學與寄宿規則時，留學界大譁，皆主張退學歸國，胡、汪二人力倡反對論調，致被大眾宣布「死罪」於全體留學生俱樂部。青年時代的胡、汪交誼已如此密切，而最足顯示他二人的道義精神者，莫過於胡氏後來為汪精衛在北京被捕入獄的奔走營救情形。

自一九〇七年，國父中山先生親自指揮鎮南關革命之役，以及黃興在河口策動的起義工作失敗後，汪精衛乃憤而遂行個人暗殺計劃，初擬入粵殺李準，繼赴長江謀殺端方，皆不遂。再變計入京欲殺攝政王載灃。胡漢民曾經苦勸不聽，汪於前往北京之際，破指血書兩語寄胡氏云：「我今為薪，兄當為釜。」這話只有胡氏深切了解，因為汪在日本東京的《民報》上，寫過〈論革命之道德〉一文，謂「革命黨人只有二途，或為薪，或為釜，薪投於爨火，光熊熊然，俄頃灰燼；而釜則儘受煎熬，其苦愈甚；二者作用不同，其成飯以供眾生之飽食則一。」

己酉（一九〇九）汪氏與黃復生在北京因進行暗殺被捕，時胡漢民在星加坡從事籌款，聞訊流涕不已。屏除他事，以營救汪為首務，旋遇陳璧君於庇能，乃召集當地同志會議於璧君家園，籌商救汪之策。當然非錢不行，眾人對胡氏提議頗示冷淡。胡廢然退席，據其自述：「就寢，恍惚夢精衛已被清廷宣告死刑，乃大哭，哭聲驚鄰室，仲實、璧君等皆起，黃金慶、陳新政詢知其故，自省其涼薄之非是也，慚怍引去。」後來胡與陳璧君等再到星加坡，籌得若干款項，攜至香港，擬由陳氏帶赴北京救汪，而陳氏對胡建議，認為沒有鉅款，決不濟事，一時又難籌措，聽說澳門賭場甚闊綽，有人以賭致富的，我們曷不前往試試運氣呢？素性拘謹，嚮往理學的胡氏，這時為著救汪心切，居然很贊成。即與陳璧君等三人馳往澳門賭場，將其辛苦籌得的現金攜去百元，由陳氏出手，作孤注一擲，不中。踉蹌回港，自歎晦氣，這情形有如居正在湖北為進行革命無款，乃深夜赴廣濟縣某大廟內竊取塑金菩薩，負至中途，忽遇官府差役而將其棄入溝壑的故事，可見胡氏為要救汪於患難中而急不暇擇的心情了。

辛亥革命成功，清帝遜位，汪精衛出獄南行，與胡氏朝夕相處於國父左右，情誼稠疊，聲名鶴起。袁世凱受禪接任總統之始，曾以密電由唐紹儀轉致胡、汪，禮聘二人為璁統府高等顧問，兩人峻拒不受。其時胡氏立志出國留學，研究教育。汪氏與蔡元培等組進德會，暢行「六不主義。」中有「不作官」之一條，二人的志趣行誼亦沆瀣允合，後來二人皆投身政治場中，以至於凶終隙末，這是始料所不及的。

在國父中山先生未去世前，胡漢民一直沒有離開過實際政治生活。而汪精衛卻始終標榜著無政府主義，決不從政，只擔任一些文教團體的職務，如廣東省教育會長之類，因此胡、汪兩人的交誼，濃郁如常，而兩人在黨內和社會上的聲望也是平流共進，日趨崇隆，絕無矛盾之處。

自國父北上，指定胡漢民代理大元帥職務，胡氏一時成為黨國重鎮，軍政界的同志僚友，從之者眾，頗具號召力，但與參加革命陣營的共產黨人不相投洽。而共產黨窺知汪氏實係熱中政治權位我偽君子，大可利用；汪亦以本身在黨政方面素無群眾及幹部，自忖不足與胡氏抗衡，樂得有新進的共黨分子作嘍囉，遂與俄顧問鮑羅庭沆瀣一氣，而以國民黨左派領袖自命，崛起問政。

國父在北平溘然長逝後，立即引起一個繼承領導的問題。因為國父留下的遺囑中，並未明示出誰來繼承執行他的領導工作。但是這時黨內具有此項資望的人有四位，即胡漢民、廖仲愷、汪精衛，和蔣公。據說：胡漢民亦有此想，只是由於國父沒有直接指定，以致領袖人選問題竟未解決。

因之只好悶在心中，誰也不好意思開口，不過這四人中，蔣公是唯一能和其他三位合作肩負革命任務的。他撰序軍校第三期同學錄有云：「……吾願以實行我總理革命主義而死，吾願意死於青天白日之旗下，吾為國民革命而死，吾為三民主義而死……」明白昭示其只為實現三民主義而奮鬥之嚴正態度，絕無與他們爭取領導權之意念。

七月一日，撤消大元帥名義，改組大元帥府為國民政府，採委員合議制。推定委員十六人，以汪兆銘為主席，主持內外一切政務，胡漢民任外交部長，許崇智任軍政部長，廖仲愷任財政部長。三日又成立軍事委員會，推定蔣公、汪兆銘、伍朝樞、許崇智、廖仲愷、朱培德、譚延闓八人為委員，由汪兼任主席。由此組織，本可肩負國民革命任務，共同為實現三民主義而奮鬥。不料共黨俄顧問鮑羅庭從中挑撥，製造矛盾，竟使汪、胡不睦，胡氏之弟胡毅生由於熱中過度，竟在刊物中主張「除去」（是暗殺的雅號）。也由於這種言論，才激發了「廖案」。即民國十四年八月二十日上午九時五十分，廖仲愷先生赴中央執行委員會例會時，甫入大門，突遭暴徒狙害，當場將兇手陳順擊斃，胡毅生雖被牽涉，以其業經逃亡，無從追究，黨內大為騷動，事後偵查，知有將領張國楨、楊錦龍同謀，乃判處死刑，並解散其所屬部隊。共黨遂藉詞大肆攻擊胡氏，謂其有牽連，然平心而論，胡氏對黨忠誠，而汪氏並無一語為其久共患難親如骨肉的胡漢民有所排解，更不必說衛護了。九月二十三日，胡氏被迫以赴俄考察名義離粵出國。較諸過去胡氏為汪在北京遇難時拚命營救的情形，實令人感歎。從此汪、胡兩人，乃開始立異，遂成無可妥協的政敵。自民國十四年到胡氏病故的十載期間內，中樞政局，胡來則汪去，汪來則胡去，竟如尹、刑之相避了。關於汪、胡兩人在政治上的分道揚鑣，實因汪欲達其政治領袖目的，不惜勾結共黨。初則勾結共黨的鮑羅庭，俟廣州中山兵艦事件發生後，汪即離粵。繼則於民國十六年夏，汪自法國歸抵上海，與共黨書記陳獨秀，聯合宣言「革命的站左邊來，不革命的滾開去！」此為其與共黨合作之最高潮，其氣焰甚盛，不可一世，形成寧、漢對峙，國共鬥爭亦從此肇端，種下了此後毀黨亂國的禍根。今日國破家亡，痛定思痛，汪精衛實為第一號罪魁。在抗日危急存亡之際，汪又不惜羽毛，公然逃往南京，受異族利用做了漢奸頭子，危害中華民族之罪行雖鞭屍不足以讁其惡。而當年利用共產黨以攘奪權利的國民黨敗類，亦在該死之列。蓋使國民黨敗壞以至於神州沉淪者，國民黨人也。然總括一句話，共患難易，共富貴難。

民國二十七年十二月八日，汪從重慶潛往雲南，煽動雲南省主席龍雲叛國未果，二十一日汪逃河內，聞戴雨農曾派行動人員追至河內刺汪未果，被其逃至南京之時，響應日本首相近衛文麿三原則，於二十九日發表艷電，主張停止抗戰，對日求和，公然做了漢奸，南京偽府開鑼，汪仍然是行政院長身分代主席。

民國二十八年一月一日。中國國民黨中常會舉行會議議決：汪兆銘危害黨國，永遠開除黨籍，舉國人士莫不一致聲討。後來汪兆銘病死日本，留下漢奸之名，被人永久唾罵，殊為不智。

一〇五、我國贏得四強之一地位

我八年抗戰，由於蔣委員長英明領導，及全國軍民一致奮鬥，終於贏得國際四強之一地位。

民國卅二年六月六日，即在莫斯科宣布解散「共產國際」之後，美國羅斯福總統曾邀請我蔣委員長參加四強會談，並望蔣委員長於先數日與之單獨接洽。經蔣委員長婉言相拒，迨夫人返國，告以羅氏欲於最近期間與史達林商討戰後問題，故急欲與其晤面。於是蔣委員長於七月八日電覆羅斯福總統，贊成其秋季會晤之約，並籌會晤時共同宣言之要目應包括：（一）大西洋憲章適用於全世界各國各民族；（二）必須獲得無條件之勝利；（三）東北與臺灣必須歸還中國；（四）朝鮮獨立與中南半島各國之地位；（五）建立戰後有力之國際和平機構；（六）成立太平洋對日作戰聯合參謀部，分設於重慶與華府；（七）中、美戰時金融之互助與戰後經濟建設之合作。

是年十月，莫斯科三國外長會議結果，簽訂了中、美、英、蘇四國協定。會後羅斯福總統連來三電，邀請蔣委員長與羅、邱二氏相晤，措辭極為懇摯。十一月十二日，羅氏特派美國前陸軍部長赫爾利為私人代表，飛渝來訪，向我解釋開羅會議之用意，並表示羅氏對於東亞諸事，於聽取中、英兩國政策與方針後，願以第三者地位從中調解，當經蔣委員長應允願與羅、邱二氏開誠交換意見。

十一月十四日，我方著手準備對羅、邱會議會談林料與重要提案，內容計有下列各項：

甲、軍事戰略之提案，主為反攻緬甸，海陸軍同時出動之總計劃，以曼得勒為目標。

乙、遠東政治之提案，包括：（一）東北與臺灣、澎湖應歸還中國；（二）戰後朝鮮獨立；（三）保證泰國獨立及中南半島各國與華僑之地位。

丙、國際與遠東軍事機構之提議，主張組織中、美、英三國聯合參謀團，並成立中、美、英、蘇四國軍事技術委員會，以研究國際武力之組織。

丁、對日本投降後處置之方案，包括：（一）日本在華自九一八以來侵佔地區所有之公私產業，應完全由中國政府接收，作為賠償損失之一部分；（二）戰爭停止後，日本殘存之軍械軍艦商船與飛機，應以大部分移交中國。

戊、中美經濟合作之提議，全部借款劃入中央銀行，由我自由運用。

己、對美租借物資與武器之提案，要求美國：（一）供給三十師武器；（二）補充中國空軍。

此外，蔣委員長指示，對邱吉爾首相談話，除與中、英、美共同關係之問題外，皆以不談為宜。如美國從中疏解港九問題、西藏問題、南洋華僑待遇問題，則照既定原則應之，即主張九龍租借地應歸還中國，與香港合併為自由港，英對西藏勿再干涉，對華僑應有公允合理之待遇，但不與之爭執，如其不同意，則作為懸案暫時擱置。

十一月十八日上午十時，蔣委員長夫婦偕同隨員王寵惠、林蔚、周至柔、董顯光由重慶乘機出發，二十一日上午七時半抵達開羅，當即乘車至寓所。

二十三日上午十一時舉行會議，由羅斯福總統主席，會中討論蒙巴頓將軍所提緬甸作戰案，至下午一時散會。晚間，羅斯福總統宴請蔣委員長夫婦，商談至深夜十二時方告辭，其談話內容包括：

（一）日本未來之國體問題，羅斯福總統首先提出廢除日本天皇問題，徵求蔣委員長意見。蔣委員長答稱：「這次日本戰爭的禍首，實在是他幾個軍閥，我們先要把他們軍閥打倒再說。至於日本國體問題，我以為應該等到戰後讓日本人民自己決定，我們在此次大戰中，總不要造成民族間永久的錯誤。」當經羅氏同意。

（二）共產主義與帝國主義問題，曾廣泛交換意見。

（三）領土問題。雙方同意東北四省與臺灣、澎湖群島，皆必須歸返中國；惟琉球可由國際機構委託中、美共管。

（四）日本對華賠償問題。蔣委員長提議，日本應以實際財物如工業機器、戰艦、商船、火車頭等運華，充一部分賠償之用，羅氏表示同意。

（五）旅、大問題。請其特別注意，戰後旅順軍港，我願與美國共同使用。

（六）新疆問題。

（七）俄國對日參戰問題。

（八）外蒙古唐努烏梁海問題。羅氏特別詢問該地之現狀與歷史關係，蔣委員長答以該地本屬我外蒙古之一部分，今則為俄所分割而強佔矣。

(九)朝鮮獨立問題。蔣委員長要求其贊助我方之主張，經羅氏同意。

(十)中、美聯合參謀會議。

(十一)越南與泰國問題。蔣委員長主張戰後越南，由中、美扶助其獨立，泰國應恢復其獨立地位，羅氏亦表同意。

(十二)日本投降後，對其三島駐軍監視問題。羅斯福首先堅決主張日本駐軍須以中國為主。蔣委員長謂此應由美國主持，如需要中國派兵協助亦可。在商談期間，羅氏始終堅持原意，我方因未便堅決表示拒絕，最後只言此事可待將來事實與情形再作決定。

開羅會議自二十三日開始，至二十五日閉幕，經時三天，歷次會談，我蔣委員長與羅斯福總統意見甚為融洽，以致邱吉爾無法影響，因而所討論之各項問題，均分別獲得圓滿解決與諒解；並同意於會後，發表聯合宣言，昭示解決戰後遠東問題之方針。蔣委員長以會議結束，任務完滿，遂於二十七日晚十一時半，偕夫人與隨員等由開羅起飛回國，於十二月一日抵渝。途中曾對開羅會議予以評述說：「此次在開羅逗留共為七日，其間以政治收獲為第一，軍事次之，經濟又次之，然皆獲得相當成就。本人大部精力皆用於會議之準備與提案之計劃，慎重斟酌，不敢掉以輕心。故會議時各種交涉之進行，其結果乃能出於預期之上，此乃余一生革命事業重要之一也。余妻為余任傳譯布置，協助之功甚大。」

一〇六、長衡會戰大軍轉進

據某集團軍總司令談及長衡會戰全面潰敗的概略情形。長、衡會戰自民國卅三年五月下旬，打到八月初旬，來犯敵軍總共十個師團，從五月二十六日起，分兵三路，左翼二十九日突破通城，陷渣津、平江。我軍抵抗至六月一日，仍告失守。中路陷新牆河，趨汨羅江，國軍第二十軍奉命在汨羅江北拒敵，獨木難支，最後還是退了下來。右翼之敵循洞庭湖，下沅江、益陽，七十三、九十九兩軍曾經加以抵抗，這一戰役我軍三路各自為政，以致被敵人分別擊破，打得令人喪氣之至。唯有在九日那一天，我二十軍、四十四軍、五十八軍與七十二軍，對敵展開包圍，迫近永和市，斬獲甚多，打來還算像樣。

敵軍進犯長沙、瀏陽，友軍曾經喋血抵抗九天九夜。十四開始退卻，六月十九，長少終於淪陷。

敵軍南下衡陽氣燄萬丈，已經攻下了攸縣、安仁、耒陽三個重要據點。我軍旋即反攻，七月七日，完成作戰部署，八日將士用命，克攸縣，復官田，包圍耒陽，這時五十八軍也加入戰鬥，攻下醴陵，直逼湘江沿岸，頑敵的凶燄方始略形遏阻。

然而，等敵人第二線兵團的增援一到，強弱之勢立判，七月十日，他們再陷醴陵、茶陵、耒陽，二十九日，更進而向東，下萍鄉，據蓮花，後來我們整頓部隊，又發動一次反攻，再克萍鄉，進迫醴陵、蓮花、茶陵和安仁，且曾再度會攻耒陽，另一部則挺進到耒水，策應衡陽近郊激戰。

方先覺的第十軍、在頑敵大包圍的態勢下，寸土必爭，誓死不退，完成了近代戰史上的奇跡。苦守衡陽四十六天，衡陽全城，成為一片焦土，而慷慨壯烈的第十軍，犧牲殆盡，這真是抗戰中可歌可泣的一頁史詩。

長沙和衡陽相繼失守，中外震動，釀成抗戰勝利前夕最黑暗的一段時期。此次慘痛失敗，最重大的損失不在湖南一省兵略要地盡失，而是集全國精英的國軍百戰勁旅，幾已犧牲大半，因此，緊接下來的，桂、柳會戰，大本營簡直無兵可用，以致釀成湘、桂、柳大撤退的慘劇，軍民死亡，何止十萬，情勢最危殆的時候，抗戰中心，全國精神堡壘所在地的陪都重慶。竟然有遷都西昌的傳說，牽一髮而動全身，影響之大，豈在若干地區之失陷而已。

一〇七、焦土抗戰火燒桂林

長、衡之敗，軍民一概遭殃，驚天地泣鬼神的流亡曲，在此譜出了第一章。軍隊在流亡，老百姓也在流亡，數以萬計的難民群，為了不甘受異族的期凌與統治，拋棄田園，拋棄家鄉，沿著由湖南進廣西的大小路徑，扶老攜幼，長途跋涉，一路風聲鶴唳，杯弓蛇影，謠言多如牛毛，軍隊零零落落，三三兩兩，只曉得儘速往西南方撤退，沒有給養，沒有交通工具，他們自顧不暇，眼睜睜望著老百姓冒死前進，甚至餓斃路畔，輾轉溝渠，令人看見此情此景十二萬分之悲痛，然而，確實是愛莫能助，徒呼奈何。

在陽朔、平樂、荔浦一線途程，每天都可以看到成群結隊、精疲力竭的難民，如潮水般湧來，有的人甚至把懷抱中的嬰兒都拋掉，因為他們實在不勝負擔。他們壯志可欽，處境實在可憫，回想湘民無辜，遭此大難！

十月廿七日，敵人集中三個師團，向桂林猛撲，我方對桂林保衛戰的部署，已經初步完成，抵抗到十一月四日，敵人用毒氣猛攻七星岩，我軍死傷纍纍，忍痛棄守，敵人據七星岩後，立即用大砲猛轟桂林市街道，落彈相當的密，部隊忙於作戰，還要幫助老百姓救傷。

是時廣西省政府主席黃旭初、委員長行營主任白崇禧召集各部隊長官開會討論桂林守與不守問題，主席即席宣布：大本營的意旨，鑒於湖南新敗，薛岳南撤，當時全國的兵力已經不多，外線作戰，消耗太大，因此指示我們，應以保全實力為最高原則，大家瞭解大本營的苦衷，以及通盤作戰的重要，因此會議席上大家通過決議棄守桂林。終於決定將全省部隊轉進貴州，從容部署，期諸來日給予敵軍更重的打擊。桂林即既將放棄，少不得又要堅壁清野，焦土抗戰，自己先放起火來，以免留下物資資敵，桂林大火的那一夜，火光燭天，名城桂林燬於一夜之間，百姓遭此慘禍，真有說不出的難過。

火燒桂林的那晚，好些大綢緞美莊，紛紛把他們的布疋搬出來，送給軍隊，因為送掉總比比燒了的好。可是軍隊那裡要得了那麼多的布？結果多半還是陪同桂林名城，被一把火燒得精光。

桂林燒了，各部沿著黔、桂鐵路，乘火車向柳州撤退。

柳州保衛隊，是以楊森集團軍部隊為主，從十月底起始，楊部漸漸的向柳州集中，當時楊的作戰計劃，派二十六軍守城，第三十七軍協同二十六軍一部，佔領柳江西岸的陣地，二十軍協守外圍據點，與夏威集團軍連繫會守。十一月初，連日陰雨連綿，地滑如油，最前方的夏集團軍被敵人從桂林南下的大軍制壓，無法移動，因此敵軍乘勢南下，十一月十四日突破夏集團軍的永福陣地，柳州一夕數驚。正好在這千鈞一髮之際，楊森的兒子楊漢域軍長帶的二十軍，在修仁和日軍第三師團狹路相逢。二十軍和第三師團是死敵，從鄂南、湘北一直拚力纏鬥到廣西，向來總是第三師團吃二十軍的虧，打過無數次敗仗。這一回二十軍兵員缺乏，武器窳劣，偏偏和這支死對頭遭遇，仇人相見，分外眼紅，第三師團硬把二十軍緊纏不放，展開你死我活的一場惡戰，於是絆住了二十軍協守柳州外圍據點的重大任務。

十一月六日，柳州保衛戰開始，二十六軍孤軍奮鬥，馬鞍山上的砲兵為阻敵於柳江南岸，一陣砲打過去，這才發現重砲的效率太差，運轉又極不靈便。而我們的前敵部隊，起先對於重砲的估價太高，於是戰火一開，兩支部隊叫苦連天，敵人排山倒海的衝來，這邊的火力根本就制不了他們。苦戰四天，至九日，敵軍突破柳州據點，廿六軍有兩個團被敵人包圍，左衝右突，無法脫離火網，損失慘重。這個戰鬥沒法打下去，便接受指揮官的要求，將部隊和砲兵，一概撤到後面的大塘防線。

從十一月十二日起，保衛柳州國軍，一路且戰且退，節節抵抗，一面向龍江河轉移，就在這時，由柳州向西進犯的一支日軍，大約有三千餘人，竄大埔，急攻宜山。我二十軍已經進到宜山以北了，四十六軍還在後頭，大本營要我們就地抵抗，十五日宜山失陷，楊部遏守他們北邊，也就是天河一線，使他們無法北進。四十六軍方面，則因為左側感受威脅，被迫向宜山東南地區移動。不久，楊部又奉命往守由安馬鄉到羅城之線，羅城在天河東南，地勢很高，大本營的意思，大概是要我們堵截柳州、宜山兩路敵軍往北路攻打。

卅七軍和廿六軍之一部，退守宜山以西的懷遠和北旺，懷遠在黔桂鐵路線上，地位相當衝要，但是廿六軍還不曾到達，三十七軍猶在北旺附近，敵軍已經攻到懷遠鎮外，當時懷遠鎮上只有工兵第八團，砲兵十四團的一個連，戰砲總隊一個連，再就是停在那裡的五輛戰車。這裡面沒有一名步兵，在強敵壓境的時候，他們就這樣臨時拚湊起來，猛烈抵抗，誓死不退，居然抵拒強大敵軍前後歷時五天的猛烈攻勢，最後敵軍還是拿他們無法，只好轉移主力，從安馬附近竄過去，繼續西侵。

卅七軍也是只有一部分兵力在北旺，抵擋不住佔盡優勢的敵軍，於是有一聯像敵軍迂回到達金城江，在車站堆積如山的輜重，以及萬萬千千無法撤退的難民，悉數落入敵軍之手。

十一月二十日，大本營重新布署，二十七集團軍固守金城江以西，到思恩的一線，以資確保黎明關。黎明關在黔、桂邊界，它是貴州西南的屏障，這一處險隘再要失守，陪都方面更不知要怎樣的驚惶。

從十一月二十日守到月底，足足守了十天，這時候，湯恩伯調集各路大軍，兼程馳援，十一月三十日，他派軍接替楊森集團的防務，自長、衡會戰以來，至此始算是有了建制完整的部隊，從容拒敵於黔、桂之間。

然而當時情況確實危急萬分，沿黔、桂鐵路長驅直入的敵軍，已經陷獨山，下八寨，一逕打到雷山、榕江，進入貴州的心臟地帶。我軍都退到了都勻、麻江，準備率領軍隊，與陣地共存亡。湯恩伯到了，士氣昂揚，重整殘部，勇往直前，幾度反攻將雷山、榕江奪回，和鎮遠三個防區，移交湯恩伯將軍。

第三方面軍總司令湯恩伯，臨危受命，遠自西安趕來，桂林失守的那天，他自重慶奉到蔣先生的面諭，連夜急馳貴陽。那時候，他的部隊，僅有孫元良的一個集團軍，剛剛由陝入川，他單槍匹馬，到貴陽就任湘、桂、黔三省邊區總司令，十一月中旬，孫元良集團軍自重慶出發，而前線軍情緊急，我們苦盼援軍，無異度日如年之際，而孫元良部於焉惠然來臨。湯恩伯大軍一到，日軍亦以戰線拉得太長，供應不繼，兵員缺乏，早呈強弩之末，不足以穿魯縞之勢，雙方相持很久，在此相持時期，桂、柳會戰也就宣告結束。

一〇八、亂世財富轉眼成空

民國卅三年冬，我有一位本家帥銳霆，畢業軍需學校，任職某集團軍，管軍需業務，由貴陽逃難，受盡艱苦，抵達四川，趕來萬縣依我。據渠談及亂世財富，轉眼成空的故事如後：

因日、俄締結互不侵犯密約，使日本軍閥，敢於調遣關東軍，加入中國戰場，迫我抗戰部隊，先由中原撤退，接著長沙、衡陽秦守，與我軍相持於黔、桂邊境的荷池，終於使我軍被迫再從荷池金城線撤退。其狼狽情形，在馬路上，車隊與人潮互擠，只得三步一停，五步一歇，尤其汽車拋錨阻路，又無汽車零件修復。在萬般無奈中，眾人只好將車推翻路旁溝下，後面車輛始能蠕蠕而動，途中更有很多被遺棄的箱子，尤其裝著字畫和磁器的箱子最多，這都是難民在無法背負而又找不到運輸工具時所拋棄的，我想這些字畫與磁器，可能都是名貴之物，否則他們在逃離老家時，便不會帶著逃難了。千里相隨，到忍痛拋棄的箱子，使行人傾跌，或阻礙了車行，從來沒看到有人將它拾取。

我是奉命帶著本部眷屬撤退任務，檢點行囊，僅有兩日伙食費用，幸而遇見本部軍需處長，他開了一張支票，囑我儘快驅車趕往都勻中央銀行去取款。但到得該行，已人去樓空，好容易才找到一位留守的警衛。經過他的指點，我再轉入一段山路，尋到了央行的倉庫，但依然是無人跡。當時天已傍晚，天上下著大雪，寒氣襲人，窮愁與飢火中燒，驅車循山徑而返，不管泥濘路滑，直向前衝，想不到迎面來了一支部隊，被我驅車衝激起的泥漿，濺得他們滿身滿臉，乃群起而將車攔阻。我的司機跳下車與他們爭執得勢將用武，我只好親自下車向他們道歉，所幸他們看到我很客氣，也就不為已甚。同時看到一位軍官越眾而前。我聽到很熟悉的聲音，在電筒照耀下，再看清了一張熟悉的面孔，原來他是我的同鄉，也是我中學的同學史君，他現在做了營長，奉令來此擔任守衛這座山頭的任務，我倆見面非常興奮。

他問我來此有何任務？我只好把向中央銀行取款不得的經過，大略告訴他。並道及所率的本部眷屬，將在撤退途中挨餓，言下自不免唏噓嘆息！他毫不遲疑地說：「不要為錢著急，我這裡有的是鈔票。」立即叫勤務兵把所背的包袱送到我車上，並悄聲說道：「我們這次發了洋財。」然後他寫給我貴陽的聯絡處，即匆匆而別。

我把車開到都勻，和停在路邊的車隊會合。一面在老百姓家裡燒晚飯，一面解開史營長送到我車上的包袱，原來裡面都是一扎扎花花綠綠的鈔票，真使我驚喜莫名。在昏暗的桐油燈光下，無法點清數目，大約估計，總有五六十萬元，我當即連夜造冊分發隨來官兵及眷屬，每人發給若干，作為暫借的薪餉。本來是夜準備在都勻休息一晚再上道，但是到了半夜，後面開來的車輛太多，迫使我們的車輛無法在馬路上停歇，駕駛人員只好睜開睡眼驅車上道，從都勻到貴陽整整走了三天四夜，到了貴陽，看見商店住戶，都是關門閉戶，使人意會到這已是一座空城。但因此使得後面蜂湧逃來的難民們，不必擔憂無下塌之所。我們所住的是一座深房大宅的人家，看到鍋裡還有未喫完的飯，桌上尚有殘菜，碗碟未收，可想主人逃離家門時的倉皇。

敵人抵達都勻後，並未前進。我方由河南抽調石覺的十三軍，及雲南抽回來的新六軍廖耀湘部，陸續開到。這顯示貴陽將可防守。尤其是在此緊急關頭，當時任社會部長的谷正綱，親率該部人員抵達貴陽，展開對難民的救助工作，人心因而安定。輾轉逃亡，所有財物拋棄一空的難民們，都獲得了救濟，而免於飢寒。

我留在貴陽收容本部後到人員與眷屬，因而每天都到各難民救濟站去巡視有無本部人員。從難民群中，我發現幾位老友，他們多半是前幾年，部隊打散了，改業從商，由雲南、貴陽、桂林往返跑單幫生意，數年之間成了富商大賈，但經過這次撤退，又已金盡囊空，不得不靠社會部救濟以活命。我把史營長在途中解囊相贈的款項分給他們，並覓妥車輛，送他們轉往重慶。

有一天我正在辦公，勤務兵帶來一位面容憔悴衣衫襤褸的客人來見我，我稍一打量，禁不住和他熱烈握手，久久說不出話來，客人正是在都勻解囊助我的史營長。我一面命人為他做飯，一面讓他洗澡換衣，等他酒醉飯飽後，然後坐在火爐邊，我問他別後的情況？何以突然致富？又何以一貧至此？他告訴我：與我相遇的先一天，他率部經過一處銀行倉庫，拾到了十幾麻袋的鈔票，既無人看管，又找不到人跡，這顯然是倉促撤退時被棄置的？所以就將大部分鈔票，分給全體官兵，自己還剩下了幾麻布袋，不料所率的全營官兵，平常作戰都非常勇敢，自從大家分得大批鈔票後，在防守都勻左翼山地時，敵人剛剛進攻，一夜之間，官兵逃亡殆盡，迫使我不得不偕同副官和傳令兵後撤。所幸他有一匹馬，馱著他拾得的鈔票，沿著山路走向貴陽，雨雪載途，他由於翻山越嶺勞頓，又加官兵不戰而逃散，心裡恐懼將來必受軍法制裁，因此途中得病，就在山裡一位老百姓家養病，不料他的副官，趁機偷了他的鈔票和馱馬逃走了。只剩下傳令兵一人，將他掖扶到貴陽住入旅館，延醫治病。所幸他的枕頭套內尚藏有少數鈔票勉可應付藥費，今日始探聽我在此地，故特來相依。我一面為他歎惜，一面告訴他，戴安瀾將軍的名言：

「當戴氏率軍進入緬甸時，有一位連長，擅取人去樓空的英人商店財物，被軍風紀檢查人員檢舉，他立即下令集合部屬當眾槍決，當時有人向他進言，認為檢拾英人財物，不應該與在國內劫奪民財同罪。戴將軍說：『軍人有了多金，不問他來源如何，都會喪失戰鬥力，有錢便怕死，老想把所挾的金錢，到後方去作富翁，伺機便會逃亡，所以不能不殺一警百。』史營長深嘆：沒有早聞此言。」

當時我把他在都勻助我們一筆款項歸還他，送他仍回旅館，延醫治病，此時物價飛漲，醫藥貴得驚人，他有了錢，不惜高價，請求名醫治病，他的病尚未全癒，他的傳令兵，又趁他睡熟之時，也捲款逃走。這時他所剩下的款項，只有枕頭套，和圖囊裡的一點錢，仍可繼續治病，病治癒了，錢也光了。

後來我們部隊番號撤銷，所餘官兵編歸其他部隊，我亦率妻到重慶，另找工作，不料在重慶又遇著史同學，他對我苦笑著說：「而今我才懂得太平時代真富貴，亂世的財富，轉眼又成空，回想起來，恍如黃粱一夢。」

這些話，可以值得亂世暴發戶的深省，故特記之。

一〇九、最後勝利終告來臨

太平洋戰爭爆發後，我對外關係大為改善，國際地位日益提高，民國三十一年十月九日，美英兩國為加強同盟國間之團結，兼以抵制日本與汪兆銘商談利用中國淪陷區之人力物力協同日本對英美作戰，相繼通知我方主動取消所有對華之不平等條約、紐西蘭繼起響應，世界各同盟國家乃紛紛解除。

民國三十二年八月一日，國民政府主席林森逝世，同日中國國民黨中央常務委員會選任兼行政院長蔣中正代理國民政府主席，旋於九月十三日之國民黨五屆十一中全會正式通過。蔣主席於十月十日宣誓就職，昭告全國同胞：「一德一心、共同策勵、自重自勉、各盡其職，以繼承辛亥革命以來之光榮偉績。」

民國三十三年八月二十一日，中、美、英、蘇四強國代表在華盛頓之巴頓橡樹園中集會，籌組戰後世界和平機構。十月二十一日四國同時公布戰後組織聯合國建業案，我國自此列為世界四強之一。三十四年三月五日，中、美、英、蘇四強邀請凡在同年三月一日前向軸心國宣戰，及同年四月二十五日在美國舊金山舉行會議，屆時會議如期舉行，出席被邀之四十六個國家代表及隨員二千餘人，我外交部長宋子文、國務卿斯退汀紐斯、英外相艾登、蘇俄外長莫洛托夫均親率代表團出席；會議歷時六十二天，通過聯合國憲章計十九章、一百十一條，由我國代表首先簽字。

民國三十四年春，中國戰區我軍反攻節節勝利，在華日軍已呈全面崩潰之勢，太平洋戰區則有強大美軍相繼登陸琉璜島暨琉球，日本海空軍土崩瓦解，潰不成軍。五月一日盟軍以空前強大之鉗形攻勢，自東、西兩面夾擊柏林。希特勒於兵臨城下之際引火自焚。五月九日，德國終告無條件投降，日本陷於孤立。

中、美、英三國領袖旋於七月二十六日在波茨坦發表聯合申明，向日本提出最後通牒，促其宣布無條件投降。是時正值我抗戰第三期計劃伊始，積極進行全面反攻。七月二十七日我軍攻克桂林，三十一日贛西國軍力下宜豐，八月二日我軍在廣西規復靈川。在湘西克新寧、贛北克上高。同日美國超級空中堡壘八百架猛炸日本本土四大工業城市，投擲燒夷彈及爆炸彈六千噸，日本四大工業重地盡成火海，但日本仍頑拒投降，揚言「日本政府決心戰至最後悲慘結果」，八月六日，美國以其新發明之原子彈投炸日本廣島，全城建築被毀者逾十分之六，人民死傷十餘萬，八月九日俄軍兵分三路，立即開入東北，進行劫掠，同日美國之第二枚原子彈投落於長崎，日本已面臨毀滅。八月十日，日本宣告接受波茨坦宣言，向同盟國無條件挽降，十一日，美國國務卿貝爾納斯以中、美、英、蘇四國對日本之覆文，表示接受日本之投降建議，同日蔣主席通令全國各級部隊聽候命令，根據盟邦協議，執行受降之一切規定，並電淪陷區地下軍暨各地偽軍，各就現駐地點，負責維持地方治安，不得擅自移動，另電第十八集團軍總司令朱德，應就原駐地駐防待命，勿再擅自移動，但朱毛共軍陽奉陰違，竟由朱德以所謂「延安總部」之名義，連發七道命令，指示各地共軍乘機蠢動，爭城奪地、搶先劫收。並命呂正操、張學詩、萬毅、李運昌及「朝鮮義勇軍」司令武人等開赴東北，配合俄軍作戰，並攫奪東北境內之廣大地區，擅行竊踞，抗戰勝利後之共黨叛亂，終至大陸淪陷，實以此為最大因素。

一一〇、抗戰八年勝利狂歡

日本自明治維新，迄今已達現代化，從此睥睨鄰邦，虎視東亞。而以公元一九〇二年，英、日同盟使「大日本帝國」躊躇滿志。由於國力不斷膨脹，早已垂涎我東北「山川之壯麗，物產之豐隆」，更視我國乃至整個東亞為其囊中物，並以蓄謀之久，積極練兵達到軍隊國民化。準備充實後，竟於「九一八」伸其魔掌，繼之以淞、滬、華北等地百般侵凌，而迫我國忍無可忍，於「七七」燃起抗戰的砲火。在日本軍閥如意算盤下，滿以為經過一番戰鬥即可「獨霸東亞」的美夢，正如希特勒第三帝國之席捲荷蘭、盧森堡、比利時，一舉擊潰法蘭西那樣容易而迅速的實現。那知我國在受盡屈辱之下，不抗則已，一抗便是以持久消耗，對付速戰速決，而終於兩敗俱傷，讓朱、毛坐享漁人之利。至今思之，彌堪痛心。

在戰爭開始時，日本為遂行其速戰速決之詭謀。在戰略上，所有的法寶——飛機、大砲、兵艦、戰車全使出來了，想以陸海優勢，使我不得喘息，進而達到消滅「支那戰意」的目的。我最高統帥，為針對敵人此種策略，即決定長期抗戰策略，使敵人陷於泥淖，無法自拔，這種策略，拖上了八年，終於得到最後勝利。

卅四年八月六日美國在日本廣島投下第一枚原子彈，八日蘇俄即對日本宣戰，九日蘇俄分三路進入我東北境內。九日美國在日本長崎投下第二枚原子彈，十日，日本發出廣播，接收要求，無條件投降。此項消息傳播到萬縣以及全國，一時人心大快，不但萬縣軍民，自動燃放鞭炮熱烈慶祝，即全國軍民都在歡喜若狂，喜氣揚溢已達顛峰，竟將八年來的憂鬱一掃而空。不料十一日共匪朱德，以「延安總部」名義，連發七道命令，命各地匪軍，全面蠢動，爭城奪地，並在東北配合俄軍作戰。十四日同盟國，正式同意接受日本投降。十五日蔣主席為日本投降向全國軍民發表廣播演說：勉國人於勝利後，勿驕勿怠。努力建設，並不念舊惡，勿對日本人報復。迅將日本滯留中國三百萬日軍和日僑遣送回國，簽訂和約而不提任何要求賠償。且支持日本保全天皇制度，對日本的寬容，可謂到了極限，是世界史上少見的例子。年老一代的日本人，豈能健忘無動於中嗎？每讀報載日本工商界人士，仍要與中共貿易，徒然助長中共的罪行，危害亞洲的安全，實與中華民國反共復國的行動背道而馳，將來的日本會遭受到嚴重的赤禍，與不良的後果，屆時悔之莫及了。

日本投降那年，我任四川萬縣警備部副司令，兼軍政部採購馬騾組少將主任，又兼萬縣青年團書記，又兼黃埔同學會四川省川東區通訊處主任。忽奉軍政部令，因抗戰勝利，無需馬騾，撤消馬騾組，將我調任軍政部糧秣司任少將專員兼軍糧督察組主任。余奉命後，即將所兼各職一律辭去，趕往重慶，誰料抵達重慶，即被朋友邀我參加東北行轅籌備工作，準備追隨（贛前主席）熊式輝主任，赴東北接收日本投降工作，經月餘工夫籌備就緒。無奈駐紮東北之俄軍，藉故阻止我們行轅前往。俄軍收繳了日本關東軍武器，轉給共匪林彪，而林彪趁此時機大量收編東北雜牌軍隊。該共匪實力突然增加後，蘇俄駐在東北軍隊首長始允我們東北行轅前往。我們正要準備出發，忽見我妻由萬縣趕來重慶阻我赴東北，硬要我去軍政部糧秣司報到，我妻的目的，想回上海省親，我被他苦纏，始辭去東北行營工作，仍向軍政部報到。

一一一、日本投降簽字經過

民國三十四年八月二十一日上午十一時二十分，日本岡村寧次大將所派之乞降代表總參謀副長今井武夫少將，偕同參謀橋島芳雄及譯員木村辰勇等一行八人，飛抵芷江。

我國蕭參謀長毅肅代表何總司令授予第一號備忘錄，內容五項。其第四項為：「為監視日軍執行本總司令之一切命令起見，特派本部副參謀長冷欣中將先到南京，設立本總司令前進指揮所，凡冷欣中將所要求之事現應迅速照辦。」

就我所知，當初受降工作，原擬在芷江辦理。嗣經蔣委員長最後指示，仍以在南京受降較為鄭重，且富歷史意義。所以才決定於南京成立前進指揮所，而把這個艱鉅的任務交給冷欣將軍。

八月二十七日上午十時，前進指揮所官兵和隨行人員，從芷江機場起飛赴京。當飛機到達南京上空，盤旋下降時，俯瞰南京全城，河山雖然依舊，卻是滿目瘡痍。

八月二十八日上午八時，日本駐華最高指揮官岡村寧次大將，率同總參謀副長今井武夫少將，參謀小笠原中佐等一行，收斂起昔日侵略者的威風，懷著沉重的心情，親來南京薩家灣一號前鐵道部官舍和冷欣將軍見面，在談話中有一段：他感慨地說：「在目前看來，將來的東方環境，日本固然非常困難，中國也不免遭遇困難」……由於共匪作弄，中日兩國的命運，岡村竟不幸而言中！

想我中國一朝解脫倭寇侵略整整五十年的枷鎖，方慶重獲自由，想不到新帝國主義者蘇俄，又導演朱、毛匪幫叛亂，將我大陸關入鐵幕，重陷國家於悲慘的境地，而日本也備受共產匪徒的威脅。

九月八日，何總司令從芷江飛抵南京，主持受降事宜；當日下午三時二十分，在中央軍校招待中外記者，美軍作戰司令麥克魯將軍、參謀長柏德諾將軍、蕭毅肅和冷欣將軍都在座，何氏發表談話說：

「記得民國二十六年十一月二十六日，我們都有一個沉痛的決心和堅強的自信：我們一定要奮鬥到底，獲得最後勝利，重回到首都。果然，在最高領袖蔣委員長英明領導之下，全國軍民一致努力，以及盟邦的協助，經過八年的艱苦抗戰，終於獲得光榮的勝利，重回到首都，內心自然是無限的興奮和愉快。同時想到這八年來為抗戰而犧牲的將士和同胞，以及陷區同胞八年來所遭遇的痛苦，又不臉勝其感念。今天回到首都，首先要代表蔣委員長對陷區同胞和死難軍民的家屬，表示懇切地慰問！我們的勝利，不是僥倖，不是偶然。今日的目標，惟在如何建設我們的國家，使成為一個真正富強康樂之國，來共同擔負起安定東亞，維護世界永久和平的任務，這是今後全國同胞應有的努力！」

九月九日上午九時在南京，（中央軍校舊址）中國陸軍總司令部大禮堂舉行中國戰區日本投降簽字典禮。

附錄　日本降書全文

一、日本帝國政府及日本帝國大本營已向聯合國最高統帥無條件投降。

二、聯合國最高統帥第一號命令規定「在中華民國（東三省除外）臺灣與越南北緯十六度以內之日本全部陸海空軍與輔助部隊應向蔣委員長投降。

三、吾等在上述區域內之全部日本陸海空軍及補助部隊之將領願率領所屬部隊向蔣委員長無條件投降。

四、本官當立即命令所有上第二款所述區域內之全部日本陸海空軍各級指揮官及其所屬部隊與空之部隊向蔣委員長特派受降代表中國戰區中國陸軍總司令何應欽上將及何應欽上將指定之各地區受降主官投降。

五、陸海空軍立即停止敵對行動暫留原地待命。所有武器彈藥裝具器材補給品情報資料的圖文獻檔案及其他一切資產等當暫時保管，所有航空器材及飛行場一切設備艦艇船舶車輛碼頭工廠倉庫及一切建築，以及現在上第二款所述地，日本陸海空軍或其控制之部隊所有或所控制之軍用或民用財產亦均保持完整全部待繳於蔣委員長及其代表何應欽上將所指定之部隊長及政府機關代表接收。

六、上第二款所述區域內日本陸海空軍所俘聯合國戰俘及拘留之人民立予釋放，並保護送至指定地點。

七、自此以後所有上第二款所述區域內之日本陸海空軍當即服從蔣委員長之節制並接受蔣委員長及其代表何應欽上將所須發之命令。

八、本官對本降書所列各款及蔣委員長與其代表何應欽上將以後對投降日軍所須發之命令立即對各級軍官及士兵轉達遵照上第二款所述地區之所有日本軍官佐士兵均須負有完全履行此類命令之責。

九、投降之日本陸海空軍中任何人員對於本降書所列各款及蔣委員長與其代表何應欽上將嗣後所授之命令倘有未能履行或遲延情事，各級負責官長及違犯命令者願受懲罰。

奉日本帝國政府及日本帝國大本營命簽字人中國派遣軍總司令官陸軍大將。

岡村寧次印

昭和二十年（公歷一九四五年）九月九日午前九時簽字於中華民國南京。

代表中華民國、美利堅合眾國、大不列顛聯合王國、蘇維埃社會主義共和國聯邦並為對日本作戰之其他聯合國之利益接受本降書於中華民國三十四年（公歷一九四五年）九月九日午前九時

在中華民國南京
中國戰區最高統帥特級上將蔣中正特派代表中國陸軍總司令陸軍一級上將
何應欽印

九月九日上午受降典禮完成後，冷副參謀長奉何總司令命，攜岡村寧次簽過字的降書，於當日中午乘專機趕飛重慶，代表何總司令呈遞蔣委員長（當時的國府主席）察閱，翌日國民政府舉行中樞紀念週暨國父首次起義紀念儀式，在莊嚴而肅穆的氣氛中，恭謹呈遞日本岡村寧次簽字的投降書，並留影紀念，在場全體文武官員一致鼓掌。禮成後，蔣主席召見冷將軍，垂詢接受投降的經過，冷將軍一一面報，主席獎勉有加。午後隨即趕飛南京覆命。

岡村寧次大將於降書上簽字蓋章後，已不再是「支那派遣軍總司令官」，也不再稱為日軍駐華最高指揮官。依照九月九日中國戰區中國陸軍總司令陸軍一級上將何應欽對岡村寧次發出的軍字第一號命令，應於本（九）日將「支那派遣軍總司令官名義取消，並自十日起，改稱中國戰區日本官兵善後總連絡部長官」，任務為傳達及執行本總司令之命令，辦理日軍投降後的一切善後事項，不得主動發布任何命令。

臺灣方面，安藤利吉大將，自十月廿五日接奉受降長官第一號命令後，也解除過去所有職銜，改任臺灣地區日本官兵善後連絡部長官，受臺灣行政長官指揮。

日本皇軍大將，接受我軍派任名義，俯首聽命，該是多麼光榮的事。然而曾幾何時，勝利的成果，橫遭共匪摧毀無餘。如毛匪澤東者，真是中華民族的千古罪人！

一一二、臺灣光復紀事

中華民國三十四年十二月十五日，沉淪於日人之手五十年又一百五十六日的臺灣，終於在八年苦戰之餘，光榮勝利之後，一舉而光復，重歸祖國版圖。這是我國近百年史上一大盛事，也奠定了今日復國建國的基礎。特紀其事於後：

（一）臺灣光復的由來：臺灣之能夠於第二次大戰結束之後，重歸祖國版画，肇因於我國在二次大戰中，發揮了堅忍不屈的精神，由單獨對日作戰進而與盟幫聯合作戰，合力對抗軸心國家，牽制了日軍數百萬的兵力，而使中國戰區不但自固自保，而且出師鄰邦，及時拯盟軍於艱危。因此贏得了同盟各國普遍的尊敬與仰賴。於是，在日軍敗徵已露的時機，亦即一九四三年十一月，中、美、英三國領袖於是月二十二至二十六日，在開羅舉行了一次關於處置日本戰後事宜的一項重要決策性的會議。即世稱開羅會議。這次會議，由我國蔣委員長，美總統羅斯福，英首相邱吉爾親自出席，共同開誠商討對日作戰計劃及戰後對日處置的方策。會議完畢之後，三國領袖共同發表如下之宣言：

三國軍事方面人員，關於今後對日作戰計劃，已獲得一致意見，我三大盟國，決以不鬆弛之壓力，從海陸空各方面，加諸殘暴之敵人，此項壓力，已經在增長之中。

我三大盟國此項進行戰爭之目的，在於制止及懲罰日本之侵略，三國決不為自己圖利，亦無拓展領土之意，三國之宗旨，在剝奪日本自從一九一四年第一次世界大戰開始後在太平洋上所奪得或佔領之一切島嶼，在使日本所竊取於中國之領土，例如東北四省、臺灣、澎湖群島等，歸還中國，其他日本以武力或貪慾所奪取之土地，亦務將日本驅逐出境。我三大盟國稔知朝鮮人民所受之奴隸待遇，決定在相當時期，使朝鮮自由獨立。根據以上所認定之各目標，並與其他對日作戰之聯合目標相一致，我三大盟國將堅忍進行其重大而長期之戰爭，以獲得日本之無條件投降。

美國總統　羅斯福
中華民國國民政府主席　蔣中正
大英帝國首相　邱吉爾

這一項決議，不僅為對日本一致命打擊，亦為太平洋上近五十年形勢的轉捩點，我臺灣領土的光復，亦於此項宣言中，作了明確而合理的決定。因此，二次大戰結束，日本無條件投降之後，我國便依據此項宣言，正式將臺灣收回，重建為今日的臺灣省。

（二）臺灣的受降接收的布署：我國抗戰，在蔣總統領導之下，堅強不屈，歷經八載，故日本國力備受我長期作戰之消耗，早知戰事勝利無望，自民國三十四年八月五、七兩日美國空軍兩次使用原子彈襲擊日本廣島及長崎，與國軍將在華南配合盟軍大反攻，及八月九日蘇聯對日宣戰後，日本便深悉戰爭最後失敗之命運無可挽回，乃於八月十日在東京廣播，照會中、美、英、蘇各國，願接受波茨坦會議宣言之各項規定，向聯合國無條件投降。八月十一日美國國務卿貝爾納斯代表中、美、英、蘇四國答覆日本，接受其投降請求。迄八月十五日上午七時，我國政府外交部正式接獲日本之投降電文。蔣總統乃於是日電南京日軍駐華最高指揮官岡村寧次大將，指示其六項投降原則，並命其派代表至玉山接受何將軍應欽的命令。後以玉山機場因天雨跑道損壞，岡村寧次所派的代表，奉命改在芷江晉見何總司令的代表蕭毅肅參謀長，面交何總司令致岡村寧次的中字第一號備忘錄，告以應欽奉中國戰區最高統帥特級上將蔣委員長之命令，接受在中華民國（遼寧、吉林、黑龍江三省外）臺灣及越南北緯十六度以北之地區內日本高級指揮官及全部陸海空軍與其補助部隊之投降，並責令岡村寧次全部日軍之投降事宜，當時岡村寧次曾以日軍系統，臺灣、越南各有其最高指揮官。又海軍更不受陸軍之指揮，其本人僅代表駐華陸軍，對海軍及臺灣、越南陸軍，實施不無困難，但並非完全不可能等語相告。我以日軍投降係整體性，不可分割，乃責成其統一辦理，乃於八月二十二日以中字第八號備忘錄，將各地區受降主官姓名，受降地點及日代表投降部隊長姓名，應投降之部隊番號，通知岡村，其後復以中字第十八號備忘錄及其附屬文件將關於臺灣、澎湖列島部分者又復單獨通知其查照。其時受降區域先列為十四區，後增台澎地區為第十五區，其規定如下：「臺灣、澎湖列島陳儀為受降主官，日軍投降部隊為10HA，8ED，9D，12D，50D，66D，71D，75BS，76BS，100BS，103BS，112BS，及澎湖守備部隊，集中地點由陳儀決定，日軍投降代表為10HA安藤利吉。」

九月八日，岡村寧次對於中字第十八號備忘錄答覆如下：「一、敬悉。貴意已向臺灣傳達去訖。二、鑑於臺灣本在特殊之狀況，故希速派陳儀將軍前進臺灣切實處理，俾能實應實情為盼。」因此，我於九月九日在南京接受日本岡村寧次大將之投降後，即於十月十七日令國軍第七十軍開赴臺灣，並成立臺灣前進指揮所由葛敬恩負責主持，另呈由國府令成立臺灣省行政長官公署，派陳儀為行政長官，又成立臺灣省警備總司令部，準備接受在台日軍之投降。

（三）臺灣光復及受降盛況：凍義於十月二十四日抵台，二十五日上午十時在台北市公會堂（即今之中山堂）舉行受降式，由陳儀代表中國戰區最高統帥受降，是日上午九時，參加人員陸續入場，到我方代表陳儀、葛敬恩、柯遠芬、陳軍長、李艦隊司令、張空軍司令、范副參謀長，黃師長、林司令、省黨部主任委員李翼中、委員蔡繼琨、高等法院院長楊鵬、善後救濟分署署長錢宗起、教育部特派員羅宗洛，財政部特派員游彌堅、糧食部特派員吳長濤、行政長官祕書長夏濤聲、財政處長張延哲、教育處長趙迺傳、農林處長趙連芳、工礦處長包可水、交通處長嚴家淦、警務處長胡福相、會計長王肇嘉、法制委員會主任委員方學李、宣傳委員會主任委員夏濤聲、長官公署顧問沈仲九、參事夏之驊、吳克剛、何孝怡、台北市市長黃朝琴、警備總部高參熊克禧、何希琨、參謀陳漢平、第一處長蘇紹文，第二處長林秀欒、第三處長王清宇、副官處長王民寧、經理處長陳紹咸、軍法處長徐世賢、機要室主任黃俊卿、政治部主任盧冠群、副主任李卓之、第七十軍參謀長盧雲光、副師長謝懋權、崔應森、美軍聯絡組顧德理上校、柏格上校、和禮上校、臺灣省人民代表林獻堂、陳炘、杜聰明、羅萬俥、林茂生等數十人、新聞記者李萬居、葉明勳、陳正彪、費彝民、楊政和、蔡極、馬銳籌、謝爽秋、黃式鴻、王白淵等二五〇人。九時三十五分，我方派上校朱家賓前往總督府率同日方投降人員至公會堂，九時五十分，引導日方投降代表入會場休息室，九時五十五分受降代表暨參加人員入席，陳長官兼總司令入席，全體肅立奏樂，九時五十七分我方派陳漢平少將至休息室引導日方投降代表日本臺灣總督兼方面軍司令官安藤利吉、臺灣軍參謀長陸軍中將諫山春樹、總務長官代理農商局長須田一二三、高雄海軍警備府參謀長中澤佑少將等一行入場，向陳長官行禮，引導報告長官後，由陳長官命日方代表就坐。十時鳴砲，典禮開始，首由陳長官宣布：「臺灣日軍業於中華民國三十四年九月九日在南京投降，本官奉中國陸軍總司令何應欽轉奉中國戰區最高統帥蔣之命令為臺灣受降主官，茲以第一號命令，交與日本臺灣總督兼第十方面軍司書安藤利吉將軍受領，希即遵照辦理。」語畢，即以是項命令及受領證交參謀長轉交安藤利吉，安藤於受領證簽字後，由日方代表將受領證將呈陳長官，陳長官審閱受領證無誤後，命日方代表退席，仍有引導官，引導離場。

一一三、抗戰八年傷亡損失

我國抗戰八年，自「七七事變」被迫奮起抗戰，以日本投降，光榮勝利為止。歷時八年又一月另七天。其間會戰二十二次，重要戰鬥一千一百一十七次，小戰鬥三萬八千九百一三十次。官兵死傷：陸軍方面，陣亡一百三十一萬九千九百五十八人，失踪一十三萬零一百二十六人，負傷一百七十六萬一千三百三十五人，合計三百二十一萬一千四百一十九人。空軍方面，陣亡四千三百二十一人，負傷三百四十七人。海軍方面人數損失雖然不多，然全部艦艇，都在開戰初期的江防封鎖與歷次作戰中，損失殆盡。而人民慕間接之死傷者，則在二千萬以上，流離失所者達一億以上。至於財產損失，資源損失，稅收及日偽所發行鈔票之損失，據韓啟相估計，截至民國三十年止，總數達國幣四百四十九億六千七百餘萬元，約合美金一百三十二億五千九百餘萬元。這不過僅是概略統計，至於精確的數字，實在無法估計。

單以日軍在南京之暴行來說，日軍進入南京後，縱兵劫掠，姦淫屠殺，無所不至。他們用繩索對失去抵抗的徒手士兵和無辜民眾，每數百人捆綁一起用機槍掃射，或用汽油焚燒，日本軍官率領士兵，到處放火劫掠，至被強姦之婦女，更不計其數。而且多半在強姦之後，加以殘殺，甚至刀割婦女乳頭，任其裸臥地上，輾轉呼號，而獸兵則相顧取樂。也有一天之內，竟將一個女人輪姦至三十七次之多，因此短短幾天內，南京市民及婦女，被殘殺或蹂躪者，竟達十萬人以上，造成舉世震驚的大暴行。我們到今天回想起來，實在還有眦裂髮指之感。記得二十八年五月四日，日機狂炸重慶，市民被炸死四千四百多人，傷三千一百多人，死屍遍野，哀聲盈耳，真令人慘不忍睹，而重慶某大報則於翌日社論中強調：「今天抗戰，我們認為是我們這一代的人，有力量替國家討還一筆積欠已久的血債，所以我們應該自負，應該興奮，不怨天，不尤人，如果這筆血債再留待我們子孫來討還，那就不知更如何的慘重了！」，可見日軍之殘暴行為，不但沒有動搖我們的戰鬥意志；相反的，更激起我們軍民同仇敵愾的情緒和抗戰到底的決心。

一一四、還都南京沿途見聞

我自民國二十七年，長沙大火以後，經廣西貴陽入川，抗戰八年，多在萬縣工作。勝利後，奉軍政部命令，撤消採購馬騾組，將我調任軍政部糧秣司少將專員兼軍糧稽核委會委員，只好辭去在萬縣時一切兼職，趕往重慶報到。

我在重慶軍政部工作不久，奉命隨部還都，預定乘坐民生公司之民權輪。我先以長途電話，通知萬縣我妻，囑其結束萬縣一切事務，如有未了事情，可留妹夫李宗沆處理，你可隨我還都，同往上海省親，待我民權輪經過萬縣靠岸時，請來上船吧。我妻聞訊，歡喜若狂。茲述我還都南京，出川見聞如後：

我們乘坐之民權輪，因部裡官兵太多，房艙統艙都已滿了，毫無空隙容身，因船主是我好友，他讓出船主房間給我享受，而且侍應生照料非常週到。此船從重慶上午八時開出以後，一路上經過長壽、涪陵、酆都、忠縣，下午五時而達川東第一大城市萬縣。船靠碼頭時，只見很多好友均來碼頭歡送我妻上船。見我坐的是船主房間，來賓送行人員，多與船主很熟，見面非常親熱，於是船主急忙招待我的來賓，叫侍應生，煮咖啡，端點心，拿香煙，忙個不停。人多了，船主房間雖大，仍是無法容納，許多來賓都站在門口與我握手。因我住在萬縣有年，黨政軍首長，以及部屬，青年團同志，情感頗為深厚，今日一旦離別，依依難捨。我好好安慰大家，現在新時代，郵傳很快，交通方便，你們如來南京、上海，可來舍間敘敘，我必定煮酒歡迎。大家都說，民權輪今晚在此過夜，明晨開船，請司令下船，到青年食堂，備有酒席，與大家敘敘，我只好同妻下船，走到楊家街口青年食堂三樓，請帥司令下船，到青年食堂很多的人，在此等候我了，整個三樓如此熱鬧，備酒歡送，使我感驚訝，心感不安，再三向大眾謝謝。

次晨民權輪繼續東下，過雲陽縣境，我指引珍妻看右岸，張飛廟外石崖上，有我親書「義氣千秋」四個大字，每個大字，是六張報紙攏起來，用紅土寫成，託雲陽朋友僱石匠刻上去的，留為紀念已有數年了，其字仍能顯明易看。船過奉節，就開始進入三峽的瞿塘峽，最有名，最壯麗的風景，從夔門前一段航程開始，四川人普通叫「出夔門」。夔門之前，有名勝灩澦堆、八陣圖，白帝城等處，白帝城就是蜀漢劉備駕崩的地方，經過時，風蕭蕭，水蕩蕩，不由得要想起三國史實來了。

這一帶的江山，風光壯麗奇絕，古蹟名勝，層出不窮，非常吸引後之來者。我們從萬縣凌晨起碇，我同珍妻一直憑欄眺望，經過上述名勝時，不禁發生濃厚的思古幽情；也想起了唐、宋以來，許多大詩人過此，留下來的名句，我妻問我什麼名句。

我先說「八陣圖」，宋人樂史所撰《寰宇記》載稱：「夔州奉節縣，本漢時魚腹縣，八陣圖在縣西南七里。聚細石為之，各高五尺，廣十圍，凡六十四聚。」此地是蜀漢諸葛丞相操演兵法時所建，唐代詩人杜甫就有一首題名〈八陣圖〉的五言絕句道：「功蓋三分國，名成八陣圖，江流石不轉，遺恨失吞吳！」

這首詩表現了杜老夫子憑弔八陣圖，想到劉先帝違背了諸葛亮的政略：「東連孫權，北拒曹操。」親自統率大軍，為關羽失了荊州，被俘而死去復仇的失策。使千載以下的人，過八陣圖而吟杜老的詩時，頻添無限的興亡感概。

又清代詩人王漁洋有〈晚登夔府東城望八陣圖〉七言詩道：「永安宮殿莽榛蕪，炎漢存亡六尺孤。城上風雲猶護蜀，江間波浪失吞吳。魚龍夜偃三巴路，蛇鳥秋懸八陣圖，搔首桓公憑弔處，猿聲落日滿夔巫。」

可見人同此心，王漁洋亦如杜老，為蜀漢興亡而長嘆了！

其次提到「灩澦堆」，三國時代桑欽所撰《水經注》載稱：「白帝城西江中有孤石，冬出水二十尺餘，夏則沒。」

又據唐李肇所撰《唐國史捕》上說：「蜀之三峽，最號峻急，四、五月尤險。故行者歌之曰：『灩澦大如牛，瞿唐不可留；灩澦大如馬，瞿唐不可下。』」

杜老就有以〈灩澦堆〉為題的五言律詩：「巨石水中央，江寒出水長，沉牛答雲雨，如馬戒舟航，天意存傾覆，神功接混茫。干戈連解纜，行止憶垂堂。」

從這些詩文上，可以看出古來航行三峽，就以灩澦堆的出水高低，來探測三峽中水位，求得航行的情況？

輪船快要駛進「夔門」時，在前方的江岸上就聳著類似唐王之渙寫涼州詞的名句「一片孤城萬仞山」的風景，那就是名傳千古的「白帝城」，蜀漢劉先帝在伐吳慘敗退回四川後，到此就一病不起；臨危對著成都趕去的諸葛武侯託孤，歷史上很有名氣。

過了白帝城，夔門的赤紅色的岩石，壁立千仞。上面綠木蔥籠，下面江流有聲，蔚成一幅奇絕、雄偉如畫的明山勝水！

南宋大詩人陸遊是從江蘇溯流入川的，他有一首古詩，題名〈入瞿塘登白帝廟〉詩：「曉入大谿谷，是為瞿唐門。長江從蜀來，日夜東南奔。兩山對崔巍，勢如塞乾坤。」川蜀風景奇麗，全國馳名世傳「四天下」為：「夔門天下雄；巫峽天下奇；劍閣无下險；峨嵋天下秀」。

抗戰以後，國民黨元老吳稚輝先生入川以後，遊了灌縣的青城，他品評為：「青山天下幽」，如此一來，川蜀風景就變成「五天下」了。

將近一千華里的三峽，從瞿塘峽到巫峽，再到西陵峽——我們不肯躺在房裡，盡情在甲板上流連，欣賞這天下的奇景。在輪船上蒙船主解說沿途峰壑名勝，使人歷歷在目。沿岸風景，江流迂迴曲折，有的地方波平如鏡，有的地方湍流駭浪，這一段航程，正如陸放翁所吟：「山窮水絕疑無路，柳暗花明又一村」。

過完瞿塘峽，中段到了巫峽，峽中的巫山十二峰、牛肝馬肺峽、黃牛峽等等，更會想起戰國時代大詞人宋玉的名作高唐、神女兩篇詞賦。

過完三峽後段的西陵峽，出了平善壩，輪船到湖北宜昌，當晚在江邊靠岸，想不到我的好友多人聚在江邊迎接我倆上岸。我問他們如何知道，他們是接到萬縣友人電告，當時我說不能離船。想不到饒船主說：帥司令儘管上岸，你如不回，我船是不會開的。當即上岸，想不到宜昌錢專員為我好同學，他也參在歡迎的人叢中。待我發覺，他即請我倆去到專員公署休息，備有酒席。是夜陪客中多係周岩總司令部的高級軍官，亦是我的好友，酒後交談至深夜，始送我倆回到船上。

翌日從宜昌開船，長江江面忽然開朗，回顧三峽盡處，就如南宋大詩人范成大（石湖居士）辭去四川帥任，沿大江面蘇州老家，在荊州舟中的詩：「千峰萬峰巴峽裡，不信人間有平地。渚宮回望水連天，卻疑平地元無山。……」

四川、湖北兩省境內，三國時代的史跡最多，船過江陵時，人們會想起三國的吳、蜀兩國，在荊州的爭奪戰。關羽在荊州的失敗，被俘被殺，劉備為關羽復仇興兵討吳，又被吳國青年將領陸遜大敗，回到白帝城一病不起的史事。

再前行，快到漢口的嘉魚縣境內，江邊有赤壁，就是孫權和劉備合作大勝曹操八十三萬大軍的古戰場。

第三天晚我們船抵漢口，想不到九十九師師長宋瑞珂同學派人來到民權輪，找到船主房間，問侍應生？此房那位是帥司令？侍應生當即引他見我，我看見一位上尉階級軍官，向我問：你是帥司令嗎？我點點頭，表示是我，他即立正向我敬禮，並說：「我是九十九師宋師長派來請你和夫人上岸吃沔陽菜，師長和夫人已在菜館候你。」我很奇怪，宋師長何以知道我來漢口，只好同妻隨他上岸，乘他汽車往菜館，宋師長是我同學，且情如手足，他見到我，歡喜若狂。宋說：「今早接到宜昌專員錢法銘的電話：說你們乘民權輪來漢口了，我即打電話向民生公司探聽民權輪何時到漢，靠何碼頭，所以我倆先來青陽菜館，點好蒸菜和魚麵，這都是沔陽著名的蒸菜，這個菜館是我太太想出來的。」宋夫人說：「此地中西館子都有，恐你們吃膩了，只有湖北沔陽菜你們是難得吃到的。」不久上菜，宋師長親自斟酒，吃的是五星白蘭地，我問：「我只吃過三星白蘭地，沒有吃過五星白蘭地。」宋說：「是接收大員送我的，我倆不會喝酒，你是知道的，家裡尚有幾瓶，明日派人送給你吧！」宋又說：「你明日不能走。」我問為何？宋說：「今午我與郭副長官晤面時，順便談及你來了，郭副長官要你明天上午九時去見他。」我只好依他。吃罷送我回船，擬搬行李去開旅館，饒船主問，為什麼要走？我說：明日晉謁郭悔吾先生，恐要躭誤一天，饒船主說：如果躭誤一天，我的船就等你一天。我說：「為我耽誤一天，不但民生公司不依，就是同船的客人知道了必要罵你，這可使不得。」饒船主說：不能說為你而延一天，只說船上機器壞了，需得修理一天，客人即可無事。珍妻為著急於回家省親，上了岸不知那天再有船，當即代我答應饒船主不搬，等我見了郭長官後開船。

翌日上午九時，宋師長親來陪我去到長官部，晉謁了郭副長官，談了二十分鐘辭出。宋陪我去到漢口日本租界，參觀日本僑民集中處，從前我看見日本人，恨之入骨，今日看見日本人，如同難民慘兮兮的樣子，不覺同情他們的遭遇與可憐。想起我們蔣委員長的廣播說：勝利後，勿驕，勿怠，努力建設，並不念舊惡，勿對日本人圖報復。想想領袖的偉大，真是令人欣佩。

我同宋師長，再巡視武漢，市面甚是蕭條，此較戰前的武漢繁榮與熱鬧，真有天淵之別了，是日中午，宋師長仍請我到一家頂大的西餐館吃午餐，飯後仍回輪船。

漢口以下，江面遼闊，水深無阻，所以輪船夜間也照樣行駛，船到湖北江西交界處，不遠就看見九江岸上的廬山，回想我在廬山幾次遊景，事隔十餘年，不知廬山被日本人破壞到什麼程度了。江西是我故鄉，今日勝利還都，船過九江不能歸里掃墓，殊覺憾事。

再過九江即是湖口，再下即江中名勝大小孤山，亦有十餘年，未遊孤山了。船經蕪湖，回想民十八年我乘烈馬在宣蕪馬路飛奔時，不幸奔入長江，人馬仍舊無恙上岸這段險事。船過蕪湖，經過采石磯，人們會懷念著在那兒墮江溺斃的詩仙李太白，也會懷念南宋名臣虞允文，曾在那兒大敗金兵，穩定了南宋十幾年的天下。

船靠南京下關碼頭，本部同仁紛紛下船，我仍同珍妻繼往上海省親。不數日奉命派駐上海，名義是兼軍糧督察組主任，實際任務是代表糧秣司向糧食部上海總倉庫洽撥軍糧及檢驗品質，並督促上海港口司令都運糧工作。關於北平與瀋陽兩個補給區司令部，所需供應該地區國軍糧秣，皆由我負責洽撥與转運。有時奉命到各地密查軍糧舞弊情形，此項工作繼續兩年之久，並無隕越。最後一次奉命洽撥白米三十萬大包運往北平，補給傅作義部隊，因糧食部倉庫一時籌撥不及，稍延數日，忽奉委座手令，限期運出，否則軍法從事，我急如星火，拚命攉撥，並催港口司令部，星夜趕運。不料傅逆將我們軍糧騙到手後，即通電叛變中央面降共黨，我聞此訊，氣得我眼淚直流。

一一五、史迪威影響力害了亞洲

美國將領史迪威之來華，原係蔣委員長就任盟軍中國戰區最高統帥後，此時我方訪美之外交部長宋子文，洽請羅斯福總統遴選其親信之高級將領，擔任中國戰區盟軍參謀長。當羅斯福總統推薦史迪威充任斯職時，蔣委員長旋即電美表示歡迎。三十一年三月四日史迪威抵達重慶，除就任盟軍中國戰區統帥部參謀長外，蔣委員長復命史迪威兼任中國駐印軍總指揮，史迪威遂根據上列諸項命令，分渠所謂之「中印緬戰區」，將地跨兩國，政出三門之廣大地區強納於渠之指揮系統之下。旋史迪威為嚴格執行美國爭取小呂宋、臺灣、中國沿海之弧形戰線所訂之戰略，當時我湘、桂戰局堪虞，西本基地岌岌可危之際，必欲抽調我國軍精銳，發動緬北反攻，奪取密支那機場，以作美國太平洋攻勢之呼應。是時，史迪威即我國最高統帥部業已產生嚴重之歧見，史迪威即唆使美國當局停止物資援助，對我加以脅迫。

緬北作戰期間，史迪威以一野戰軍將領，身兼六要職，總管中、印、緬戰區之重大責任，又復為中國戰區盟軍統帥之參謀長。運籌帷幄，既非渠之所長；於中、印、緬執政當局間之縱橫捭闔，尤見其性情粗暴，剛愎自用。史迪威之人違其職，才失所用，曾使中、印、緬之間矛盾叢生，齟齬時起，步驟難以一致，勢將貽誤大局。而襲取密支那一戰，係由史迪威親自指揮，中、美突擊隊雖經月餘之跋涉，出敵不意，攻佔密支那機場，然而密城守軍，僅日軍一個聯隊附以零星部隊，竟至新二十二師、新十四師、新三十師相繼空運增援，連攻兩月不下；必俟第五十五師再增援後，方始予以攻克，史迪威屢次抽調大軍，幾將危及緬北整個整個戰局。

中國戰區軍隊統帥部拒絕史迪威指揮全部國軍之要求，以其在華兩年，對於中、美合作殊少貢獻，請美方加以撤換之前，史迪威因渠之種種分外要求不獲允准，已開始對於我國作「屯兵防共」、「作戰不力」、「坐待勝利」之惡意宣傳，誣蔑構陷，無所不用其極。民國三十一年秋，中國國民黨六中全會原有全面討赤之議，終以蘇聯及英、美之壓力，暫時予以擱置。從而使中共獲知政府在短暫期內並無討赤之可能，而美國對華態度之轉移，又予中共以可乘之機，於是共匪一面擴充武力，襲擊國軍，作戰後掀起全國叛亂之準備，一面利用史迪威之政工人員，美國駐華外交官員，暨英、美在華新聞記者，從事不利於我之報導，施其離開盟國，陰謀顛覆之詭計。進而由史迪威之政工顧問，政治顧問，設法滲透美國國務院及軍部，使其逐漸傾向左袒。當我最高統帥洞察知其奸，請美方撤換史迪威後，國務院中國司及美軍部乍戰司，不滿我國之情緒，益形高漲，遂致合流為左袒勢力，變為抗戰期中支持蔣主席，勝利後爭取中共之雙重政策。適羅斯福死，杜魯門繼，美國白宮與國務院悉易新人，美國對華之雙重政策漸次確定，亞洲大陸終告淪陷之悲劇，亦在戰勝日本之後相擬出現矣。

一一六、憶姑蘇

民國卅七年冬，余在上海自萬一個晚上，忽接黃壯懷先生由常州打來長途電話云：請我速去常州開會，我尚：「開什麼會呵？」黃說：「恭喜你，做了第十補給區副司令啦，現在常州成立司令部，請你速來參加開會。」我又問：「誰保薦我做副司令，事前我一點都不知啊。」黃說：「是聯勤總司令郭悔吾。先生親自點的將。」我說：「我有困難，我曾答應方主席回江西參加省政工作。」黃說：「請你速來面談吧。」我倉促成行，即搭京滬鐵路夜車趕往常州，參加翌晨九時會議，始知黃壯懷自己做了補給區司令，在初成立之際，他要往南京各部門去接洽，要我替他看守攤子，一切公文由我代其批辦。我們司令部在常州成立不久，又遷往蘇州，此時本部人事俱備，一切業務均上軌道，黃司令回部坐鎮，我這個副司令，即可抽閒遊蘇州著名的古蹟。

蘇州的特色，是沒有汽車，只有鈴聲叮叮、蹄聲得得的馬車，其次就是我司令部的吉甫車、和大卡車。全城也沒有一條柏油路，市中心一條最熱鬧的觀前街，是用整齊的長方小石塊砌成的，平坦光滑，在路邊慢慢散步，絕不用擔心快速的五十西西機車，或計程車撕去你一片耳朵，或帶走你一條腿。觀前大街因有一座冷清清的玄妙觀而得名。觀裡擺著幾處小攤，灰撲撲的無人過問。蘇州人最懂得消閒，坐茶館、進澡堂、吃小吃、嗑瓜子，便悠閒地送走一天。所謂早上皮包水（喝茶），晚上水包皮（泡澡堂）。此外就是打麻將，蘇州麻將牌做得非常的好，竹子面、牛骨頭，每塊又白又厚，雕刻有講究。蘇州麻將牌在上海、南京等地，確是馳名。蘇州人真會享受。而這種享受離我們已太遠了，工業社會中的現代人，做夢也別想它。

虎丘是蘇州郊區最著名的古蹟，山門前有一長方形的池。池邊一排兩口井。據說這池是老虎口，井是老虎眼睛。進山門一條筆直的石子路，是老虎脊，寺後一座塔是虎尾，整個虎丘山，既是一隻的匍伏虎。劍池是虎丘勝蹟，池旁石壁，宋、明朝地雕刻甚多。「虎丘劍池」四字，傳為唐時顏真卿手筆。可惜「虎丘」二字年久剝蝕，明朝雕刻家章仲玉重新鈎摹此二字置於「劍池」之旁。蘇州人所謂：「真劍池，假虎丘」既指此處而言。池上有石橋名雙吊橋，橋正中有兩口井，名為七上八下的雙吊桶。據說是西施梳妝時的鏡子。遊人竟向井口顧盼，可是池裡沒有水，只有荒煙蔓草，供人憑弔。與劍池相對的是一張平坦的石臺，相傳吳王夫差葬女，活埋了以前名宮女在此石下，故名千人石。千人石亦既生公說法的臺，點頭的頑石就兀立在臺的對面。上石階右轉，是孝女珍娘墓，再向前是西子浣紗之處，那兒地勢頗高，並無溪流痕跡，正不知當年西子是怎樣浣紗的。向左轉有幾塊大石，是西子的梳妝臺，登石階最高處是冷香閣，清末南社詩人即於此處結社，早春時節，梅花盛開，冷香入室，登樓品茗，憑欄遠眺，整個姑蘇城懶洋洋的躺在春陽裡，那情景與在杭州城隍山上，望平波似鏡的西湖，依稀相似。

城裡的名勝是獅子林，假山石堆砌，連綿百餘個，進去如入迷宮。池旁有一條石船，船中艙位布置雅潔，宛如西湖畫舫，外形卻像北平頤和園的石船，正中一座大茶廳，遊人擁擠，座無虛席。可是比起杭州平湖秋月，就沒有那麼遼闊的視野了。

我最喜歡的倒是冷落的滄浪亭，此亭是宋代與歐陽修同時的文學家蘇子美貶居蘇州時所建的讀書遊樂之處，因千餘年失修，亭池花圃已是一片荒涼。這兒很少有人駐足，與獅子林相比，自有「天寒翠袖薄，日暮倚修竹」的遺世獨立的風格。我時常帶一包瓜子到這兒來，一坐便是大半天，默默地領會靜中之趣。尤其是微雨天，山石上碧綠的青苔，浸潤得你的心更靜。

比滄浪亭，更為荒涼寂寞的是城外的寒山寺，它也因千餘年失修，已沒有巍峨的殿宇。只刊著唐人張繼「姑蘇城外寒山寺，夜半鐘聲到客船」詩句的石牌，伴隨著芳草斜陽。最可惜的是唯一值得紀念的古鐘，已被日本人竊去，現留的只是一口假鐘了。何日將那有歷史的古鐘，物歸原主，我真想也來一次「楓橋夜泊」，聽一聽夜半鐘聲。

城外的靈岩寺，建築宏偉莊麗，是高僧印光法師坐關度修之處，密室內供有他火化後的舍利子塔。凡欲去膜拜的，必須換去皮鞋，沐手焚香，在塔前頂禮膜拜。據說與佛有緣的，看見舍利子呈透明的白色，或金黃色，否則即呈灰暗色，佛堂裡蒲團上有一個印蹟，是印光法師多年膜拜，前額印上的油蹟。定睛細看，有點像法師披袈裟合十的形像，於是這個蒲團也就成了寶貴的紀念物了。進裡一間套間，是法師的臥室與讀經之處，案頭經卷木魚，拂拭得一塵不染。床上一條蓆子，一方薄布被，與一張木板凳子當作枕頭。想見佛門弟子苦修的精神。

在蘇州數月，因工作輕鬆，遊玩成了我們主要課題。幾乎沒有一個週末，不是跑路跑酸了腿，走在樹蔭底下休息一會，其樂無窮。歲月匆匆，一別就是二十幾個年頭，音塵阻絕。古人詩云；「慢云小別只三年，人生幾度三年別。」三年尚且不易，那麼人生又能有幾個二十年呢？

一一七、徐蚌會戰失敗的經過

據坐鎮徐州指揮軍事的總司令劉經扶先生之回憶錄記載：

民國卅七年的夏天，隴海線的軍事已面目全非，岌岌可危。原來坐鎮徐州兼領鄭州的陸軍總司令顧祝同因升任參謀總長，勢難兼顧，需人接替。蔣公想要蔣銘三（鼎文）先生去，他堅決謙辭，再想到劉先生，徵詢他的意見，當時的局勢，在不懂軍事的一般社會人士，已洞若觀火，除非出現奇蹟，很難「挽狂瀾於既倒」。但是劉的答覆是：「要我做官，不敢奉命，要我拚命，義不容辭。」所以劉向國防部辭行的時候說：「見危授命，我跳火坑，個人生死事小，但望大家以國事為重，這次要對我多多指導與支援。」

民國卅七年六月十四日，劉率新任參謀長李樹正，隨參謀總長專機由南京飛徐州，就任徐州剿匪總司令，由原有的陸軍總司令徐州司令部的機構與人員改組。當時共匪陳毅的第一、四、十一及兩廣等縱隊，正在菏澤以東，鉅野以南地區，與我第五軍及整編八十三師、新編廿一旅激戰中。其第七、十三及新八、九縱隊，於陷我泰安、大汶口後，圍攻兗州。劉伯誠匪部也由黃汎區趨魯西，欲躡邱清泉之後未逞，反噬開封。劉於六月十九日飛鄭州，參謀總長顧祝同亦即趕到，劉欲放棄豫北，以救開封，俾利爾後之索敵攻擊，以免死守一地，坐等挨打，未獲實現。劉於是日下午離鄭返徐州時，河南耆紳孔新三等廿餘人，攔著他跪地痛哭，殊不知劉當時的心情比他們更沉痛。當晚回到徐州後，急督劉汝明、孫震等部，迅速馳援，加緊猛攻，乃於六月廿六日克復開封。劉伯誠向南逃逸，陳毅向西竄犯，在睢縣以北鐵佛寺童王店附近，將我第六綏靖區副司令區壽年所屬之整編第七十二、七十五師及新編廿一旅予以包圍，劉即以第五軍及整編第八十三師經蘭封而杞縣，兼程馳援，苦於劉伯誠匪部極力阻擾，進展遲緩，不得已乃將原擬用於解圍兗州之黃伯韜部，臨時西調，與邱清泉兵團合力夾擊陳、劉匪部，黃兵團於七月二日趕抵睢縣以北帝邱店附近後，也被匪轉用兵力將其包圍，幸經忠勇奮鬥，予匪重創，兼以我邱清泉兵團於正面攻擊受阻後，改由側背迂迴，攻擊敵後，匪經力戰不支傷亡慘重，乃於七月七日四方奔逃，作鳥獸散，造成時的豫東之捷，將匪擊潰，人心振奮。是役黃伯韜厥功甚偉，最高統帥特授以青天白日勳章，以酬其功。

這是劉一到徐州就四處救火，失其自主的情形。

民國卅七年秋天，東北失利，華北緊張，津浦線上濟南與兗州兩個孤立的據點隨亦被陷，後方人心浮動。當時劉的對手有兩個——陳匪毅與劉匪伯誠，陳匪有十六個縱隊約四十萬人，劉匪有七個縱隊，約二十萬人，可能集中的民兵還未計算在內。而劉所指揮的第二兵團邱清泉、第七兵團黃伯韜、第十三兵團李彌、第十六兵團孫元良，總兵力最多不過是廿五萬人。新兵又多，裝備不全，有的軍還沒有整補完成，可見劉匪後期，我軍實力，已大見削弱。徐州是南京的門戶，倘徐州有失，南京便將震動。但徐州為四戰之地，難守易攻，豫東皖北，又為歷代決戰的古戰場。為求爭取主動，劉總司令乃遵命放棄鄭汴，集中兵力於徐州附近，作必要的準備，並要求華中方面派一有力兵團牽制劉匪伯誠，因陳毅、劉伯誠將合攻徐州，圖一戰獲勝，直下江南，乃極明顯的企圖。而我則有兩個對策，撤至淮河之線取攻勢防禦，或增加兵力與匪於徐州附近決一死戰，惟參謀本部對攻守之計遲未確定。我劉總司令請求將黃伯韜兵團集結於運河西岸，又未蒙核准。至民國卅七年十一月四日，顧總長率國防部第三廳廳長郭汝瑰到徐州，研究作戰方略。五日晨召集軍事會議，國防部擬撤守淮河，但各兵團司令官以為時機已晚，敵前撤退，最為不利，不如決一死戰，乃決定「備戰退守」，即一面先集結兵力，準備應戰，一面撤退物資，並將原定由海上撤退之海州第四十四軍，改向徐州陸路撤退。

徐州剿匪總司令部黃伯韜兵團，以一部策應海州的第四十四軍，主力於十一月六日撤退，黃兵團在運河以東，因等候第四十四軍，遲至十一月八日才開始撤退，惜為時已晚，守備運河的第五十九軍、第七十七軍適於此時叛變，使運河與不老河全行開放，匪遂由黃河側背，直下運河，最後演成碾莊被覆沒的悲慘結局，當十一月九日，黃兵團且戰且退，而陸續渡過運河，本擬於十日繼續西退，又奉國防部令固守碾莊待援。劉當時想將徐州以西的邱兵團，不待集結完畢，乘匪陸續渡河攻擊黃維兵團時，為爭取時間逐次轉用於徐州以東，會同李彌兵團於十二日發起攻勢，以救黃伯韜兵團。但十日夜，奉命來協助劉指揮的副總司令杜聿明到徐州，不同意此議。主張先行集中完畢，再行開始攻擊，並謂黃兵團如能固守七日，即可獲勝，等到情勢不對，再決定行動時，匪軍主力業已完全到達，所以自十四日以後的攻擊，即未獲解救之時效。換句話說，又遲了一步。至十五日夜，國防部據空軍偵察，以匪軍大部輜重向北行動，判斷匪有撤退徵候，一再催令劉總下達追擊命令。劉認路匪圍攻黃兵團志在必得，沒有將吃到嘴裡的魚再吐出來的理由。一面請空運增援碾莊（未獲實現），一面仍督促邱、李兩兵團猛攻救黃，果然，匪不但未退，且攻勢益猛，至廿二日晨，黃伯韜將軍自殺殉國，第四十四軍軍長王澤濬重傷失踪，第六十四軍軍長劉振湘被俘，第二十五軍軍長陳士章、第一百軍軍長周志道，負傷突圍至徐州。於是黃伯韜，兵團覆沒，所謂徐、蚌會戰的命運已經決定了。

此時，北上增援之黃維兵團，於十一月廿四日、廿五日，進抵蒙城以北之澮河渦河間南平鎮、雙堆集一帶地區，被共匪劉伯誠阻擊，未能前進。於是徐州附近之主力與黃維兵團，及在蚌埠附近之李延年兵團，形成分離狀態，極端不利。國防部為策定爾後之作戰指導，於十一月廿日下午，召集劉總參謀長以上人員會商，由部長何敬公主持，先由李參謀長樹正報告，並申述意見：「放棄徐州，原則同意，但須證明陳匪毅主力參加圍攻黃維兵團時，再開始行動為有利。」並一再強調「計劃固計劃。但是否能徹底實施，顯難保證，此戰關係國家存亡，應請總統或部長或總長親自指揮，則大軍振奮，將士用命，定可一戰成功。」，此時黃維兵團被圍，情勢已趨孤危，國防部乃於十一月廿七日電令「剿總劉總司令飛蚌埠指揮，徐州方面軍事，歸杜副總司令指揮。」劉遂於廿八日遵令將指揮權移交給杜副總司令，而他自己則離開徐州飛到蚌埠指揮，至卅日夜，忽然聽到徐州已經撤退的消息，劉當然很關心。但據十一二月二日空軍偵察報告：「杜部已抵永城蕭縣間之青龍集、祖樓一帶，態勢整然。但匪軍三五成群，共約四五萬人，隊形不整，紛紛向西急進。劉當即繪製情況圖，以電投杜副總司令，請其迅速擊破當面南之敵南下，並謂「依目前匪軍戰法，判斷較我優勢之匪軍，可能採用圍困戰法，使我軍疲而亂時，乘勢攻擊。」請其注意。杜副總司令當時回了一個電報說：「大軍作戰，貴在態勢，刻先擬調整態勢，再行大舉攻擊。」等到四、五兩日杜部大舉攻擊時，傷亡大，進展小，蓋因匪之圍困準備業已完成。而我軍又遲了一步。

此時，劉在蚌埠知道不利的情形，顯然的杜副總司令解不了黃維兵團的圍，而杜亦將同樣遭受圍困。乃急赴南京面報蔣公，請再給一個有力的軍，由劉從蚌埠向北攻擊解救黃維兵團，只要黃維兵團的圍解了，杜部也就沒有危險了，因為蚌埠當面雖然是匪幾個殘破的縱隊，但是我們自己的力量太薄弱，不足以摧破當面之匪，遲至十五日黃維突圍之前，才增援到一個楊幹才軍，不但太遲，而且無濟於事，結果是黃維兵團於廿七日為劉匪伯誠全部包圍於雙堆集，同時其第八十五軍一〇一師師長廖運周率部投匪，十二月十五日突圍之第十四軍軍長熊綬春將軍陣前自殺殉國，副司令官胡璉、師長尹俊、王靖之突圍而出，司令官黃維、第十八軍軍長楊伯濤、第八十五軍軍長吳紹周、第十五軍軍長覃道善等被俘，其餘官兵收容不足四千人，而杜部別因十二月十七日起（黃兵團突圍後兩日），大雪連降十天，空運停止，官兵日以草根樹皮及馬肉果腹，撐持至民國卅八年元月十日，全軍覆歿，邱清泉將軍自殺殉國，孫元良、李彌兩司令官、第七十五軍軍長高吉人（先重傷飛出）、第五軍軍長熊笑三、第一三九師師長唐化南等，突圍而出。

「寫到此處，我真痛心萬分，不忍再寫下去了。」

以上是錄自劉總司令的回憶錄，此次決戰，亦可謂悲壯矣。

一一八、淞滬撤退

民國三十七年十一月初，總統任命湯恩伯上將為京滬杭警備總司令、陳大慶將軍為淞滬警備總司令。我亦奉命為聯勤第十補給區副司令，本司令部管轄上海、江蘇、江西、杭州、福建等地供應司令。這個時候的狀況：瀋陽、濟南都失守了，平津危急，徐蚌會戰序幕初啟即呈不利，江南地區，政治情勢陰暗，社會秩序混亂，和談空氣瀰漫，抗徵抗糧到處發動，民心士氣一片頹喪。警總的責任地區，包括蘇南、皖南和浙江、江防正面東起上海西到馬當達千五百餘公里；可能使用的兵力，只有正在整補的兩三個軍，此外都是預期由東北、山東及淮河流域轉進來的部隊，這種狀況的艱危，是不難想像的。但是，湯總司令受命之後，立即著手收容整補部隊，部署沿江防務。

京滬地區政治情勢的危疑震撼，所負責任區域的廣大遼闊，軍事力量的殘缺薄弱。接踵而來的，又是徐蚌戰局的慘敗，平津變相的投降，尤其最關緊要的是，總統引退，軍民失去重心，於是匪諜和投機分子日益囂張，政府與社會都呈動搖，乃至轉「備戰言和」，為「弭戰求和」。和談代表，絡繹於途。因之，軍事布置的阻力與日俱增。湯總司令對這種局面，毫無猶豫，憑其堅定的意志與動人的熱情，取得多方面的合作和協助，陸軍部隊一面整補一面布防，海、空友軍都盡力支援，淞滬地方士紳和工商人士，也捐撤大量物資，作構築工事之用。所以，兩三個月的工夫，就大體完成了江防部署，並構築了淞滬地區相當強固的陣地。京滬地區的作戰指導，第一步要求殲匪江上和保衛首都，但匪我戰力強弱懸殊，萬一江防不守，便須採取第二步的行動方案；一案是向富春江、仙霞嶺轉進，節節阻擊南侵之匪；一案是轉為對西正面，主力憑藉淞滬既設陣地打擊匪軍。這兩案的利害比較，略如下述：

（一）匪渡江公算最大地區，為江陰、蕪湖各附近，南京為一大突出部，倘匪渡江得逞，則此地區部隊，將陷入包圍。

（二）同前狀況下，匪南趨富春江之距離，較我為短，全部國軍，亦有陷入大包圍圈之危險。

（三）國軍屢屢失利，迭次補充，訓練與士氣，大非昔比，故東北與徐蚌轉進均不成功，再行遠道南移。

（四）淞滬為聞名國都市，全國工商、經濟中心，匪所必爭，引匪東向與匪南進具有同等作用，且較為主動。

（五）淞滬物資豐富，且能發揚我三軍聯合戰力，用我所長，制匪所短。

（六）海上運輸為我獨佔，補給無虞，必要時亦可安全轉移，另策後圖。

（七）淞滬地區戰略物資，須有轉移時間，絕不可輕委於匪。

基於前述，警總的兵力部署，主力置於京滬方面，皖南方面以有力一部與江防海軍協力。但三十八年三月間，政府當局忽然堅持改用向南轉移案，令將主力移入皖南，經湯總司令再三陳述意見，均不採納。並由府中直接干與部隊行動，以致羅賢達、楊幹才、于兆龍及胡長青軍主力先後西移。嗣四月下旬，匪軍南渡，我蕪湖以東鎮江以西各軍，均遭覆滅；反之，京滬線上，雖因江陰要塞與江防海軍的意外變化，引匪渡江，然我即時變換向西正面，在揚州以東之闞漢騫軍以顧錫九、王秉鉞、劉雨卿軍各一部及鄒鵬奇師，仍如預定轉入淞滬地區。五月間之淞滬作戰，雖因計劃打破，總兵力不足，然仍予數倍優勢之陳毅匪軍以慘重打擊。

倘原定計劃不被打破，則淞滬兵力當在二倍以上，戰局將完全改觀。尚憶京滬線上兵力被迫西移時，警總同仁，有建議以去就力爭者，湯總司令謂：「按常理應辭去總司令職務，惟匪軍逼處北岸，戰鬥隨時展開，高級指揮官易人，必致動搖軍心，貽誤戰局；且甫入淞滬之劉玉章軍及尚在常州之闞漢騫軍、丹陽之鄒鵬奇師，即將全移皖南，淞滬地區，惟有拱手讓敵，故寧可犧牲個人，擔負可以預見的失敗責任，決不可孑然引去，坐視全局俱非也」。湯總司令將這種堅苦忍耐，顧全大局的襟懷，表現了圓滿具足的軍人武德。

淞滬作戰，五月十三日開始，初期我三軍密切協力，痛擊陳毅匪部，使其四個縱隊喪失戰鬥力，但陳匪全力源源增加，我終以總兵力不足，浦東南市先後被匪突破，五月二十四日面臨決戰時機，也是高級指揮官識量魄力的嚴重考驗。那時的行動只有兩途，一是固守原地，決一死戰，一是趁吳淞口尚可通過，實施海上轉移。前一行動，只要一股血性的勇氣就行；後一行動，要有考量大局的智慧，還要有敢負全責的勇氣，要有當機立斷的魄力才行。湯總司令聽取幾位高級將領的意見之後，他毅然決定：「盡現有七萬噸左右船舶，以舟山為目標，實施海上轉移。」他的理由很簡明，在此決一死戰，並無勝算；國家存亡，既非在此一地，在此一戰，則應將現存力量，轉移較為有利的用途。他並決定，一面報告，同時實施（按：實施中奉令核准）。五月二十五日晚開始在吳淞口上船，至二十八日陸續到達舟山者約八萬人。這種行動的責任，是非常沉重的，要有大見識，大勇氣，大魄力才夠擔當起來。

京滬地區作戰時，以絕對劣勢的地面兵力，予陳毅匪軍以重大的打擊，實得力於三軍密切的協同，充分發揮了聯合戰力。當時三軍的協調聯繫，真是如兄如弟，那種自然的綿密的聯合行動，不僅看不出絲毫的軍種界限存在，也不是任何作業程序或計劃作為能表現和規範的。

這種偉大有效的組織和指揮的才能，湯總司令全靠他身邊有幾位高級將領如陳大慶、石覺、萬建蕃等人，具有天賦的智慧，特殊的才能，旺盛的意見，忠勇的氣概，熾烈感情，發生出令人感動和熱誠合作的精神才能圓滿達成任務。

一一九、危急時領袖行動記

恭錄

行政院副院長蔣經國先生手著《負重致遠》一書。其中一節之〈殷憂啟聖、多難興邦〉，俾讀者明瞭民國卅八年，國家的遭遇，領袖的行誼，猛省歷史的教訓，有以惕勵反攻復國的決心，以副毋忘在莒精神。以下是經國先生之原文如後：

民國三十八年，是中國歷史上又一段非常嚴重的時期。共匪猖獗，要求我政府作城下之盟。那些「全軀保妻子之流」的軍政首長，大多昧於大勢，急為私圖，脅迫父親下野，以便向匪屈膝求和，苟保性命。父親寧靜忍耐，以表明其自己的志節，遂決然引退了。

三十八年一月二十一日，父親引退，離開南京，臨行的時候，曾到紫金山，國父的陵寢謁別。當天晚上到達杭州，就住在筧橋空軍軍官學校。那時，父親的心情當然顯得十分沉重，可是絕沒有絲毫灰心或頹喪的成份。第二天起來，精神還是愉快飽滿，一如平日。回到溪口故鄉之後，父親就開始埋頭研究這一次失敗的原因，以及重整局勢和改造革命隊伍的方案。

記得父親引退之後，交我辦理的第一件事，是希望空軍總部，迅速把定海的飛機場建築起來。那時，我們不大明白父親的用意，只能遵照命令去做。父親對這件事顯得非常關心，差不多每星期都問問，機場的工程已完成到何種程度；後來催得更緊，幾乎三天一催，兩天一催，直到機場全部竣工為止。到了淞、滬棄守，才知道湯恩伯將軍的部隊，就是靠了由定海基地起飛的空軍掩護，才能安全地經過舟山撤退到臺灣，而成為現在保衛臺灣和將來反攻大陸的一支重要兵力。如果不是父親的高瞻遠矚，湯將軍的部隊恐怕連舟山也無法到達，還會到臺灣來嗎？假使這一支部隊在上海就犧牲了，對於我們重建武力，將增加很大的困難；乃至我們能否安然渡過三十九年上半年那一段最暗淡的時期，也許都成了問題。

初回溪口期間，外面對於與共匪談和的空氣非常濃厚，一般愚蠢的政客對「和談」都表示「樂觀」。更有一部分人過去以為父親是「和談的障礙」，現在認為蔣總統下野了，「和談」的希望極大。父親在二十餘年與匪俄鬥爭的經驗中，早已看清了俄帝和共匪的猙獰面目，對於所謂「和談」，絲毫不感興趣。到了四月間，張治中在去北平之前，曾經打一個電報給父親，報告他自己將於赴北平的前一日，到溪口來，向父親請示。父親接到電報後，就對我們說：「他來不來，無所謂。」第二天張治中到了溪口，父親接見他時，對於「和談」的事，絕口不提，只是邀同他去遊覽山水名勝。這樣便度過了大半天的時間。當晚，我就把父親料定「和談」不會成功的理由告訴了張治中。他還不肯相信，說他「願意到北平去試一試。」張治中趕回之後，果然和邵力子等便以「和談」代表資格，一同飛往北平去「試一試」。那裡曉得，張治中這一試，就一去不返了。

同年四月二十四日，匪酋毛澤東提出了所謂「和平條款」，那簡直是一種「最後通牒」。父親於接獲這項消息後，立刻就電邀當時代理總統職務的李宗仁，前往杭州會商；見面的時候，父親就問他：「對於這個問題，應採取何種態度？」李宗仁回答說：「我準備再派人去北平商談一次。」父親說：「不必談了，過去共匪因為渡江的兵力沒有部署好，所以才同意『和談』，現在他們進攻力量準備好了，還有什麼談判的餘地。同時，匪幫所提的「和平條款」第一條，就是要把過去一切的責任諉諸本黨，這種一筆勾銷本黨六十年光榮歷史的條件，無論如何也不能接受的！父親說到這裡，拿出一份擬好的電稿說：「這一通電文，由我兩個人聯名發出。你以中華民國政府代總統的身分簽字。我以中國國民黨總裁的身分簽字。」這一通電文的大意是說：「由於共黨的毫無誠意，和平談判已告破裂，中華民國政府特昭告全世界：此後將繼續抵抗共產主義的侵略，從明天起，政府遷往廣州辦公。」當時李宗仁無話可說，只好同意簽字：而這個珍貴的歷史文獻，就把我們當時快要中斷的「法統」挽救起來了。

就在四月二十四日，共匪的軍隊已經快打到杭州了：父親囑咐我們說；「把船隻準備好，明天我們要走了。」我們請示此行的目的和地點，父親沒有回答。我們只好準備一艘座輪，聽候父親的命令。艘座艦的艦長，就是現在海軍副總司令黎玉璽同志。當晚黎艦長問我：「你知道不知道領袖準備到什麼地方呢？」我說：「我也不知道，不過以這次取道水路看來，目的地不外兩個地方：一是基隆，一是廈門。」黎艦長當時對我們的推測也表示同意。

第二天，父親登艦後，才說出要去的地方——「到上海去。」這真是出乎我們的意料之外。那時共匪的軍隊已經渡過長江，上海的情勢非常危急，這時到上海去，簡直是重大的冒險。但是父親對於這些都毫不介意，因為放不下自己沉重的革命責任，就顧不得自身的安全，而定要在在最危險的時候，到最危險的地方去。

父親到了上海之後，最初是住在復興島，以後感到離市區太遠，對於那些前來謁見的人員，有很多的不便，不到幾天，就命我到市區去準備住所，要搬到市區去住。我當時聽了這話，立刻報告父親說：「時局已經這樣嚴重和緊張，市區內危險萬分，怎麼還可以搬進市區去住呢？」父親當時很嚴厲地回答說：「危險！你知道，難道我還不知道？」我不敢違背父親的意旨，只好遵命辦理。父親終於從復興島遷到金神父路勵志社去住了。在那兒，父親整天忙著處理有關保衛上海的許多問題。同時，每天都要召集地方人士會商，或是召集在上海的黃埔學生訓話，在每次講話的時候，總是很懇切而坦白地告訴他們說：「成敗在此一舉，我們必須全力來應付危難。」父親苦口婆心，他們聽了沒有不感動的。

父親正當此風雨飄搖的形勢下，準備力挽危局的時候，李宗仁突然從桂林來了一封信。那時，他不但滯留桂林，不到廣州處理公務，而且還要寫這封信來，向父親「談條件」。他要索取已經運到臺灣的庫存黃金，並且要父親不要再間國事，建議最好「早日出國」。在這內外夾攻的環境中，父親的內心沉痛，是不難想像的。因此用堅決的態度，給李宗仁覆信，大意說：「你要求我出國，這是辦不到的！因為我不是軍閥。至於要求我不管政事，這是可以答應的，明天起我就不管。」第二天，父親就離開了上海，然而坐艦定海附近，一連了十多天，此十多天中，父親以中國國民黨總裁的身分，親自到每一個小地方去，召集地方人士和黨政首長，剴切訓話勉勵他們要團結一致，共赴國難。以後又從容不迫到各地巡視了一個月，才經過馬公到達了臺灣。父親當時很痛楚地在日記中記道：

「今天的仇敵，是堅強、惡毒、兇險的共匪，我們用什麼方法來對付敵人呢？只有以新的精神、新的力量、新的生命、來迎接新的時代，奠定新的基礎。我舊的創痕還未癒，新的創痕又深了。我眼前看到中華民族前危亡，怎能不揮淚前進？前進這條路，誰都知道是困難的；但是不必害怕，這一條革命大路，已經先烈用他們的血來鋪平了。我們今天要前進、莫退、莫退、前進！今天黑暗重重，危險艱苦，但我憑著一線希望的光明，及我對總理的忠貞，我一定要不屈不撓地奮鬥下去。」

這樣如大海中孤舟、四顧茫然，又如在漫漫的長夜裡一燈微照，父親鼓著最大的勇氣，乘風破浪，向一線光明的前途邁進了。

關於李宗仁來信所提到的庫存黃金的搬運經過，我應該在這裡說一說。當上海快要撤退的時候，父親就派我們幾個人到上海去，勸中央銀行把庫存的黃金全部搬運到臺灣來，臨行的時候，父親又再三囑咐我們：「千萬要守祕密！」因為早已預料，李宗仁一定要以庫存黃金作為「和談」的條件之一。後來，這一批黃金，是很順利地運到臺灣了。政府在播遷來台的初期，如果沒有這批黃金來彌補，財政和經濟情形，早已不堪設想了；那裡還有今天這樣穩定的局面？古語說：「無糧不聚兵。」如果當時餉糧缺乏，軍隊給養成了問題，那該是何等嚴重？庫存黃金到達臺灣之後，父親又記起還有一箱珠寶，存放在中央信託局；命令我們再趕到上海去，勸信託局把這一箱珠寶也運到臺灣來，交給國庫保存。這一箱珠寶，多半是抗戰時期一班漢奸非法搜括的財物，勝利後被政府依法沒收，交付中央信託局代為保管的。因為我曾擔任過管制上海經濟的工作，知道這箱珠寶存放的地點。所以，父親就命令我去負責執行這一項任務，當我到達上海以後，李宗仁已經知道了這回事，立刻下命令，不准移動這箱珠寶。後來竟吩咐那個保管保險箱的人，飛到香港去，使我無法取出。我因向父親建議：「據所知道的情形，這一箱珠寶已經用了不少，剩餘的東西，僅值二三十萬美金，我們何必為此區區之物，同人家傷和氣。」父親指責我說：「到了臺灣，當軍隊糧餉發不出的時候，就是一塊美金也是好的！」我聽了無言可答，只好依從父親的意思去進行；但結果還是沒有法子把這批珠寶搬出來。

同年夏天，湖南的程潛和陳明仁率部投匪，當時父親正駐廣州，曾詢問某高級將領對時局的意見：那位將領回答說：「時局已經萬分緊張，是否可以再試一試談和？」父親聽了這話就很明白地告訴他：「你知道毛澤東為什麼會收留像程潛、陳明仁這一班叛逆？說穿了，就是因為還有我在。」最後，父親又重複說了一遍在南京時所說的話：「要談和，你們去談，我仍舊要繼續奮鬥！」那位將領聽了呆若木鷄，面紅耳赤，內心慚愧，無地自容。

八月間，父親飛往重慶，去支持西南危局，並派人到昆明去召盧漢到重慶來談；那時雲南的局勢已十分混亂，盧漢本人也開始動搖，所以起初不敢到重慶來；父親派去邀約盧漢的代表，兩次都沒有結果。第三次又派人去，並囑告訴盧漢說：「你做了我那麼久的部屬，難道還不信任我？你到重慶來，我負責保證你的安全。」盧漢因為自己的叛跡尚未顯露，又受了父親精誠的感召，終於從昆明飛到重慶來。父親同盧漢談了兩天的時間，最後把他說服了。盧漢臨走的時候，父親又剴切地囑咐他說：「國家的命運如何，就只看四川、雲南、貴州三省了。雲南又是這三省的中心，希望你回去之後，好好努力，我去廣州的時候，再順道來看你。」

不久，父親要到昆明去，我覺得這是一種極端的冒險，如果父親不顧一切的去了，可能有不可收拾的局面，但是，父親不願失信於部屬，總是要實踐對盧漢臨走時的諾言，在決定去昆明的前夕，我向父親建議：父親明天萬不可去昆明，讓我先去，並且對盧漢亦不說明是否能來昆明的意思。父親則於第二天的早晨，從重慶動身，十點鐘到達昆明機場，約盧漢相晤。」父親同意了我的主張，我就起程飛往昆明。

當我見到盧漢的時候，就向他說明父親「恐不克即來昆明」的緣故；並且告訴他，我將在昆明逗留幾天。他對這事似乎也並不介意，並認為父親此時也沒有來昆明的必要。他對我的招待非常週到，晚間還同我閒談了很久，第二天上午九點鐘，我知道父親的飛機快要到了，於是找著了盧漢，告訴他：「重慶方面來了電報，總裁已經起飛，十點鐘就可以到達昆明機場。」我告訴他這個消息以後，就與他寸步不離，他想打電話派部隊保護安全，我說「用不著了，最安全的方法，就是除你、我兩人之外，再沒有別人知道這個消息。」我終於拉他同坐一部汽車，趕到機場。十點鐘，父親乘坐的座機降落昆明機場。我以為父親準備在機場內，同盧漢留談幾句話就走可是，又出人意料之外，父親從飛機上走下來的時候，第一句就問：「盧主席你有沒有預備午餐？」盧漢報告說：「還沒預備好。」父親說：「好！好！那我們一同回到你家去吃午餐罷。」我聽了父親的話，雖然無法阻止，可是已經坐立不安；心裡細想，父親身繫國家的安危，今已深入虎穴，萬一有了差池，國家前途何堪設想！然而那天，父親的態度顯得特別慈祥和安定，不但在盧漢公館同盧漢共進午餐，還談了很久的話。同時又派人到外面去，約集了許多高級將領，來會商保衛西南的大計。這樣一直談到下午四點多鐘，我看看天氣不早，再遲恐怕不能趕回廣州。於是向父親報告說：「方才接到廣州的消息，那邊的天氣可能發生變化，請父親立刻起程。」父親聽了我的報告：站起來，向窗子外面望了一望，就說：「好了，我們走罷！」這樣平安地離開了昆明，重到廣州。我相信如果不是父親的至誠感召，像盧漢這一類居心叵測的叛逆，也許老早就出亂子了。父親這種無畏的精神和威德，無形使他們懾服愧怍，結果安然無事。我每一回想當年這一幕，委實覺得「心有餘悸！」

到了十一月間，李宗仁將父親請到重慶去，他自己卻去了廣西，避不見面，那時共匪正向西南急速進軍，重慶的淪陷，已到了不可避免的地步。我屢次勸父親到成都去，都遭拒絕。到了匪軍已經攻到南溫泉的那一天，我又報告說：「匪軍已經到南溫泉。」父親說：「我現在還不能走，必須等待羅廣文軍長回來，處理完妥之後，才能行動。」我就設法，只得去找羅廣文。一直找到下午三點多鐘才找到他，同他一起來見父親。父親首先向他詢問前方戰況，又指示許多撤退的機宜；等到羅廣文走後，父親才對我說：

「我所以不願走的緣故，就是必要等羅廣文見面，因為他到前線，是我派他去的；現在他打敗了，我也要交代他如何撤退。部屬在前線作戰的時候，統帥怎能不安排妥當而先走？」

父親替部屬負責，是這樣的一直支持到最後一分鐘；那些臨陣脫逃的將領，真是罪通於天了！

當天下午四點鐘，父親突然命令駕車到重慶市區去看一看；那時，重慶市內紊亂不堪，人心惶惶，大有不可終日之概，各機關的人員，紛紛準備逃難，差不多都走空了。父親的座車首先到了衛戍司令部，誰知偌大的司令部裡面，只剩下了幾名衛兵，還有兩名副官，其餘的人已跑得精光，父親就對那位副官說：「你見到楊司令的時候，就報告他，說我已經來過這裡。」從衛戍司令部出來以後，父親又命令把座車開到抗戰時期的軍事委員會，一路悲淒冷落的情況，難以形容。

父親在自己從前的辦公室裡走了一遍，這間辦公室裡面一桌一椅、一草一木，無一不是在抗戰期間曾經陪伴過父親六個年頭的東西；睹物傷情，在這一行將離開的時候，父親對於室內的每一物件，都顯露出深切的眷戀。最後，看到壁上掛著一幅軍用地圖，就命我把它取下燒燬，然後才安心登車回去。當座車走到半路的時候，街道已經擠滿了逃難的人群，水洩不通。汽車無法通過；父親只好下車步行，走回寓所。

當晚，父親還沒有準備離開重點的意思，很早就上床安睡。到了晚間九點鐘，歌樂山附近槍聲大作我們覺得情況不佳，急忙請父親起身趕到機場，已經是午夜十二時了；因為尚有許多軍用品急待處理，故即在機場內停皆至翌晨，才乘飛機離開重慶到成都去。

到達成都以後，父親就住在成都中央軍官學校，胡宗南將軍的部隊當時也已到了成都，父親乃積極部署各方面的兵力，準備與匪軍作「背城借一」的最後決戰，以保全西南半壁的錦繡河山。當戰事進行到非常緊張的時候，那位身為政府封疆大吏的劉文輝，竟然躲藏起來，避不露面；父親不得已派了劉的好友王纘緒去找他，也不肯出來。最後，父親只好對王纘緒說：「你去告訴劉文輝。人與人是要講感情的，他做了我多年的部屬，就算我今天死了，也是應該來送葬的。」可是王纘緒從劉文輝那裡回來以後，只是搖頭嘆息，向父親報告說：「劉文輝已經靠不住了，他家裡盡是古古怪怪的人。」意思是說：在劉文輝家裡看到了許多所謂「民主人士」、共匪、失意軍人、官僚政客，他們準備「靠攏」投匪了。

不久之後，盧漢終於在雲南叛變，成都和昆明間的電訊也失卻聯絡。翌日，兩地間的電訊又出人意料的復通了，成都方面收到的第一封電報，就是盧漢打給劉文輝的；內容勸劉文輝設法把父親扣留起來，以便做「人民政府」的「第一大功臣」。父親看到了這張電報之後，知道西南大局已到了不可收拾的地步，就決定當天離開成都，臨行的時候，侍衛人員對父親說：「劉文輝的便衣人員，已經佈滿了軍校大門附近，我們不如從後門出去。」但是，父親卻拒絕了他們的建議，嚴正地說：「我從那個門進來，也要從那個門出去！」父親到了這樣危急的關頭，還是從容不迫，絲毫不肯苟且的！

三十八年底，我奉命到西昌去，臨走的時候，父親對我說：「你去轉告西昌的將領，人生必須要在國家最艱難的時候，選擇最有意義的死。」父親又說：「你告訴他們，如果臺灣不保，我是決不會走的！」

父親當時所以說出這些沉痛的話，是自己早已準備與這一塊最後的國土共存亡了；故而勉勵西昌的守軍將領，也應該抱「殺身成仁」的決心，與西昌共存亡。我的任務完畢，就由西昌飛往海南島，回臺灣覆命。

這一年，也就是美國政府發表「白皮書」的一年。當該項文件發表時，很多人主張請父親對「白皮書」裡所說的話，根據事實加以答辯。可是：父親很安然地說：「不必了。」並於當天晚上在日記中記道：

「耶穌被審判的時候，他是冤枉的；但是他一句話也不說。」

沉默是最好的答覆。今天俄帝在世界上的橫行霸道，共匪在大陸的殘暴屠殺，自由世界反共意志的加強，一切一切鐵的事實，還不都是替我們作「義務的辯護」嗎？

民國三十九年三月一日，父親復職了，這正是諸葛武侯出師表上所說的「受命於危難之間。」到了五月，國軍自舟山撤退，事前很多人都深怕放秦舟山，會引起臺灣人心的不安，並使大陸同胞失望，所以紛紛向父親表示反對的意見；我當時也不贊成舟山撤退計劃。後來，父親向大家說：「你們恐怕因為舟山撤退，就會使得臺灣人心不安，但是如果這支兵力在舟山被共匪消滅了，臺灣的人心又會不安到什麼程度呢？你們又恐怕因舟山撤退而使大陸同胞失望，但是如果為了要守舟山而臺灣不保，大陸同胞又將失望到什麼程度呢？」第二夫，父親就毅然下令撤退舟山的部隊。我們想起來，如果不是父親力排眾議，當機立斷，當時駐守舟山的部隊，恐怕早已不存在了。所以父親常常告誡我們說：「中國人應該有雄偉的氣魄。」又說：「我們對一件事的看法，是要向大處看、向遠處看、從高處看。」父親這種壯士斷腕的精神，實在值得我們永久學習和效法！

父親自三十八年初，第三次下野以來，一直到舟山撤退為止，可說是最艱苦的時期，然而，終於用最大的忍耐力，把這個最嚴重的關頭渡過了，自此之後，我們又看出革命前途的新曙光。又走上「中興」道路。父親說：

「中興」比任何創業更難，因為「中興」不僅是要從敗亡中從頭做起，而且是要從腐爛中刷新重生，從廢墟中奠基再造；尤其是要從自信的喪失之中，來重新建立自信，更是要從擊敗者的敵人手中，回轉頭來擊敗敵人。

古人說：「殷憂啟聖、多難興邦。」我們應該抱著「乘長風破萬里浪」的精神，冒險犯難，向中興大業的前途邁進！』

一二〇、胡宗南有大樹將軍風範

漢光武時之馮異為雲台二十八將之一，拜偏將軍、封陽夏侯，在光武南洋起義之後統領師干，平赤眉、擊匈奴、歷領北地、安定天水、攻隗純於黃河之北，每當於止舍與諸將並坐論功時，馮異性謙退，從不與人爭，而獨屏立樹下，因此在軍中號為大樹將軍，這一名將故事，在歷史上常引為美談。

胡宗南將軍確有大樹將軍馮異之風範，北伐、抗戰、剿匪、戡亂、反共抗俄，可以說是無役不從，而無役不是作前驅作抵柱，而且戰功彪炳，但他從來不以之自炫，不以攻居，亦從來不與人爭是非爭短長，更從不作自我宣傳與自我標榜，他把一切榮譽歸於領袖，歸於同僚，一切過失歸於自己，一生中以「無名、無我、無私」為其處世作入及訓練學生部屬之箴言，因此很多人誤解胡先生沒有建立過什麼特殊的功勳。尤其是抗戰八年，胡宗南擁兵自雄，殊不知當十七軍團奉命駐防陝西時，僅剩第一師與七十八師的殘兵七八千之眾，蒞鳳翔之初，胡將軍乃埋頭苦幹，銳意整訓自己的隊伍，為國家重建立一支堅強的新軍。斯時整個的西北、晉、陝、甘、青、寧、新、綏，均非中央所能絕對控制之地區。而大部分均缺乏嚴格訓練與戰力，斯時也，胡將軍一面整軍，一面作戰。當時黃河以北有敵人，陝北一帶有匪軍，新疆邊陲有俄寇，甘、寧等地有內憂，而秦嶺、關中復為拱衛陪都之重要門戶。西北若有所失，必影響整個大局。八年抗戰胡將軍之部隊固守黃河，敵人未越潼關一步；監視陝北匪軍未敢南下關中，警備河西走廊，從未發生任何變亂，最後且派新兵進入新疆，驅走俄寇，這一攸關西北及國家全局而兵不血刃的復土一幕，胡將軍當時用心之苦，衡慮之周，誰也無法瞭解。抗戰中期，陝西已成為支援西北、華北各戰場的基地和幹部的儲備所，而且胡將軍始終有兩個軍在敵後的中條山與晉東南乍戰。

民國三十三年春復遣精銳之師由劉安祺將軍及胡長青率領，空運獨山作戰，解重慶之危，有誰知當三十四年八月十三日日本宣布投降前夕，胡將軍指揮降落傘部隊，空降北平布告安民，使匪偽企圖搶先進入北平之陰謀難以得逞。抗戰勝利後，胡將軍之部隊，范漢傑兵團東北，李文兵團在華北，胡長青軍在東南，陳金城軍在山東，鍾松之卅六軍在晉東南，李鐵軍楊德亮兵團在甘肅，陶峙岳兵團在新疆，當時雖號稱百萬之眾，實則留守關中者，其精銳不過第一軍與二十九軍而已。在山西危急時，有誰知當時胡會有一個整編旅，在太原作戰犧牲殆盡。三十八年最後戰局逆轉形勢下，由秦嶺日行百里，揮軍馳援重慶成都，第一軍在綦江與南溫泉一帶苦戰四晝夜，師長以下傷亡慘重，軍長陳鞠旅亦於負傷後失蹤，這樣才使政府以安全撤退來台，究竟誰之功歟，將來史家自有公正的定評。

民國三十九年胡將軍由西昌撤退來台後，不料遭人彈劾，集謗怨於一身，他從無一語以自辯，且一再約束舊部，不許與任何人爭論，作辯冤白謗之無聊舉動，而且剴切真摰的表示：「我們身為國家軍人，為領袖負責的幹部，丟掉大陸，我們沒有責任，誰有責任？」他的部下寫了一篇文章準備在《新聞天地》發表的，胡將軍看了此文一笑置之，並對寫稿的人說；「你是我的學生，你應該了解，數十年來我們吃的國家的飯，拿國家的錢，我們有什麼貢獻，別人指責我們是應該的，我們是革命軍人，是領袖的幹部，只求俯仰無愧，一切毀謗加之於我，復又何辭？今後惟有益自惕勵，再圖報效領袖與國家，以補罪愆。」因此對彈劾他的事，泰然自處，對彈劾他的人，只是覺得他不瞭解而已，其個人之胸襟與勇於負責認過之精神，較諸馮異之功成弗居，實有過之而無不及。亦確實到了進入忘我無我的最高道德境界，非有儒家之克己工夫與素養者，何克臻此！

一二一、效法漢朝紀信的羅列將軍

茲摘錄趙龍文先生紀念胡宗南將軍一文有下列一段故事，最值得我崇敬的羅冷梅先生有忠義凜然之舉，令人欽佩！其原文如後：

民國三十八年五月十八日晨一時，我接到電話到小雁塔去，他辦公桌上正擺著一張名單，先生說：「敵軍正攻安康、窺伺漢中，西安必須放棄，這張名單是我們需要接到漢中的人，請你斟酌一下，補充好了，伯英先生和繆愷圓二人，要請你親自去一下，帶一點現洋去，並把他們在天明前送到機場。」我一邊琢磨名單，一邊頓生了大義凜然的感覺，在百忙當中，不忘戰友，此非所謂終於道義耶！

六月十五日，我在漢中偶然吐了一口血。晚飯時奉命陪宋希濂將軍吃飯，李總司令鐵軍舉杯敬我的酒。董主席介生在座，說；龍文兄剛吐血，喝不得酒。」先生聽到，馬上說：「剛吐血？應該馬上休息。明天派飛機到成都去檢查。」第二天，早上九時來電話：「可以起來嗎？」我答「當然可以。」「請你來辦公室一談。」我到了辦公室，他笑著說：「飛機預備好了，請你到成都去檢查一下。不過，我恨你，早不吐血，遲不吐血，為什麼現在吐血呢？」我說：「是不是有什麼任務？」他說：「蘭州被圍，隴南空虛。共匪正沿洮河南下，如果由陰平入川，我們便不能在漢中作戰。你在甘肅久，隴南人地都熟，我已經請准閻院長，請你到隴南去，掩護本軍側背的安全，可是你正在吐血，我希望兩個星期回來。」我說，「兵貴神速，豈可為了一點小毛病，貽誤時機。一切都丟了，留了這條身子有何用？現在時機緊急，稍事準備，立刻出發，只當廢物利用。請先生毋以賤體為念！」此後借得一部杜詩鏡泉，陪我千山萬水而入武都，堵塞了陰平古道，組織了黑錯番族。等到奉令由武都經白水江撤退時，已經是大軍轉進向成都平原四面被圍的時候了。

賀龍的匪部由川北而南，劉伯承的匪部由川東而西，成都平原的川軍與雲南的盧漢相機叛變，胡先生預備空運部隊入西昌。十幾天的陰雨，空運計劃失敗，成都平原作戰，形成了四面楚歌的狀態，終於奉令撤離，重由海口空運西昌。

三十八年十二月二十九日，由海口飛到西昌，完整的部隊只有六個連，叛將劉文輝所部在西昌的卻有一個師，三個月的奮鬥，解決了這個師，收容散卒，訓練幹部，布置川西游擊部隊，在西昌發展成兩個團的力量。

三十九年三月，匪軍八路進攻西昌，激戰二十餘天，到了二十五日，南路匪軍離西昌只有一天行程。那晚上一時，參謀長羅列打一電話給我。

「睡了沒有？」

「睡了。有事嗎？」我說。

「有事，請過來談談。」羅參謀長永遠是那麼雍容不迫的。

我到參謀長室去。冷梅正在寫遺書，看到我，把一張電報遞過來，說：

「總裁的電報。要我們轉進到海口，把部隊交給高級將領。」我把電報念了出來。「把部隊交給誰呢？」「問題就在這兒，胡兵團司令長青要三天以後才可以到爐鈷。別的人不能交。部隊不能交，胡先生就不能脫離這個險境，為了要解這個結，只有我來擔任這個任務。」

「冷梅兄！」我站起來緊緊握住他的手，『這是忠義凜然之舉，我深深地感佩！』

「這是一封信，一兩金子，一枝自來水筆，請你到臺灣時，交給我的內人！」

「好。去請蔡棨、裴世禺一起去。」

我們坐吉普車到了邛海，已經是清晨二時，胡先生寓所卻是燈光明亮。我們進入門口會客室，只見胡先生左手挾了一包文件，右手拿了兩個玻璃杯，先冲著我笑了一笑。讓傳令兵倒了兩杯酒，對我說：「龍文兄，你是不應該留在此地的。早上就要走。這是我十年來的日記，請你帶到臺灣，有空整理一下。」

「胡先生，這酒慢點喝，總裁的命令，不能不服從。請多拿幾只杯子，大家坐下來談一談。」我說。

大家坐下來，茶几上擺著五只杯子。

「服從命令，是今天大義所在。共匪八路進兵，要活捉胡宗南，我們不能上當。此其二。反共不是一天完成，真正的鬥爭，要從今天開始。此其三。」我們作了幾句開場白。

接著大家發言，這一場談話，一直發展到清晨四時，羅參謀長最後發言，他用低沉的語氣，一句一句地說道：

「當年漢高祖滎陽被圍，假若沒有紀信代死，以後的歷史，可能全變了。我們犧牲了多少人，對於歷史，沒有絲毫影響，胡先生犧牲了，將來七萬多的學生，三萬多的幹部，誰能號召起來，領導起來，再與共匪作殊死戰呢？所以我籌思至再，決定我來作一個紀信！」

這幾句話，感動了我們大家，一致站起來，請胡先生採納羅參謀長的主張。這幕可歌可泣的歷史，完成了「終於道義」的信條。

羅先生不惜自己的生命，願效漢朝的紀信，為胡先生代死，一片丹心為長官，為國家，真是鞠躬盡瘁，死而後已。表現了最高度的忠義精神，令人欽佩。故錄之使本黨革命同志知所倣法。

一二二、結論

我幼年立志革命，經過千辛萬苦，好不容易步入革命陣營，追隨今總統蔣公東征北伐，剿匪抗戰，稍遂初志，而結果是「從軍閥手裡救出來的國家，而又陷於共匪的暴政的壓迫下」，不但沒有達到救國救民，而且使國家人民，更陷於水深火熱之中，這個禍首歸根究底，是美國史迪威將軍，由於他的影響所及，竟導致美國對華敗策之轉變，使我抗戰勝利後我國東北九省淪亡，共黨趁機坐大，終致發動全面叛亂，而使大陸淪陷，韓戰、越戰相繼爆發，東亞和平，迄無寧時，此事發展之結果，不僅是中國存亡的問題，而將是世界人類禍福之所繫。誠為世界近代史之一重大關鍵，同時亦屬中美兩國乃至亞洲各國之大不幸。

近閱報章，國際姑息逆流氾濫，威脅亞洲自由安全，由此鼓勵了國際共黨特別是亞洲共黨進一步的猖狂與囂張，使亞洲各國的自由與安全，已遭受到更嚴重的危害與威脅。

我們深切了解，當前國際姑息主義乃基於一些錯覺和幻想而形成，是誤認妥協即可共存，苟安就是和平。但實際上，毛共匪幫，一再公開宣告鬥爭是無止境的，把全世界都列為對象和奴役全人類為其最終目標。

因此擺在我們亞洲國家面前的危機，是要靠我亞洲的人民們趕快覺醒，團結起來共同阻遏姑息主義的逆流來解除的。這樣亞洲國家才能有效保衛其自由獨立與安全，粉碎共匪赤化全亞洲的陰謀。

我們記得在俄共革命初期，史達林就強調：「不要忘記東方」。迨至史魔專政，其侵略鋒刃，自然也轉至東方，要在亞洲製造一個「大風暴」。但他衡量到當時強大武裝的日本，與在我蔣委員長領導下的新中國，都足以阻止他東進的發展；因此，他便施展其共產黨的看家本領——陰謀詐術，派了蘇魯幹間諜團在日本盡力挑撥中、日雙方情感，加深中、日間仇恨，使中日問題非訴之戰爭，無可解決。當時日本的輿論，即受到在日本的國際共產黨潛伏分子的操縱。日本國家，中了共產黨所謂的順勢破壞法，可惜當時日本就沒有高瞻遠矚之士，予以揭穿。前次日本亞細亞大學教授石村暢五郎來華訪問，亦說：「中日戰爭係共黨煽動挑撥所引起。」今天我們對過去的一切，雖不勝其惋惜，但我們確認，經過了這次血的教訓以來，所有從前一切恩怨，部已洗刷淨盡，今後唯有兩大民族，共同攜手，為民主自由而對反共抗俄一致奮鬥，才是我們今天兩國國民對陷入鐵幕的亞洲人民應有的補償。

其次，勿忘先烈犧牲，我們要珍重抗戰成果，加緊團結。臺灣原是我們中國的一省，臺灣同胞與大陸同胞同為黃帝子孫，過去幾十年間，我們臺灣同胞，前仆後繼，反抗日人的統治，是為了光復臺灣歸宗祖國。而我們全國軍民，八年抗戰，犧牲奮鬥，不屈不撓，也是為了光復臺灣。這次對日抗戰，我們中國犧牲無數軍民生命財產，所換來的成果，到現在也只剩下了臺灣，因此凡在臺灣的同胞，無分內地與本省，均應深切記取八年抗戰的艱難，與臺灣光復之不易，並要認清有中國就有臺灣，有臺灣就有中華民國，我們必須精誠團結，共同一致，做到休戚與共，榮辱一體，才不負數十年來本省同胞為抗日，為臺灣，以及八年抗戰，全國軍民為抗日，為臺灣所作的壯烈犧牲。

末了我們要發揚抗戰精神，反攻大陸，重建中華民國，共匪利用我們對日抗戰之機會，襲擊友軍，擴充實力，日本投降後，更劫收東北，製造叛亂，終於趁我失地新復，民困未蘇之時，勾結俄帝，竊據整個大陸，廿年來共黨的暴政迫害人民，殘殺同胞達兩千萬以上，其暴行較之當年日本軍閥，只有過之而無不及，今天我們反共抗俄的戰爭，正與當年對日抗戰初期一樣，只有我們堅定信仰，團結在蔣總統英明領導之下，共同發揚對日抗戰與光復臺灣的精神，則必能早日開拓機運，完成我們反攻大陸，消滅共匪，重建中華民國的時代使命！

中華民國伍拾玖年肆月拾肆日

Do人物57　PC0553

國民革命北伐抗戰回憶錄
——五車書室見聞

原　　著／帥學富
主　　編／蔡登山
責任編輯／辛秉學
圖文排版／周政緯
封面設計／蔡瑋筠

出版策劃／獨立作家
發 行 人／宋政坤
法律顧問／毛國樑　律師
製作發行／秀威資訊科技股份有限公司
地址：114 台北市內湖區瑞光路76巷65號1樓
電話：+886-2-2796-3638　傳真：+886-2-2796-1377
服務信箱：service@showwe.com.tw
展售門市／國家書店【松江門市】
地址：104 台北市中山區松江路209號1樓
電話：+886-2-2518-0207　傳真：+886-2-2518-0778
網路訂購／秀威網路書店：https://store.showwe.tw
國家網路書店：https://www.govbooks.com.tw

出版日期／2016年5月　BOD一版　**定價**／600元

|獨立|作家|
Independent Author

寫自己的故事，唱自己的歌

國民革命北伐抗戰回憶錄：五車書室見聞 / 帥學富原著；蔡登山主編. -- 一版. -- 臺北市：獨立作家, 2016.05

面；　公分. --(Do人物；57)

BOD版

ISBN 978-986-92704-9-6(平裝)

1. 帥學富　2. 回憶錄

783.3886　　105003916

國家圖書館出版品預行編目

讀者回函卡

感謝您購買本書，為提升服務品質，請填妥以下資料，將讀者回函卡直接寄回或傳真本公司，收到您的寶貴意見後，我們會收藏記錄及檢討，謝謝！如您需要了解本公司最新出版書目、購書優惠或企劃活動，歡迎您上網查詢或下載相關資料：http:// www.showwe.com.tw

您購買的書名：________________________________

出生日期：________年________月________日

學歷：□高中（含）以下　□大專　□研究所（含）以上

職業：□製造業　□金融業　□資訊業　□軍警　□傳播業　□自由業

□服務業　□公務員　□教職　□學生　□家管　□其它_____

購書地點：□網路書店　□實體書店　□書展　□郵購　□贈閱　□其他

您從何得知本書的消息？

□網路書店　□實體書店　□網路搜尋　□電子報　□書訊　□雜誌

□傳播媒體　□親友推薦　□網站推薦　□部落格　□其他__________

您對本書的評價：（請填代號　1.非常滿意　2.滿意　3.尚可　4.再改進）

封面設計____　版面編排____　內容____　文／譯筆____　價格____

讀完書後您覺得：

□很有收穫　□有收穫　□收穫不多　□沒收穫

對我們的建議：________________________________

____

____

____

請貼
郵票

11466
台北市內湖區瑞光路 76 巷 65 號 1 樓
獨立作家讀者服務部 收

（請沿線對折寄回，謝謝！）

姓　　名：____________　年齡：________　性別：□女　□男

郵遞區號：□□□□□

地　　址：________________________________

聯絡電話：(日) ________________ (夜) ________________

E-mail：________________________________